新时代下短视频的影响分析及思想政治教育创新研究

窦　靓◎著

WUHAN UNIVERSITY PRESS
武汉大学出版社

图书在版编目(CIP)数据

新时代下短视频的影响分析及思想政治教育创新研究/窦靓著.
—武汉：武汉大学出版社,2025.4
ISBN 978-7-307-23912-8

Ⅰ.新… Ⅱ.窦… Ⅲ.网络传播—影响—大学生—思想政治教育—研究—中国 Ⅳ.①G206.2 ②G641

中国国家版本馆 CIP 数据核字(2023)第 153505 号

责任编辑:周媛媛　冯红彩　　责任校对:牟　丹　　版式设计:文豪设计

出版发行:**武汉大学出版社** （430072　武昌　珞珈山）
　　　　　（电子邮箱:cbs22@whu.edu.cn　网址:www.wdp.com.cn）
印刷:武汉邮科印务有限公司
开本:720×1000　1/16　印张:14.5　字数:217 千字
版次:2025 年 4 月第 1 版　　2025 年 4 月第 1 次印刷
ISBN 978-7-307-23912-8　　定价:78.00 元

前 言

　　随着互联网技术的发展,网络已经成为人们学习与生活中不可或缺的一部分。短视频是互联网技术发展的产物,其依托互联网传播范围广、传播速度快等优势,呈现出形式多元、内容丰富及评论自由等特点,已经成为当前人们获取信息与进行网络社交的主要途径。当前,我国短视频行业发展已渐趋成熟与完善,在内容生产、平台及用户群体之间形成了相对稳定的产业链。同时,短视频市场也形成了以抖音和快手为代表的头部平台,以腾讯微视、微博视频、百度好看视频等为补充的短视频市场格局。短视频凭借其技术的先进性与形式的新颖性,为用户带来了更为多元和生动的体验,其影响力也与日俱增。高校大学生作为我国网络用户的主体,自然也成为短视频平台的主要用户,短视频与高校思想政治教育的结合是契合当今时代发展趋势与大学生认知特点的,也是提升高校思想政治教育质量与水平的重要举措。

　　短视频作为科技发展的产物,与传统的图文和长视频相比,其呈现形式较为新颖独特,视频长度大多在5分钟以内,与当前大众阅读浅层化、碎片化的特点相契合,受到用户的青睐。同时,从创作者层面来看,短视频对创作者的设备、后期技术等方面的要求比较低,在一定程度上降低了创作难度,为短视频内容生产端的完善提供了坚实的基础。但是,内容生产者的广泛性与多样性也在一定程度上提升了短视频平台内容的复杂程度,不利于良好网络环境的构建。短视频在大学生思想政治教育中的运用一方面要看其提升思想政治教育实效性的积极作用,另一方面要重视其在大学生思想政治教育中的消极作用。高校应在具体的思想政治教育工作中坚持辩证思维,既要发挥短视频技术与思想政治教育相结合的优势,又要结合高校大学生的特点,避免短视频平台中的不良信息影响大学生的世界观、人生观、价值观,推动高校大学生思想政治教育质量的提升。

当前，我国短视频行业经过多年发展，已经步入成熟稳定发展阶段，短视频用户数量逐年攀升，短视频领域逐渐出现细分化与垂直化的倾向。短视频在人们的生活中扮演着越来越重要的角色，但短视频行业的监管却仍旧存在一定的缺失与不足。相关部门应紧跟时代发展趋势，加大对短视频行业的监管力度，及时出台相关政策与法规，为短视频与大学生思想政治教育的结合提供制度保障，推动短视频行业健康发展。

当代大学生是伴随我国互联网发展而成长的一代人，互联网在其成长过程中扮演着重要的角色，大学生已经具备相应的互联网思维与运用网络资源学习的能力。随着我国教育信息化程度的提升及教育理念的更新，短视频也可以作为高校人才培养工作中的重要媒介，短视频与高校思想政治教育的结合是提升高校学生思想政治觉悟、促进学生全面发展的有效路径。本书深入分析短视频的发展路径，探究高校大学生思想政治教育与短视频的联系，明确短视频在大学生思想政治教育中盛行的原因，探讨短视频对大学生及高校思想政治教育的影响，分析短视频在大学生思想政治教育中的应用现状与存在的问题，探究短视频与大学生思想政治教育相结合的方式与路径，充分发挥短视频在高校思想政治教育中的育人价值，推动高校立德树人目标的实现。

【基金项目】

1. 本书系政治工作队伍培训研修中心（扬州大学）2020年度开放课题重点项目"大学生使用网络流行语心理机制及教育研究"（项目编号：YDKFZD2020004）成果。

2. 本书系教育部人文社会科学研究专项任务项目（高校辅导员研究）立项"亚文化风格理论视域下提升新媒体短视频育人功能机制研究"（项目编号：21JDSZ3105）成果。

3. 本书系中国高等教育学会"高校辅导员队伍建设与发展"课题"高校提升新媒体短视频育人功能机制研究"（项目编号：21FDYB21）成果。

4. 本书系南京农业大学学生教育管理研究课题"网络流行语传播流变背后的青年主流意识形态认同研究"（项目编号：X20200117）成果。

5. 本书系南京农业大学中央高校基本科研业务费人文社会科学研究基金"高校新媒体短视频育人机制研究"（项目编号：SKYZ2022046）成果。

目　录

第一章　新媒体与大学生思想政治教育

美国社会学家格兰诺维特曾经提出了著名的弱连带优势理论，认为与强连带关系相比，弱连带关系在传播效果上具有突出优势，其传播效果更明显和高效。随着互联网时代和 5G 时代的到来，新兴科学技术和媒体平台赋予了短视频全新的生命力，越来越庞大的用户基础及巨大的行业融资使这一新媒介快速渗透到人们生活、学习和工作的方方面面，成为人们生产生活、娱乐休闲的重要工具。

第一节　新媒体时代下的大学生思想政治教育

一、新媒体概述

（一）新媒体的概念

在人类的社会活动中，传播媒介不断更新换代，新媒体正是在更新换代中产生的符合当前时代人们阅读习惯和认知习惯的信息载体和传播工具。同时，新媒体的发展也间接反映社会信息系统正在不断由陈旧和僵化走向发达与完善。随着互联网技术的不断发展，新媒体应运而生，并在短时间内得到了快速发展。从 20 世纪 90 年代开始，新媒体主要经历了互联网发展初期、移动网络时期、自媒体时期等发展阶段。纵观新媒体的发展历程可以得知，新媒体的发展过程并不是一个完全摒弃过去或者颠覆原有模式的过程，而是一个不断累积与叠加的过程，是一个量变引起质变的过程。新媒体是建造在互联网和计算机信息处理技术这一巨型信息数据山之上的巍峨城堡，是发挥传播功能的媒介总和，具有较高的传播属性。

新媒体是采用数字技术，通过卫星、无线通信网络及计算机网络，在数字电视机、电脑及手机等终端的支撑下，向人们提供信息和服务的传播形态。新媒体中的"新"既可以指代技术进步引起的信息载体变革，也可以指代人们生活方式的更新与转变。从技术革新层面来看，新媒体被视为新技术的产物，是新一轮技术革命在信息传播领域的映射，新媒体的出现成功地将传统媒体的传播内容移植到全新的传播空间。从人们的生活方式革新层面来看，新媒体是随着社会的进步而出现的，反映了人们在物质需求得到基本满足之后对精神世界的追求，是人们阅读习惯和认知习惯的一次翻天覆地的变化。信息时代下，超链接的产生与出现、自媒体的飞速发展为网络技术的自动化运算提供了技术支撑和理论支撑，用户可以较为方便和快捷地从一个信息关联到与之具有相似性的另一个相关信息，进一步沿着事物的内在逻辑进行个性化阅读。基于此，新媒体的主要特征之一便是在互联网新技术和新算法的支持下成为信息的主要集结地。同时，新媒体在其领域内依然不断进行技术革新与方式变革，将更多表现形式及表现手段纳入传播途径，如将文字、图片、视频、声音与有趣的特效或动画进行组合，并通过新媒体进行传播。与传统媒体相比，新媒体的这种组合化、多维度和立体化的传播方式更为全面、快捷和丰富，能够将各种新闻、资讯以人们喜闻乐见的方式呈现于人们的视野之中，极大地提升了人们对信息的关注度和探索兴趣。在新媒体时代，人们往往能够以更积极和更愉悦的心态关注新闻，接受主流媒体发布的最新政策和相关信息，也更加乐于接受高频次、大容量的信息，这些都得益于新媒体灵活且丰富的表现手段。

新媒体之所以能够取得如此大的成功，很重要的一个原因在于其能够以人为本，将人们的需求置于第一位进行考量，将人性化设计和创设标准做到极致，使人性化成为技术革新和变革发展的重要指针。新媒体在人们对接收信息的迫切需求下应运而生，具有天然为大众服务的功能属性；新媒体将媒体介质与人们的社交生活进行融合，使受众群体的参与度更高、传播行为更恰当自然，最终达到的传播效果也是传统媒体无法超越的。

综上所述，新媒体是一种时刻变动、处于动态更新中的事物。对于传统媒介来说，新媒体通过翻天覆地的技术更新，带有极大的革命冲击性。各式各样新兴媒体（如电子阅读工具、数字媒体、户外电视等）的产生使信息的创作方式、产生前提、加工过程、传播途径、获取方式发生了巨大变化，影响着人们的思维方式及生活方式，提高了人们的精神文化水平，丰富了人们的精神文化生活，具有不可估量的时代价值。

（二）新媒体的历史演变及其与思想政治教育的关系

21 世纪之前，互联网处于发展初期。在互联网发展初期，互联网用户只能通过网页浏览进行内容获取和信息筛选，大众是信息的被动接受者。在这一时期，数字电视在人们的生产生活中具有较重要的意义，在内容传播及信息传导上具有绝对主导权，新闻工作者及电视台的工作人员在将信息进行简单筛选和重新组合后，通过数字电视将信息呈现给用户。

在互联网发展初期，互联网作为较新颖的新技术工具闯入人们的视野，在人工智能、物联网、生物技术、航空航天等领域的影响不断增强，但是在大众层面的普及率和使用率还处于较低水平。此时，中国的网络媒体还处于发展阶段，还未形成规模化发展。在这一阶段，网络媒体与大学生的思想政治教育之间的关系不大，二者如同两条不相交的平行线一般，相互之间并不影响。在这一发展阶段的后期，随着互联网技术的不断完善，网络媒体开始进入人们的生活，且大学生网络用户数量呈现较快速的增长趋势，大学生网民数量得到有效扩充。但是，基于当时的技术发展不够成熟、网民认知受限等客观因素，人们只是借助互联网技术进行简单操作，仅用于获取信息。从当时的思想政治教育建设情况来看，思想政治教育整体呈现出金字塔形状，位于金字塔顶端的是官方机构、教育工作者，位于金字塔下方的则属于被动接受思想政治教育的学生。这一阶段，互联网对思想政治教育的价值主要体现在处于顶端的教育者依托互联网发布与思想政治教育相关的信息。互联网媒体的交互性较弱，信息以单向输出为主，受教育者只是被动接收给定信息，接受较为规模化的思想政治教育。已有调查数据显示，这一时期中国互联网用户使用网页的主要目的在于获取工作和学习等方面的信息，且这一人群的占比将近 58%。

1999 年，中共中央在《关于加强和改进思想政治工作的若干意见》中指出，应当"充分发挥新闻媒体在思想政治工作中的重要作用"，"加强互联网上的信息分析，有针对性地加大网上宣传力度，提高宣传质量"。通过对相关文献的梳理，可以发现这一年的网络思想政治教育的理论研究成果主要集中在以下三个方面：以提升思想政治教育的灵敏度为目标，在网络技术的助力下，拓宽信息收集渠道；以提升思想政治教育的针对性为目标，加强网络科技对信息资源的控制与处理；以增强思想政治教育的有效性为目标，运用网络技术开展智能化多媒体教育。也就是说，从网络内部层面、外部层面出发，采取针对性举措，双管齐下地进行网络思想政治教育平台的搭建与完善工作，提升大学生思想政治教育的质量。

2000 年是互联网技术发展史上的关键一年，在这一年，互联网的使用人数呈直线上升趋势。与 1997 年的 62 万上网用户数相比，2000 年上网用户数已经高达 2250 万，其中 18~24 岁的用户数占比最高，达到 41.18%。① 这一数据从侧面反映出，在网络科技迅猛发展的关键时期，青年群体逐渐成为网络使用的主力军，成为这项新兴科技发展的主要受益人。在此发展背景下，教育部于 2000 年 9 月 22 日发布了《关于加强高等学校思想政治教育进网络工作的若干意见》，这是我国以正式文件对网络思想政治教育工作进行规定与说明的开端，具有划时代意义。该文件就加强高校思想政治教育进网络工作作了部署，反映了政府、教育部门逐渐认识到互联网行业对国民教育的重要影响，也为以后网络思想政治教育工作的开展奠定了良好的基础。

2001—2014 年被称为移动网络发展时期，在这 14 年间，网络媒体所具有的交互属性开始浮出水面，显现在其功能表现之中。网络使用者可以在网页搜索框中进行主动搜索，按照自身需要查找相关信息，并进行内容筛选，信息制造者及传播者与受众群体之间的交互关系及分享初步形成。其中，较典型的代表为各种博客、社区论坛等。移动网络发展时期，信息与信息之间的交互性更强，用户承担着信息浏览者与信息制造者的双重身份，不再是互联网发展初期中信息的被动接收者和阅读者。用户依托网站传播与分享相关材料，用户与用户之间亦可以交流与分享信息，通过这种双向交流进一步实现构建社会化网络的目标。在这一时期，新闻网站和商业网站在网络新闻传播中处于重要

① 资料来源：《中国互联网络发展现状统计报告（2000/7）》。

地位，新闻网站作为社会新闻的传播主体，在信息传播中处于主导地位，而商业网站同样集聚了大量人气，具有稳定且庞大的用户群。移动媒体终端及种类丰富的网站栏目的出现使这一阶段互联网发展元素与新媒体发展元素更加多元。

移动媒体设备包括但不限于掌上电脑、平板电脑和手机等常见工具，是一切具有移动便携属性的新兴媒体的综合指代。数字技术和信息技术的快速发展使媒介形式及信息载体得到极大丰富。当时的手机媒体虽然未达到智能化水平，但由于具有小巧、便捷、易携带的优点，在移动媒体设备中的受欢迎程度最高、普及率最高，是具有较强代表性的媒介之一。手机被公认为继报刊、广播、电视、互联网之后的"第五代媒体"。作为视听终端，手机承载着网络平台中个性化信息传播任务。手机媒体不仅将手机作为一种工具进行信息传播，还是网络原有媒体的向外延伸与拓展。手机媒体在与互联网技术的协同发展进程中，逐渐将原本只存于人们想象之中的随时随地开展游戏娱乐、接收邮件、阅读新闻、订购商品与服务等活动变成现实。

在良好的发展态势下，教育部、共青团中央颁布了《关于进一步加强高等学校校园网络管理工作的意见》，其中提到，"校园网已深入教学、科研、社会服务等各个领域，成为高校师生获取信息、丰富知识、学习交流的重要渠道"，"拓展了思想政治教育工作的新途径，为加强大学生思想政治教育工作带来了新的机遇"，"主动占领网络新阵地，牢牢把握网络思想政治教育主动权"，"综合运用技术、行政和法律手段，全面加强高校校园网络管理"，"切实加强领导，建立健全高校校园网络管理长效工作机制"。

从 2015 年开始，网络媒体进入自媒体发展时期，这一时期的互联网应用表现出较为明显的自媒体特点，也显现出一种信息之间的自由整合状态和业务之间极度聚合的"移动"和"自成体系"现象。微博和微信平台是自媒体时期最具代表性的典型应用，其具有强有力的承载空间，能够将与其达成一致协议的所有互联网应用集结到一起，聚合到自身的开放性平台之中，进而形成一种功能更为强大的新颖的媒体形式。这一媒体聚合形式不仅能为使用者提供更为全面、系统的各类服务，还具有更高的运行效率和更强的网络风险防范能力。从微博与微信的发展现状和未来发展趋势来看，业务聚合和技术进步将成为主导潮流，这种强大的聚合力和技术进步力量将使两方平台在短时间内成为新媒体的主导力量，横扫一切发展阻碍，成为新时代的最大赢家。在这一时期，移动互联网平台将手机作为终端，将传统传播媒介的优势进行融合，为大众搭建了功能强大的新社交平台。

互动式数字化成为这一阶段新媒体发展的主要特征。在此背景下，思想政治教育也经历了由云技术、大数据和"互联网＋"技术构建向"人工智能＋"模式的转变与革新。新媒体技术开始逐渐渗入教育领域，引领教育模式进行内部变革，对教育产生了较为强烈的冲击与影响。思想政治教育在移动媒体时代主要通过自上而下的传播模式和"小范围内的轻互动"模式进行思想传导，而在新时代，思想政治教育传播具有多向发射和多点互动等新特征。在传统思想政治课程教育模式的基础上，新媒体为网络信息的传播和观点表达提供了有力的平台支持，自媒体 App 和各类软件时时刻刻包围着大学生，影响其世界观、人生观及价值观的形成，这些新媒体和新技术就如同空气一般融入大学生的生活、学习，使大学生的思想发展受到影响。在此背景下，主流思想政治课程的思想教化功能被削弱，其教育影响也受到了限制。大学生在传统思想政治课程之外主要通过新媒体获取相关信息，在这一过程中，大学生对事物的辨别能力和思想道德观念的形成都受到新媒体的影响。大学生是新一代中国共产党思想及事业的承接方和传承者，是社会层面主流意识与非主流意识的主要参与者、接受者和发布者。因此，在新媒体时代，高校思想政治课程教师和辅导员的思想政治教育任务更重、目标要求更高。2014 年，教育部在《高等学校辅导员职业能力标准（暂行）》中将网络思想政治教育引入辅导员职业能力标准中，从预测及把握大学生信息技术应用趋势、掌握新媒体技术的主要操作步骤、能够熟练使用网络语言进行观点表述、及时研判网络舆情走向、引导大学生具有正确的网络行为、采用科学方法与正确途径对网络思想政治教育进行深入分析与研究等方面对其能力进行了具体规定与说明，《高等学校辅导员职业能力标准（暂行）》成为考核辅导员能力的重要指标内容。互联网技术的发展让人们看到教育领域的内部变革、思想政治教育的快速发展和跨领域合作，也让人们看到了在实践发展中思想政治教育所面临的新挑战和新问题。

二、新媒体助力大学生思想政治教育的依据

从理论层面看，新媒体是符合当下思想政治教育需要的最佳载体。张耀灿（我国思想政治教育专业创始人之一）认为，思想政治教育需要一定的载体支撑，只有借助恰当载体，才能有力沟通思想政治教育的主体与客体，实现最终的教育目标。新媒体具有传播快、成本低、见效快、影响力大等突出优势，以新媒体作为大学生思想政治教育的主要载体，能够有效弥补传统媒介工具的不足，提升思想政治教育的质量和实效性。同时，新媒体技术的渗透性较强，能够在潜移默化中将爱国主义思想、社会主义核心价值观及其他先进理念传输给学生，提升大学生的思想认同感和思想政治素养。从现实层面看，在新媒体用户年轻化、互动共享性强等客观条件的催化下，新媒体助力大学生思想政治教育的发展成为时代所趋。根据调查结果可知，当今对新媒体技术及短视频最感兴趣的人大多分布于 20~30 岁，大部分为在校大学生。由于视觉性、立体性的突出优势，新媒体一经出现便受到了大学生的青睐，深刻影响了大学生的学习及生活。同时，大学生对新兴事物的接受度较高，能够在短时间内掌握新媒体的操作技巧，按照步骤要求获取所需信息，这使新媒体用户年轻化成为不争的事实。例如，在中国共产党成立 100 周年纪念日到来之际，各地高校纷纷响应号召，利用手机、录像机等工具，拍摄和记录下人们为中国共产党庆生的珍贵视频，将祖国的秀丽山河及伟大的人文风貌凝聚于短视频之中，使观看者感同身受、热血沸腾，产生强烈的自豪感和认同感。新媒体将国内不同地区高校的大学生凝聚起来，共同庆祝中国共产党的生日，达到爱国主义教育的目的。

新时代，新媒体具有较强的互动共享性，能够显著增强使用者的参与感。短视频等新媒体平台主要借助点赞、转发和评论等功能吸引大批忠实用户，使人们在同一网络内畅所欲言，发表对不同事件的看法，调动学生主动参与舆情事件和热点事件的讨论，使思想政治教育由被动变为主动，通过激发学生参与

学习的积极性及热情，增强思想政治教育的实效性。

除了以上所陈列的理论依据及现实原因之外，新媒体助力大学生思想政治教育的重要条件之一便是技术支撑，这是新媒体得以推进大学生思想政治教育顺利实施的重要保证。第一，智能手机的普及与广泛应用。智能手机具备独立的运行空间和操作系统，使用者能够对智能系统进行自由操作，并安装导航及游戏等程序，以满足自身所需。在数字技术的支持下，智能手机能够同时兼容多款软件和程序，具有多项功能，并不断向娱乐、摄影、新闻、支付和社交等领域综合发展。第二，宽带移动互联网的普及。宽带移动互联网是支撑物联网和云计算等运行的重要信息基础设施。2019 年 6 月的调查数据显示，我国互联网的普及率近年来不断提升，已经超过 60%，移动宽带的平均下载速度有效提升，网络系统维护手段更为完善。与此相对应，手机上网流量资费水平经过调整后更加符合人们的实际消费水平。这些条件都为短视频助力大学生思想政治教育提供了技术支持。

第二节　新媒体时代下大学生思想政治教育的重要特征与新变化

新媒体在大学生思想政治教育传播中具有特殊意义，其作为科学技术发展的重要标志，通过改变信息载体和传播方式，对思想政治教育的传播方式、传播速度及传播效果产生了积极影响。

一、新媒体时代下大学生思想政治教育传播媒介的发展特点

（一）信息价值

新媒体传播具有经济、引新、互动、行业、品牌五大价值，而发挥这五大价值的基础支撑便是信息传播价值。信息传播价值也是新媒体时代下大学生思想政治教育传播媒介的天然属性和本真价值。信息传播价值是指在市场经济背景下，信息成为人们日常生活中不可或缺的重要商品，其在产出和消费的过程中具有重要价值。

大数据技术、新媒体的快速发展正深刻改变着人们的生存方式和交往方式，对人们的思维方式、观念形成产生极大影响。在此背景下，人们的信息价值观得到重塑，并发生深刻转变。第一，大数据时代下，信息传递变得更为便利，泛在性的数据使信息主体的价值观朝着多元化方向发展。信息价值观能够从侧面反映信息使用过程中主体和客体之间的相对关系，并明确二者在需求杠杆上所占的比例。在信息主体的需求更为复杂和多元的新媒体时代下，人们的信息价值观也呈现更丰富的表现。第二，新媒体时代下，人们对不同信息的接受度更高，评判标准更为多元、动态，信息价值观的尺度不再受固有理念及思维的限制。在传统传播媒介下，人们的思维受到较大限制，对某一理念及新兴信息的主观判断容易受到固有思维的限制，评判标准较单一，人们的信息价值观及其评判尺度相对固定。新媒体时代下，人们网罗信息及获取信息的途径更多，会全方位地收集所需信息，对不同信息进行辨别和界定，从而改变对原有事物信息及相关属性的错误理念或者偏见想法，提升信息判断的准确度和信息内容的精准度。第三，新媒体时代下，信息价值观的结构更为系统、全面。信息价值观从本质和组成上看，是按照一定理论逻辑和意义连接在一起的意识形态，具有相对独立的结构层次、组织体系。信息泛化存在背景下，人们不仅会在短时间内接触大量信息，而且在信息处理及信息接收层面的工作量会更大。不过，人们在对混杂数据及相关信息进行加工与整理的过程中会逐渐掌握信息之间的流动规律。也就是说，新媒体时代下，原有信息价值观结构的片面性及单一性被削弱，信息与信息的联结性更强，信息价值观的结构性更为完善、系统及全面。

新媒体传播在承载信息、发挥信息价值时，对信息受众的把握度更高。在开展大学生思想政治教育工作时，新媒体往往能够从大学生的认知需求及心理需求出发，将大学生所需的思想政治信息在最佳传递时间呈现于大学生面前，从而更好地满足大学生的学习需求、信息需要和心理需要。大学生可以通过多种新媒体设备及新媒体平台获取信息，保证在短时间内获取有效信息，成为新媒体时代的信息受益者。

（二）原创性

新媒体时代，大学生思想政治教育的另一个重要特点在于原创性，原创性是新媒体始终保持活力的力量源泉。这里所说的原创性并不单指某个平台作者及互联网媒体创作团队的单个作品或者几件作品，而是指在一段特定时期内，融合时代属性，反映人们精神需求和文化发展的新内容的呈现，这是一种在内容及形式上兼有重要突破的理念创新，是更具普遍意义及广泛意义的创新。具体来看，新媒体时代下，大学生思想政治教育内容及形式的原创性体现在以下两个方面：第一，独家新闻。大数据时代更考验各家媒体抢占先机、获取一手信息的能力。当某家媒体掌握流量密码、获取最新信息、发布一条独家新闻后，多数媒体平台会相继报道和持续跟进。抢占先机的媒体平台往往能够掌握信息发布与传播的主导权，受到更多用户关注。一方面，新媒体时代下，媒体之间的竞争更加激烈，独家新闻和品牌栏目报道是保证媒体平台可持续发展的重要因素。另一方面，独家新闻对大学生的吸引力更强，能够使大学生快速加入讨论大军，以滚雪球的方式进一步推动信息向外传播。因此，独家新闻事件应当具有较好的舆论导向，从源头出发阻断不良思想文化向外传播，为大学生的思想政治学习和社会政治参与创设良好的环境。第二，独特视角。独特视角是指新媒体工作者不受固有创作思维的局限，能够从不同角度出发看待新闻事件，深挖新闻事件和社会案件背后的价值，创造出传统媒介工作者难以复制的优秀作品。以独创视角进行文字报道和视频剪辑，能够扭转大学生对某一特定事件的固有看法，帮助大学生树立多元的文化观念，使其以更为包容、宽广的胸怀看待社会事件，并站在不同立场及不同角度思考社会事件，养成独立思考的习惯。

主流媒体在新媒体时代尤其要注重作品的原创性。一方面，主流媒体在信息传播和信息流通中扮演着重要角色，承担着更多的社会责任。因此，主流媒体应当避免刻意模仿和一味复制的行为，为大学生提供更接地气的优秀思想政治教育作品。另一方面，主流媒体掌握着更加优越的新闻资源，理应将自身优势发挥到最大，推出更具原创性和思想政治教育价值的新闻作品。在大学生逐渐加入视频创作行列并成为信息传播的一员之后，新媒体传播的原创性发展迎来了新的机遇和挑战，大学生有更灵活和更新颖的观念，掌握较先进的新媒体技术，为新媒体时代下思想政治教育传播的原创性建设提供了更多可能性。同时，随着大学生在信息传播中的地位更加突出，其思想和言论更自由且缺少约束，导致原创作品的质量参差不齐，这是当前新媒体助力大学生思想政治教育的另一个挑战。

（三）效应

效应是指在特定环境下，多种组成因素相互作用而形成的一种因果关系。常见的新媒体效应包括关注度、公信力及影响力等。与新媒体交互式信息传播途径、信息传播的即时性及信息传播的碎片化和聚合性相比，信息传播效应更为显著。信息传播效应形成了新型社会的舆论格局，社会意识形态得以较快扩散。

与传统传播媒介相比，新媒体时代下形成的聚众式、扩散式、交互式传播效应对大学生的交友途径、信息获取及接受、观点表达和互动分享及娱乐等产生了积极影响。通过调查发现，新媒体视域下大学生的交际圈得到扩大，大学生能够结交到世界各地的不同朋友，个人孤独感减弱，能够与志同道合的朋友产生共鸣，这对大学生的心理压力释放及心理问题疏导有重要作用。新媒体能够为朋辈辅导提供安全、稳定、私密的交流环境，进一步助力大学生健康成长。同时，大学生思想政治教育理论知识获取更为便捷。新媒体突破了传统思想政治教育方式，能将具有相同学习兴趣及学习情况的大学生聚集到一起，让他们对某一思想政治议题进行自由讨论，为线上思想政治教育和学习提供了更广阔的天地，有助于进一步提升思想政治教育成效。与此同时，新媒体信息传播过程也会对大学生的思想发展产生负面影响。网络环境复杂多变，由于信息存在虚拟性，大学生因为信息辨识能力较差，难以分辨信息的真伪，容易盲目从众。部分大学生由于过于依赖网络和新媒体，逐渐丧失了自主性，沉溺于网络的虚拟环境中不能自拔。新媒体时代创设的文化场域能够使大学生在特定范围、时间和场所中接受思想政治教育的熏陶，产生感官、思想及心绪方面的变化，形成对应结果。因此，创造健康、和谐的新媒体文化视域，形成较好的文化效应和思想效应十分必要。只有在健康和谐、思想自由的文化场域中，大学生才能形成正向的人生观及价值观，并进一步体现在实际言行之中。

（四）生命力

具有较强的生命力是新媒体成为大众较为喜爱的信息介质的重要原因。媒体介质依托生产力发展和科学进步，具有固有的发展周期和演变规律。从现阶段的新媒体发展现状来看，当前最具生命力的网络媒体主要包括：第一，由党政机关组织管理的严谨性及权威性较高的网络媒体。这部分媒体作为党政机关的喉舌和重要宣讲者，受到党政机关及政府的大力支持，在人力、政策及财力方面具有较大优势。常见的此类网络媒体包括新华网、人民网及各地的党政网络媒体等。第二，由知名企业开办，并进行自主经营、具有丰厚财力支撑的网络媒体。这部分网络媒体在当前的新媒体信息传播中具有重要地位，其创作主题及信息传播范围较以往更为宽泛，常见的有网易、新浪网、凤凰网及腾讯网等。第三，拥有巨大用户数量、自带流量的网络媒体。这部分媒体虽然在作品发行量方面数量较少，但是其作品针对性较强，有较为固定的服务对象，因此关注的用户较为稳定，不会轻易脱粉。例如，一些网络交流平台、淘宝网站、知名博主及"网络达人"的社交账号等皆属于此类。第四，机关事业单位、高校及企业根据职业要求、学习任务和工作开展的实际情况，发布一些与之相关的内部信息，以便依托新媒体网络平台完成工作、学习任务，提高工作、学习效率。当前，多数高等院校已经依据学校的实际情况为学生搭建思想政治学习网站，以便学生在此平台完成思想政治学习任务，提升思想政治水平。

近年来，新媒体行业虽然在积极创设更具生命力的网络主体，为用户呈现更为丰富的内容，但是能够长期保持鲜活性和生命力的新媒体依然较少。鉴于当前新媒体在大学生思想政治教育中的作用更加凸显，越来越多的新媒体工作者提出各种创意，以多种形式展现思想政治教育内容。这些工作者为大学生思想政治教育工作事业作出了卓越贡献，使思想政治教育与新媒体的联结更为紧密。但不可否认的是，实践发展中的一些问题也逐渐暴露出来。一方面，对思想政治理论体系的浅显认知致使最终呈现出的作品质量一般，不能很好地吸引大学生的注意力并激发大学生的学习兴趣，思想政治教育的实效性较差；另一方面，具有生命力和强大影响力的网络媒体在大学生思想政治教育工作中的参与度较低，未能将其社会影响力在思想政治教育中的作用发挥到最大。大学生思想政治教育工作主要还是由党政机关组织的网络媒体承担，思想政治教育的影响力度及渗透力度由于受到客观原因的限制而处于较低水平。可见，将新媒体的生命力建设与大学生的思想政治教育联结，必须依靠更多媒体的支持，充分发挥新媒体的生命力，以此进一步提升其价值和实效性。

二、新媒体时代下大学生思想政治教育的新变化及新机遇

（一）大学生思想政治教育观念创新

第一，从思想政治教育的主客体关系来看，当前大学生是思想政治教育的主体，处于思想政治教育工作的中心，处于主导地位。在思想政治教育问题的论述中，"教师主体论""学生主体论""学生教师双主体论"一直都是学术争论的中心。思想政治教育者在先后经历了"教师主体""学生教师双主体"之后，逐渐认识到此类问题的本质，将视线转向人与人之间的互动与交流上。当今，思想政治教育主客体关系更加强调在学校这一特定场所，将学生与教师置于同等位置，形成一种相互尊重和相互理解的和谐、轻松的教育模式。第二，当代大学生思想政治教育的目标观念发生了较大转变。与新时代育人要求相对应，将立德树人作为根本任务，将社会主义核心价值观作为思想政治教育的重要理论指导，引导大学生坚定理想信念，敢于追求真理，怀着坚定初心，为人民谋福利，共同助推中华民族伟大复兴进程。第三，新媒体时代下，思想政治教育的内涵得到了扩充与完善，能够进一步与时代接轨，满足当代大学生的需求。从德育理念来看，当前的"德"有两层含义，即个人层面和社会层面。它既可以是社会普遍意义上较为认同的社会规范、理想信念的统一意识形态，也可以是个人层面的精神品质。第四，将新媒体时代下的大学生网络观念纳入思想政治教育工作内容。习近平总书记在 2018 年全国宣传思想工作会议上提出，必须科学认识网络传播规律，提高用网治网水平，使互联网这个最大变量变成事业发展的最大增量。

（二）大学生思想政治教育内容创新

新媒体时代，大学生思想政治教育的内容体系更为全面，能够满足当下大学生的学习需求。一方面，高校将网络舆论中的热点新闻引入思想政治教育内容体系，将其中涉及专业发展以及政治、经济与文化等领域的话题作为大学生思想政治学习的现实案例，引导大学生对其中的内容进行研究与分析，并活学活用思想政治理论知识，以此进一步提升大学生对时政的敏锐度和知识储备，提升大学生对国际事件、社会事件的辨识度和判断力。部分思想政治教师将新知识与新媒体中的热点事件相联系，向大学生普及生活常识和思想政治常识，引导大学生树立正确的价值观念。还有部分思想政治教师会与大学生分享年度英雄人物、最美行业人物的相关案例，使大学生受到感染，提升大学生对正能量和主流价值观的认同感。另一方面，新媒体环境下，不同行业之间和专业之间的界限被消除，单一形式的新媒体作品较少见。大学生思想政治教育内容也不再局限于对政治、法律及道德方面进行研究，而是与娱乐、商业、游戏及搜索等行业都建立了联系。大学生思想政治教育也不再局限于对大学生进行理论知识的传授，反而更关注学生在某一领域进行学习时，能否对其价值体系与思想政治教育体系产生较为强烈的认同感。也就是说，现阶段，大学生思想政治教育内容的范围更宽泛，已经渗透到当前生产生活的方方面面。因此，在对思想政治教育内容进行革新与完善的过程中，应当从行业内部的思想建设出发，消除大学生兴趣爱好与思想政治教育之间的障碍，实现平台与学生、学生与学生、学生与行业发展关系的全方位创新。这种"润物细无声"的思想政治教育形式能潜移默化地影响大学生的思想和行为，也在不断优化思想政治教育课程体系。

（三）大学生思想政治教育机制创新

新媒体时代，大学生思想政治教育机制表现出较强的互动性、渗透性，且在管理机制上更为严密、高效。第一，从管理机制建设方面看，当前，党中央、高校的各级党组织依托互联网技术、新媒体技术初步构建了新的管理机制，使大学生的意识形态教育和思想政治教育有法可依、有纪可循。党中央及政府部门严格按照四项基本原则要求对意识形态领域进行管理，对违背四项基本原则的行为予以处置，将新媒体平台和网络平台纳入意识形态管理范围，对其中存在的"煽动与破坏"行为、编造政治谣言和传播政治谣言、抹黑社会主义制度及否认共产党领导的黑恶势力进行管理和制裁。同时，相关部门也应该重视大学生意识形态的健康发展，扭转大学生对思想政治工作、社会主义制度的错误认知。相关部门应关注大学生的发展，始终秉持对大学生负责、对社会负责的决心与态度，加强对网络空间环境的治理，依托互联网进行正向宣传，向大学生传递正能量，加强网络内容建设，形成向上向善、纯朴自然的网络文化，以新时代社会主义核心价值观、中华优秀传统文化滋养大学生，为其构建风清气正的新媒体环境。第二，完善大学生思想政治教育的渗透机制。当前，思想政治教育的主要渗透方式包括专业思想政治课堂教育、专题理论课题讲座及大众传媒教育，也包括影视作品、报纸、杂志、互联网等在内的融媒体教育方式，以及大学生入党培训和党内政治学习等方式。

新媒体时代下，大学生思想政治教育渗透机制表现出鲜明的目的性和实效性。一方面，各种思想政治教育活动并非空穴来风，而是有迹可循的，是在国家立德树人根本教育目标之下、在党和政府意识形态引领下开展的思想渗透工作。另一方面，渗透机制的实效性较强。在信息流通极为迅速的新媒体时代下，抢占信息传播先机、占领思想文化主阵地是党中央、教育部门思想政治教育工作的重要方向。致力于大学生思想政治教育工作的相关人员依托移动终端和网络技术在短时间内将中央指示、党政机关的信息传递出去，使大学生快速了解党中央治国理政的新理念、新思想、新战略。第三，新媒体时代下，大学生思想政治教育工作体现出较为显著的互动性。互动性是指教师与学生在特定场景下，进行一系列思想交流和信息传递活动，通过平等交流、相互沟通，大学生才可能真正理解与认同教师所要传导的价值观，才可能获得思想政治新知，提升思想政治素养。目前，思想政治教育互动机制要兼顾原则性和灵活性、兼顾平等性和主导性、兼顾及时性与经常性。原则性是指在互动过程中应当把握好正确的政治方向，以四项基本原则为指导方针，遵循正确的政治指引。灵活性是指在可控范围内巧妙设计互动过程，改变过于严肃和被动的教学情境，加强与学生更深层次的互动和交流。兼顾平等性与主导性是指在教学互动情境中，教师应当以学生朋友的身份存在，善于倾听，能够换位思考，理解学生的不同观点和想法，进而快速做出反应并回应。在此期间，教师既是学生最为忠实的听众和互动对象，也应当承担起串联教学主线的任务，使教学按照既定流程顺利开展，达到思想性与趣味性的完美结合。兼顾及时性与经常性从互动频率层面进行说明，要求教师与学生之间的沟通与交流应当是具有长久机制和可持续性较强的活动，以便保持师生之间互动的经常性和连贯性，保持教师与学生之间的良性沟通，以便教师能够快速获取学生在思想政治学习中出现的问题并及时解决，进一步提升思想政治教育工作的实效性和针对性。

第三节　新媒体时代下大学生思想政治教育的实践形式与手段创新及发展困境

一、新媒体时代下大学生思想政治教育的实践形式与手段创新

（一）新媒体助力红色文化传播

红色文化是在革命战争年代，由无数仁人志士和先辈浇灌而来的精神凝练。高校开展红色文化教育是当前思想政治教育的题中应有之义，也是思想政治教育的主要任务之一。在互联网技术及新媒体的影响下，红色文化传播形式更加丰富。传统传播模式下，红色文化主要通过纸质媒介向外传播，传播范围受到较大限制，思想政治教育的影响力较差，大学生对红色文化的了解处于浅显层面，很难对其中蕴含的精神体系及民族气节有全面、深入的了解。进入融媒体时代，学生不仅能够通过智能设备随时随地观看与红色文化内容相关的系列电影和电视剧，还可以通过网络直播在线参观英雄烈士故居，也可以进入博物馆进行沉浸式的数字体验，从更深层次感受红色文化的独特魅力，加深对红色文化的印象。数字技术的发展进一步拓展了红色文化向外传播的路径，为其向外传播扫清了障碍。新媒体时代下，传播者和文化工作者依据英雄事迹及典型的

红色文化故事，经过筛选和重组后，以音频和短视频方式将相关内容发布到社交媒体及新媒体平台上，这些内容不仅在网络平台会受到更多人的关注，而且使受众对红色文化的内涵更为了解。除此之外，传播者将红色文化的内容提炼得更为精确，在原有红色文化内容的基础上，加入时代流行元素，创新播放形式及展现方式，以更先进的技术抓住观众眼球，博取观众关注。因此，现阶段红色文化作品的可读性更强，并具有较强的创新性和原创性，其高质量的内容输出使大学生更易接受。比如，近几年较为火爆的电视剧《觉醒年代》，电视剧的导演及编剧以五四运动至中国共产党成立这段历史为背景，通过树立性格鲜明的人物形象，将这一时期中华儿女的思想转变及拳拳爱国之心刻画得淋漓尽致，深挖历史事件背后的细节，使这一时期的人物和事件更加立体地展现在人们眼前。这一文艺作品充分展现了战争年代中国青少年面对个人利益、国家集体利益时舍生取义的民族气节，对当代大学生具有重要的教育意义。在此背景下，新媒体运营方紧抓这一文化思潮，截取剧中一些精彩片段和情节，将其制作成生动形象的系列短视频，然后将这些短视频上传到抖音、小红书及哔哩哔哩（以下简称"B站"）等大学生常用的平台上，在较短时间内受到大量用户关注，视频浏览量、点赞量及收藏量都有了较大提升，取得了较好的反响。同时，这种间接的宣传方式进一步带动了《觉醒年代》的收视率，使红色文化的传播范围更为广泛。从B站、快手及小红书当年的创作主题调查数据中可以看出，很多知名博主在受到红色文化的影响后将《觉醒年代》作为创作主题，或以人物为划分依据以图片自动播放形式呈现剧中的人物，或截取知名片段后进行串联，此部分视频内容在平台上的曝光率得到显著提升，推动了良好社会风气的形成。

在资源整合、传播渠道拓展方面，新媒体时代下，各大高校开始积极创建以红色文化为主题的网站，将国家红色文化资源、地方红色文化资源作为网站的主要内容，通过充分挖掘革命遗迹、革命文物中所蕴含的革命精神，进一步赋予这些红色文化资源以时代价值，形成具有地方特色的红色文化媒体品牌。同时，借助新浪微博、抖音、微信、B站及快手等新媒体平台，进一步推动红色文化的传播，实现红色文化的创新发展。高校在学校平常的活动及特殊节日活动中以红色文化为主题，向学生征集红色文化作品，鼓励学生以情景剧、舞台剧、诗歌朗诵及实景演出等方式进行创作，实现对红色文化的传承。除此之外，为了进一步增加红色文化遗址的曝光度及关注度，文化和旅游部门应用数字技术、人机互动技术等新兴科技，拉近红色文化与观赏者的距离，使用户沉浸式感受红色文化的魅力，充分发挥红色文化遗址的文化熏陶作用，进一步提升此类文化的教育功能。

高校大学生能潜移默化地从各类新媒体中汲取有关红色文化的历史由来及其包含的内容，了解红色文化在新时代的全新内涵及重要价值。大学生能通过学习红色文化涵养心灵，发扬先辈的艰苦奋斗精神并强化自身品质，以更积极的心态应对生活中遇到的困难。同时，学习红色文化能帮助大学生树立民族责任心，让大学生养成对祖国负责、无私奉献的良好品质，使大学生相信祖国力量，增强对祖国事业的信任感和自豪感。

（二）思想政治教育"网红"平台的搭建

新媒体时代下，人们可以在网络这一自由平台上传播信息，并进行自由讨论和发表相应观点。这种新形态的话语环境打破了原有传统媒体进行话语垄断的固有限制，党和政府部门不再是思想政治教育的主导方，其组织权威、思想政治教育的影响力也受到一定程度的削弱。当前，西方国家正在紧锣密鼓地加强对我国意识形态的渗透。美国曾经在"国家信息基础设施行动计划"中提出，要在思想领域加强攻势，以西方价值观统治世界，实现对各个国家思想层面的征服。由此可见，网络媒体为信息传播带来益处的同时，也使网络媒体成为话语操纵的隐性工具，对人们的思想、意识产生了重要影响。

"学习强国"是中共中央宣传部参与新媒体管理中较为成功的典型，对当代大学生的思想政治教育产生了重要影响。第一，从地位属性来看，"学习强国"在较长时间内一直是网络舆论的主导者和引领者，在网络舆论宣传中地位显著。从新浪微博搜索记录、浏览数据中可以看出，民众对时事类新闻有着较高的关注度，新媒体市场急需一个健康、严肃、内容全面、党政机关参与管理的综合性应用平台,于是"学习强国"应运而生,在新媒体成为主流媒体的大趋势之下,构建了独具特色的官方平台,开辟了思想政治教育新渠道。"学习强国"通过建设以红色文化为主题的宣传平台,对与国家政治新闻、世界范围内的热点事件及社会主义核心价值观相关的资料进行归类与重新整合;同时,紧扣社会热点话题,将民众较关注的热点议题和民生问题作为单独板块进行规划,实现思想性、理论性、互动性和趣味性的高度统一,以进一步感染民众参与思想政治话题讨论,加强新时代社会主义意识形态建设。第二,从内部管理层面来看,"学习强国"的管理对象和主要教育对象较明确,具有针对性。"学习强国"学习平台是由中共中央宣传部主管,以习近平新时代中国特色社会主义思想和党的二十大精神为主要内容,立足全体党员、面向全社会的优质平台。从抽样调查结果可以发现,与普通群众相比,"学习强国"注册用户的政治立场更为坚定、政治洞察力更为敏锐,且拥有较为成熟的网络操作技术和管理技术,能够熟练地运用网络用语表达、把控舆情态势,将网络舆论引向更加积极正面的方向。第三,从运营形式来看,"学习强国"采用"线上+线下"的双轨模式,具有较大优势。在平台运行初期,党和政府便采取一系列举措督促各党支部引导党内成员完成注册,从而保障了软件初期运行的质量;部分党支部、党小组将"学习强国"平台的签到、登录、知识学习情况纳入平常的考核,使其逐渐渗入党组织管理、党内生活。在较长时间的引导和推行后,"学习强国"线下使用者的数量得到明显提升,为以后的线上运营奠定了坚实基础。在此背景下,大学生将"学习强国"平台的打卡学习、累积积分作为日常的学习与工作,养成了良好的线上学习习惯,有效消除了大学生原有对思想政治学习的偏见,以更高的接受度进行思想政治学习,将思想政治学习视为荣誉和骄傲。这种"线上+线下"双管齐下的运营方式成功扫清了"学习强国"思想政治教育路上的拦路虎,使其成为大学生思想政治教育的重要途径和有效手段。第四,"学习强国"之所以能够取得成功在于其对大学生需求的精确把控和高质量的创作内容。一方面,"学习强国"积极学习新媒体传播抓眼球、小而精、快而准的创作经验,对生产内容进行严格把控,筛除不精不良的内容,使平台的质量处于较高水平。从人民网的统计数据来看，随着国家将自媒体融合发展上升为国家战略，媒体之间的融合度更高，媒体标准得到提高，涌现出一批传播范围广、点击量高、用户体验感好的融媒体作品。另一方面，为了迎合当前人们思维方式和认知方式的改变，"学习强国"采用多元化的内容组合方式，选择合适的联结方式巧妙地将复杂的人物事件和新闻内容衔接起来，以简略方式厘清不同新闻事件的内在联系，以此为用户减轻阅读负担，降低用户的阅读难度。具体来看，"学习强国"所涉及的思想政治教育内容十分丰富，包括但不限于政治、经济、文化、历史、地理、法律、党章党史、生活、社会热点等方面的知识。《2019年"学习强国"资源统计报告》显示，"学习强国"平台共集纳了党章党规88项、法律法规将近2600条、1900多部中华古籍、2000余篇可供免费阅读的报纸和杂志、2500多首歌曲、1000多节公开课程等。"学习强国"依照不同的学习主题开设多种学习专题和相关板块。同时，"学习强国"与中央及地方的党报党刊和中央及地方的广播电视台建立了良好的合作伙伴关系，进一步扩充了平台资源，为大学生新媒体环境下学习思想政治理论知识和优秀传统文化知识提供了较好的平台。

短视频作为新媒体时代下典型的传播介质和传播工具，在大学生思想政治教育中起到的作用非常明显。有关短视频的内涵、特征、传播形式，以及参与大学生思想政治教育的主要方式、存在的问题等内容将在之后的章节中具体陈述，这里只做简单介绍。

（三）思想政治教育文化阵地向外拓展

思想政治教育文化阵地不仅是大学生思想政治学习的主要场域和背景环境，还是侧面引导大学生的一种隐性思想政治教育形式。新媒体时代下，文化场域在引导学生健康成长中的作用凸显，处于越来越重要的地位。优秀传统文化和网络媒体在文化视域下处于同样重要的位置，二者并行其道。

当前大学生对经典著作、知名文学作品有强烈的学习兴趣和学习需要。网络文学主要分为流行网络文学和经典网络文学两大类。流行网络文学主要以都市言情和玄幻小说为主，在青少年中的受欢迎程度较高，这类图书具有情节跌宕、语言简单、易于理解的特点，其思想深度不高，教育价值不高；而经典网络文学内容严谨、故事情节完整、思想深度较高，对大学生的启发性更强。当前，创设良好的阅读环境需要媒体支持，传统媒体与新媒体应当做好文学传承工作，将经典著作、优秀作品作为主推方向，引导大学生养成阅读经典书籍、勤于思考的习惯。

在新媒体平台、网络技术的助力下，国内外影像作品的流通更为顺畅，文艺影像作品呈现井喷发展状态。无论是国内外的综艺节目、电影大片还是网剧，都对大学生的意识形态产生了或大或小的影响。近年来，随着国人爱国情绪的不断高涨，国内与抗战爱国、民族情结相关的主题电影层出不穷，还有很多导演借助国内影像行业的较好发展，以先进人物和英雄模范为创作原型制作出一系列优秀作品，向人们讴歌平凡却又伟大的身边人物。不可否认的是，西方发达国家在影视创作和文化竞争中的实力依然不可小觑，大学生在观看国外大片、享受视觉冲击的同时也不可避免地会受到外来文化的浸染。虽然当前国内影视行业的转型发展已经取得了一定进展，但是与国外相比，依然有很大的提升空间，在满足大学生多样性、多方面、多层次的观影需求和文化需求方面还有很长一段路要走。

第 41 次《中国互联网络发展状况统计报告》显示，2017 年 1 月至 11 月，网络游戏（包括客户端游戏、手机游戏、网页游戏等）业务收入 1341 亿元，同比增长 22.1%。[①] 手机客户端游戏针对年轻群体设计，是大部分大学生休闲娱乐的主要方式。手机游戏页面具有社交功能，用户能在其中获得娱乐休闲和社交互动的双重体验。手机游戏对大学生意识形态的影响主要表现在以下两方面：一是手机游戏页面的背景设计。通过对目前市面上较流行的几款手机游戏进行分析可以发现，一部分手机游戏以传统神话故事和经典英雄人物为创作原型，玩家通过角色扮演，化身其中的人物完成对应任务，以便获取胜利。从现有游戏背景设计情况来看，手机游戏设计方也更为注重对传统元素的运用和把握，尽量保证故事主线贴合实际情况，将历史人物形象及品性塑造得更为丰满

---

① 资料来源：中华人民共和国国家互联网信息办公室官网，CNNIC 发布第 41 次《中国互联网络发展状况统计报告》。

精彩，实现二者的融合发展。二是手机游戏中的文化空间构建和设计主旨更符合社会主义核心价值观的要求，能向用户传递较为正向的人生观和价值观，符合当前习近平新时代中国特色社会主义思想对大学生思想政治教育的道德标准和育人理念的要求，也有助于推动中国梦这一伟大工程的实现。

随着电子商务和物流行业的迅速崛起，网络购物成为当前人们消费购物的主要方式，而大学生秉持新的消费理念，是当前电商交易的大基数人群。金融消费是新媒体时代下大学生消费行为的重要特征。比如现阶段最为流行的外卖平台的兴起就离不开大学生群体的带动和助推。相较于以往大学生对名牌产品的迫切追求，现阶段大学生的消费更加看重产品的实用性和功能性，消费理念更为理性。与此同时，随着思想观念的转变，大学生对精神世界的追求更强烈，以旅游为主的消费产品受到大学生的青睐。很大一部分大学生在校期间利用积攒的经费去世界各地旅游，将"世界那么大，我想去看看"这一理想付诸行动，使其成为现实。由此可见，在新媒体时代，大学生的消费观念、日常生活环境与生活习惯受到了较大影响。在此背景下，部分大学生也容易受到网络环境的影响，被享乐主义、拜金主义及过度消费理念侵蚀，大学生相对较弱的经济能力和较强的消费欲望成为影响其发展的主要因素。因此，媒体、社会、企业及高等院校应当注重对此不良风气的管理，帮助大学生树立正确的消费理念，使其能够理性消费，养成良好的消费习惯。

二、新媒体时代下大学生思想政治教育的发展困境

（一）教育主体的媒介素养有待提升

教育主体作为大学生思想政治教育工作的主要实施者，承担着主要思想政治教育任务，教育主体的思想政治理念、理论知识储备及专业能力与最终的思想政治教育成效密切相关。由于新媒体技术的发展时间较短，其在大学生思想政治教育工作中的应用尚处于初步探索阶段，因此大部分人对新媒体助力大学生思想政治教育的认识和理解还不够全面。一些一线工作者只看到新媒体技术的娱乐属性，未能看到其在教育领域发挥的重要作用，教育者的教育观念有待更新与提高。

随着新媒体在大学思想政治教育体系中的渗透力度逐渐加大，大学的思想政治教师、其他专业教师应从自身发展出发，开展一系列观念革新与技术提升工作。但是从现有的实际发展情况来看，教育主体的媒介素养有待进一步提升。一方面，大学的思想政治教师在运用新媒体技术提取有效的思想政治教育材料时存在较大难度。部分思想政治教师在实际教学过程中，由于深受传统教育理念、传统教育模式的双重限制，不能在短时间内接受思维形式、教学形式的变革与更新，对新媒体存在错误认知，不能将新媒体助力大学生思想政治教育的优势发挥到最大。另一方面，新媒体在教学过程中的应用率较低。从当前的教学目标来看，有关新媒体思想政治教育的表述内容较少，大学生思想政治教育目标和新媒体的关联度较小，导致教学目标不能很好地发挥引领和调节作用。从教学内容来看，部分高校在开展思想政治教育时依然沿用旧有教材进行单一形式教学，课程内容不能紧跟时事、缺乏新意，对大学生的吸引力较小。从教学模式和教学手段来看，新媒体运用受到的限制较大，教师对新技术的运用还不够熟练，教学形式较为僵化，无法调动大学生对思想政治课程的学习兴趣。思想政治教师在运用新媒体技术搭建智慧课堂时，存在一味模仿的问题，缺乏自我创新，教学形式千篇一律，致使教育客体需求与教育主体供给出现不对等问题，难以推动思想政治教育的创新性转变。思想政治教师对新媒体技术的操作不够熟练，会严重影响思想政治知识和信息的呈现，也不利于完整、高效的思想政治课堂的构建。当前，大学的思想政治教师在实际教学中往往缺乏创新，一味地沿用已有的教学案例和新媒体教案，致使新媒体助力思想政治教育的创新发展进程缓慢，思想政治教育内容有待进一步扩充与完善。除此之外，如何正确规避新媒体传播带来的负面影响，对其中的信息进行辨认与区分，从而进一步规范新媒体视域下的思想政治教育工作，加强大学生对网络不良信息的防范意识，是教育主体在实践工作中较为缺乏的能力，也是当前值得重视的问题。

（二）网络舆情监督机制有待完善

新媒体平台建设和管理机制不完善，也是阻碍当前大学生思想政治教育工作进一步开展的重要因素。从辩证学角度来看，新媒体存在优势和劣势，新媒体在为大学生思想政治教育工作的转型发展带来新机遇的同时，也为其规范发展带来了新挑战。如何正确、辩证地审视现有的思想政治环境，将新媒体置于恰当位置，趋利避害，转危为机，将新媒体的优势发挥到最大是新时代大学生思想政治教育工作的重要议题。

对网络环境和网络舆情进行有效把控和管理是大学生思想政治教育工作顺利开展的决定因素。从法律层面来看，虽然当前新媒体的发展仍然呈现上升趋势，但如果不能利用好其虚拟性、隐秘性及开放性等特点，不能使新媒体成为思想利器，则与科学技术创新发展的初心背道而驰，会为不法分子和极端人士提供操作平台和便利条件。大学生作为心智尚未完全成熟的个体，不能很好地对社会舆论和网络中的不同观念进行完全正确的是非判断，大学生的心绪容易被舆论引导和扰乱，不利于其身心健康发展。在政策落实方面，由于当前有关网络环境的管控政策、制度还存在一定欠缺，许多不良信息和低俗内容成为"漏网之鱼"，网络中涌现出一些低俗内容和恶搞内容，造成网络文化风气被破坏，不利于为学生营造积极正向的上网环境。

从现阶段高校在构建监督机制、实施网络督导方面的情况看，虽然大部分高校已经采取了一系列举措应对网络问题，注重对学校风尚和网络环境的引导和管理，初步构建了相对完整的新媒体思想政治指导监督制度，但是实践操作中依然存在一些缺漏，在教学管理、新媒体运营方面的规制力度有待进一步加大，管理成效有待进一步提升。以下是实践工作中常见的几个问题：第一，网络管理出现极端倾向。网络管理过于故步自封，把控舆论动向时过于偏激，将学生困滞在特定文化视域中，使学生无法接触外界社会的最新信息；管理机制疲软，管理制度形同虚设，实际运行中无法对不良风向和煽动性言论进行及时控制，导致恶性新闻事件的波及范围越来越广，产生严重的不良影响。第二，新媒体领域大环境较为复杂。由于新媒体领域信息繁多且良莠不齐，在对信息进行排查与筛选过程中过于兼顾各方利益，导致一些不良信息流入网络，造成学生思维模糊、信念动摇。第三，思想政治教师队伍的教学水平不同，教师对新媒体运用及相关信息的监督管理力度也不同，导致学校的监督机制向下施行时存在较大难度。

（三）思想政治课堂教育载体建设不足

在新媒体的助力下，大学生不再是思想政治理论知识的被动接受者，而是知识获取过程中的主动参与者，可以自主完成相应的思想政治学习任务。在传统的思想政治教育课堂中，教师主要采用说教方式进行知识传递，教学方式的单一和教学内容的枯燥，使得大学生在课堂上的注意力难以保持长时间集中，以致思想政治学习成效一般。当前，多数高校已经着手于载体建设和思想政治模式变革，应用实践教育平台、多媒体技术及互联网手段进行思想政治教育，在此类设备及基础网络建设中的投资较多，取得了较为显著的成效。部分高校虽然注重对基础设施建设的规划与投资，但是未能对资源进行合理分配，使思想政治教育载体的形式和功能受到较大限制，不利于构建多层次、立体化、全方位的新媒体思想政治教育体系。

《教育部2022年工作要点》提出实施教育数字化战略行动，具体内容如下：强化需求牵引，深化融合、创新赋能、应用驱动，积极发展"互联网＋教育"，加快推进教育数字化转型和智能升级。当前，互联网高端技术更为丰富，包括云计算、人工智能技术及智慧课堂等多种形式。但是，这些新的思想政治教育载体的实际投入时间较短，还未能与已有的思想政治教育体系形成紧密联系，思想政治课程内容与承载介质出现脱节问题。另外，当前线上与线下思想政治教育体系之间还存在发展壁垒，新媒体教育载体在与线下思想政治教育合作过程中往往存在内容缺乏整合、目标不一致等问题，使新教育载体的作用不能很好地发挥，"线上＋线下"思想政治教育格局受限。

（四）传统媒介受限，意识形态主体缺位

第一，随着新媒体的广泛应用，传统媒介在思想政治教育方面的话语权受到了很大程度的削弱。当前，思想政治教育的话语权主要由公民话语权和国家层面话语权共同组成。以往的传统媒体时代下，国家是思想政治教育工作话语权的主导者，处于核心控制地位。在这一形势下，国家牢牢把控意识形态领域，对学生进行思想教化和意志引领，公民话语权、公民单独发声在意识形态中的占比较小。在新媒体的助力下，当前的文化环境更推崇言论自由和思想自由，

为公民自由表达和公开发声提供了更多可能性。基于此，公民的话语权得到扩展，在一定程度上能够牵制与制衡国家的话语权。但是，在实际发展过程中，由于新媒体平台对舆论的监控和管理机制还不够完善，很容易导致"情绪型"舆论和"煽动型"舆论快速蔓延，产生较为严重的社会负面影响。随着传媒媒介的一部分话语权被瓜分和稀释，国家的话语权受到影响，主流媒体对意识形态领域的控制难度进一步加大。在实际调查中发现，与主流官方媒体相比，部分新媒体平台信息发布的速度较快，并且以带有争议性的标题作为噱头进一步吸引广大网民的注意。这些新闻报道和事件描述往往过于夸大事实，未能将完整的情节呈现给公众，致使公众容易被不实内容影响，并成为带动舆论的一分子，进一步扩散不实信息，在较大范围内造成不良影响。

第二，新媒体文化理念中的一些颓废价值观和享乐主义思想进一步降低了一直以来主导我国意识形态正向发展的思想体系的表现力和影响力。一方面，新媒体独有的包容性在为大学生带来丰富的思想政治教学素材的同时，也将一些拜金主义、个人利益至上及腐朽思想引入，使大学生无法构建科学、正向的价值体系。另一方面，思想政治教学体系与新媒体传播技术的联动性较差。当前高校所使用的思想政治课程教材内容由于长时间未得到更新，与时代发展之间的契合度较差，不利于大学生吸收理论知识以及融会贯通。同时，现有思想政治教材内容不能很好地与新媒体传播技术联系，难以使新旧内容相互融合，二者缺乏共通性，教学内容与教学途径严重脱节。

第二章　短视频及其发展

第一节　短视频的界定与优劣分析

一、短视频的概念界定

短视频作为一种较新颖的传播媒介，出现时间较晚，发展的时间较短，但是在演变过程中却在不断分裂，产生了种类丰富、内容全面的短视频内容。国内学者在对短视频进行概念界定时，通常会将其与长视频进行比较。传统长视频的时间较长，视频包含的内容较多；而与之相比，短视频的时间更短，内容更凝练，创作者往往需要在较短时间内将内容压缩和深化，以此实现预定目标。2016 年，在互联网技术、智能手机和人工智能技术、社会群体"碎片化阅读"等因素的共同催化下，以互动性、实时性为核心特征的社交视频模式初步形成，社会群体在社交功能和信息阅览方面实现颠覆。其中，以短视频模式最为出众，短视频的交互式特点使用户不仅能主动进行碎片化阅读，还能进行自主创作和分享，并在自我表达和自我展示方面有了更多平台及机会。通过搜集国内外与短视频相关的文献，对其进行内容分析与整理，发现学者在对短视频进行定义时由于切入点和关注点的差异，概念也存在一定差异。大多数学者倾向于从短视频的特征出发对其进行概念界定，认为短视频是指"短小、精悍的视频"，国外学者大多以"short-video"指代短视频，部分学者将其称为"微视频"。新浪微博官方平台在对短视频进行概念界定时提出，短视频的长度计算应当以秒为单位，在移动设备和智能终端下进行内容美化和完善，完成拍摄工作，之后在各种社交媒体上进行实时分享和无缝对接。短视频是融合文字、语言、图像的综合产物，具有表达用户需求、呈现和传递信息内容、满足人们生活情感诉求的功能和价值。艾媒咨询则在报告中提到，短视频的时长应当控制在 15分钟以内，人们可以通过手机等移动设备在碎片化时间内观看视频内容。与网络和电视等在线视频相比，短视频的应用场景更多元，较为符合当下视频的社交化及移动化趋势。短视频与直播相比，时间限制更小，传播速度更快。从当前短视频的发展趋势看，短视频市场从以往以分为单位进行测算变为以秒为单位进行测算，这也从侧面要求短视频内容的凝练度应当更高，以此保证在短时间内向大众传递更具价值的信息。

互联网作为信息时代最具发展性的新兴产物，逐渐成为推动各国创新发展的先驱性力量，正在影响人们的生活方式，推动社会发展。中国互联网络信息中心在第 44 次《中国互联网络发展状况统计报告》中指出，截至 2019 年 6 月，国内网络视频用户规模达 75877 万，其中短视频用户规模达 64764 万，网民使用率十分可观。于 2021 年发布的第 49 次《中国互联网络发展状况统计报告》显示，截至 2021 年的 12 月，我国网民用户中使用短视频平台的用户规模达 93415 万，网民使用率达 90.5%。自 2016 年伊始，我国短视频用户规模便一直保持稳定上涨趋势，截至 2022 年年底，我国短视频用户规模达 10.12 亿，网民使用率达 94.8%。

除此之外，根据《2021 年短视频用户价值研究报告》的分析结果可以得知，短视频观看用户之中大部分为 10 岁及以上的网民，这一人群占比达 90.4%，而其中 50 岁及以上的中老年群体比例最高，这一部分用户被称为"银发 e 族"。"银发 e 族"除了观看占比较大之外，也是短视频的主要制作者和贡献方，为抖音、快手等平台提供了较丰富的短视频资源。根据网络记录还可以得知，使用者往往倾向于在晚上睡觉前观看短视频，22 点之后观看短视频的用户数量的上升速度最快。

一项完整的短视频制作应当包含以下流程：第一，制作短视频的前期准备工作。这一阶段应当召集制作人员，初步确定短视频制作的领域、方向和内容，并做好设备购置工作，对创作技术及创作流程有基本把握。第二，短视频编导策划工作。制作短视频之前应当明确几个问题，即视频题材和主题的选择、风格的设定，视频内容的设计和不同转场之间的顺序，视频总时长应当控制在哪个区间以及脚本编写等问题。这些问题涉及的是短视频创作中最为核心、关键的环节，往往直接决定着短视频最终的质量。在编导策划环节，编剧、其他相关工作人员应当积极发言，为视频制作建言献策，保证视频内容具有趣味性、创新性，能够吸引更多用户。第三，视频拍摄取景阶段。在这一阶段，拍摄人员应当按照视频制作任务和制作要求进行取景和拍摄，为视频剪辑准备充足的资源。拍摄人员应当做好摄影器材的选择和配置工作，将机位调控至恰当位置，布置好现场灯光和收音系统，用适合此次视频主题的摄影表达手法进行取景，确保取景和拍摄顺利进行。第四，视频剪辑工作。拍摄人员拿到的一手素材资源往往不能直接用于公开发表，需要经过剪辑以进一步修饰和完善，以凸显创作主题，达到理想目标。现阶段，人们最常用的剪辑软件有爱剪辑及短视频软件自带的摄影剪辑功能。剪辑人员会根据时长要求进行画面拼接和画面转换，将图片、影像光影调配至最佳状态，以确保视频的最终呈现效果符合人们的需求，吸引更多用户关注，增加短视频的总播放量。第五，视频宣发阶段。在完成以上一系列工作之后，视频运营团队或者创作者个人可以按照自身需要将视频投放到不同社交平台，以获取更多流量曝光。

二、短视频的传播特点分析

短视频自 2011 年出现至今，受到大众的喜爱和追捧，是人们获取外界信息、休闲娱乐的重要方式。在互联网高度普及的今天，短视频随处可见，不论是在微信视频专区、朋友圈分享，还是在新浪微博页面，短视频都是人们获取信息的主要途径及方式。

从短视频的内容看，其主要有以下两方面的典型特征：第一，短视频宜从生活中常见的小事入手，以小见大，见微知著，借由小事情表现大主题，整个视频内容及主旨的人情味较为浓厚。从现阶段人们常用的短视频软件——抖音来看，用户会通过抖音记录日常生活，并分享到抖音平台，吸引更多用户的关注和点赞。抖音平台就像是一个扩大版的"微信朋友圈"，在以往微信朋友圈的基础上进行了扩充与完善，使人与人之间的距离进一步缩小，人们在互联网的支撑下形成了联系密切的关系网。在抖音平台，人们可以看到不同人的生活现状，流行的服饰搭配、可爱的萌宠、诱人的美食、趣味的方言等是人们的创作素材。抖音创作标签和创作内容不受限制，只要是人们较为感兴趣的话题都可以成为创作主题。第二，短视频主题之间具有较高的同质性和相似性，最终作品的质量参差不齐。一方面，视频创作者的知识储备及人文涵养直接决定作品的科学性、专业性及知识深度。现阶段，视频制作主体除了专业媒体人员，大部分人的专业知识素养及知识能力较弱，创作的作品必然存在优劣之别。另一方面，部分创作者为了紧跟潮流，会直接盗取他人作品，致使短视频内容之间的同质性较高。

根据当前国内受众的观看需求，短视频平台方推出了多元化的内容体系，以便满足更多消费者的需要。《2021年度短视频观众喜爱偏向调查》显示，当前人们较为喜爱的短视频类型为文艺类及生活类。文艺类短视频内容是视频软件中播放量较高的类型之一，如创作者通过将知名电影的几个片段压缩在一起，配以解说和自我感悟内容，形成较完整的短篇介绍，使观众在短时间内掌握电影的内容及主旨，并获取重要信息；也有以"潮流、文艺、生活"为主题，搭建艺术现场，以专业知识和设计理念吸引观众注意，达到预设目标的。文艺类短视频内容能够在人们有压力时，带给人们视觉和心理层面的放松与享受，使人们短暂忘却压力与痛苦。生活类短视频内容多以治愈为主题，通过拍摄可爱、温暖的元素来传递积极的能量，以缓解人们的压力，帮助人们放松身心。由此可见，当前短视频内容选择与近年来盛行的"极简主义"思想理念不谋而合。所谓"极简主义"，是一种与现代快节奏生活相对的生活态度与生活方式，它还是一种设计风格，与自然主义类似，更强调事物本身的朴素之美，生活类短视频近年来的主题选择、内容选择大多与其有密切联系。

从短视频的传播途径及传播方式来看，我国媒体市场在互联网、智能工具及信息技术的加持下，开始对传统传播媒介进行改革与完善，以便更好地实现新旧媒体之间的良好对接，为大众提供全新的融媒体环境。信息交换与信息传播是从无到有的过程，从最初的口口相传，到以文字为载体，借助工具进行信息传播，直至今日利用互联网技术和信息技术进行更为方便、快捷的传播。短视频在传播过程中具有视像化、立体化、交互式、全面性等特点。短视频在信息传播过程中的交互性较强，使观看者具有较强的代入感和参与感是当前短视频创作的主要目标之一。通过提升短视频的创作质量和内容标准，能够增加短视频与观看者之间的黏性，进一步提升短视频内容对用户的吸引力。当前短视频制作门槛的降低使用户可以直接参与短视频制作，自行选取创作内容，极大地提升了用户的参与感，使短视频的互动范围进一步扩大，交互性更强。同时，短视频将视觉、听觉完美融合，使用户沉浸式地体验视频内容，并进行深度感知。这与现阶段短视频的组成元素相关，当前短视频不仅在内容上进行了改善与优化，在背景音乐选择和视频画面上也进行了提升，视频内容在恰当的背景音乐衬托下具有更强的感染力，而且视频中不同画面之间的切换更流畅、视频清晰度更高，也使人们的观感体验更好。除此之外，短视频传播与大数据技术和算法相联系，传播形式更为多元，传播质量明显提升。短视频平台在信息技术的支持下，对用户最常看的视频类型进行内容分析与统计，以便更好地把握不同用户的观看喜好，向用户推介更加契合其观看需要的视频类型，节省观看者的时间，形成良好的内部循环。

三、融媒体时代短视频的优势

（一）门槛较低，用户范围广泛

传统纸质传播媒介对受众群体的文化素养要求较高，需要受众群体对文本内容及文本结构有较深入的了解，且要求受众群体具有较高的阅读能力和理解能力，以便充分理解文章内容，获取真正有用的信息。同时，传统传播媒介信息的容量、体量较大，需要人们进行信息筛选和信息分辨，从中挖掘所需信息，这也造成了时间和资源的双重消耗。与传统传播媒介相比，短视频传播具有较多优势。随着各种新兴媒介和技术工具的出现和完善，短视频制作程序得到简化，短视频浏览方式更为多元，人们在经过简单的拍摄和创作后，便能够得到一段较为完整的视频内容，可以有效扩大受众群体，构建全人类参与的信息网络，使更多人受益。以往互联网受众群体以青年为主力军，很多老年人和文化水平较低的人由于技术操作问题始终游离于信息时代之外，无法真正融入互联网世界，而在短视频普及时代，这一问题得到了有效解决。从现有调查数据可知，抖音作为国内短视频大户，用户年龄分布图逐渐平衡化。《2020 年抖音数据报告》显示，抖音用户中 24 岁以下的使用人群占比 28.0%，25~30 岁的使用人群占比 28.8%，31~35 岁的使用人群占比 26.3%，36~40 岁的使用人群占比 12.2%，40 岁以上的使用人群占比 4.7%。从以上数据可以看出，虽然老年群体占比依然较小，但是与以往相比取得了很大突破，且近年来此趋势仍在不断发展，因此老年群体是当前抖音短视频平台的重点营销方向和消费群体。短视频用户因为对内容需求的不同形成了不同视频分享圈层："00 后"喜欢萌宠、二次元及各种新奇视频等内容；"90 后"喜欢怀旧电影、娱乐及生活探店等内容；"80 后"喜欢亲子教育短视频、社会时政等内容；"70 后"喜欢美食、寻宝、历史典籍荟萃等内容；"60 后"喜欢搞笑生活记录、乡村生活和广场舞等内容。这种基于年龄形成的圈层化特征从侧面可以反映短视频受众群体范围的广泛，基本涵盖了从少年到老年各个年龄段群体。在此基础上，人们之间的物理距离被极大缩短，信息网络的形成不再是遥不可及的梦想。

（二）内容丰富，涵盖多元分类

短视频内容较为丰富，涉及领域较多，包括科技、文学、政治、社会生活、艺术、历史、地理等多个领域，其中既有较为宏大的社会叙事，也有细微的个体视角；既有专业的话语讲述和内容分析，也有日常的休闲内容；既有严肃的政治热议话题，也有轻松的市井日常。任何人都能在这一片宏大的信息海洋中找寻到属于自己的一隅之地。内容多元使短视频能够更好地迎合不同使用群体的需求，这是其受到大众喜爱的重要原因之一。

知识性和实用性是短视频的两个主要特征，任何短视频都可以划归到以上两个圈层中。知识性短视频对创作者的知识储备、文化素养和专业能力要求较高，视频内容应当使用户得到满满的"干货"；而实用性短视频则倾向于从实践层面向用户传授行业技巧，将创作者的经验传递给需要的人，帮助其更好地解决现实问题。具体来看，当前短视频主要分为以下几种：第一，以搞笑为主题，受众群体较广泛，任何人都可以观看，其中包括搞笑情景剧、流行梗、笑话集锦和生活喜剧等。第二，以视觉享受为主要创作目的，将自然界的一些美好事物作为创作素材，包括但不限于自然美景。第三，可爱、萌宠系列。基于当前人们的生活压力、工作压力逐渐增大，拥有可爱外表的萌宠成为当前短视频制作最为青睐的对象，萌宝和萌宠具有较强大的治愈能力，憨态可掬的形象很容易拉近人们之间的距离，让人产生爱意，反复观看。第四，达人才艺类。拥有一定专业且拥有大量粉丝和一定影响力的用户被称为短视频达人。这些人将自身技艺作为视频创作内容，在对拍摄片段进行修饰后让人在瞬间产生惊叹的感觉，引发人们的由衷赞叹和敬佩。此类短视频是通过调动观看者的猎奇心理、呈现人们难以做到或者较为少见的事物，引发观看者的好奇心和探究欲，引导观看者一步步进入创作者的视频内容之中，最终达到吸引流量的目的。第五，风景意境类。此类视频往往能够传达图片和文字难以表达和描述的画面，具有较高的还原性，也为人们更好地创设意境、抒发情感提供了更多可能性。无论是祖国迷人的山川湖海还是鲜明的四季变化，这些自然美景往往能够带给人非常深刻的感受。第六，创意类短视频。与以往相比，现在的短视频制作并不追求跟风、模仿，人们对视频内容和视频表现形式的创新度要求越来越高，希望能够看到更多令人眼前一亮的作品。出其不意是当前短视频制作的金科玉律，短视频创作者往往以一种不同于常理的方式进行内容呈现，以更无厘头的表现形式达到自身目的，从而在海量短视频中获得广泛关注，提升短视频的市场竞争力。第七，生活情景类短视频。手机的普及和视频制作软件的简单化使短视频的受众群体逐渐下沉，不再局限于小范围内的高学历群体。这也导致短视频内容朝着生活化、平民化方向发展，用户开始利用视频软件记录生活趣味和社会实事，观看者对此类内容具有较高的认同感和归属感。

（三）短小精悍，契合人们碎片化阅读习惯

在全新社会形态的孕育下，新商业环境得以产生，人们成功步入了信息碎片化时代。信息碎片化时代，人们利用快餐式途径获取时事和新闻信息，通过快速消费减轻压力、抚慰心灵，在无所不在的娱乐活动和娱乐设备中得到愉悦，通过虚拟网络世界连通真实世界。在此时代背景下，全球与本土、传统与现代、虚拟与现实不断碰撞和交融，整个文化环境呈现碎片化的显著特征。在信息时代，互联网分散了人们的绝大部分注意力，遍布于人们的生活、工作和学习之中。新媒体技术的发展使用户能够不受时空限制，随时随地使用互联网获取外

界信息。年轻群体在新媒体技术的支撑下，关注公众话题的方式也有了较大改变。以社交网站为例，原先人们主要依靠媒体、政府官员及学者等得到公众话题信息，获取相应内容，而当代年轻人对以上媒介的依赖性降低，主要依靠社交网络和社交媒体得到社会信息。年轻群体对社会热点话题的意见及看法较为一致，能够在短时间内迅速拉近人们之间的社交距离，进一步提升年轻群体参与社会活动的热情，扩大社交分享圈。

在信息爆炸时代，信息洪流席卷人们生活、工作的每个角落，而在互联网的助力下，人们获取信息的方式更为多元和便捷，所得信息内容呈现碎片化和分散化。在"快餐文化"的大背景下，人们更为期望在有限时间内获取所需信息，以便提高信息获取的效率和质量。智能手机、移动互联网和视频的有机融合无疑是当前传播媒介的最好选择，也为"快餐文化"提供了最佳承载工具。用户能够在通勤车上、排队等零碎时间观看短视频，使用者仅仅需要滑动手指，便能够搜索到所需的众多短视频内容，有效填充了零碎时间。短视频虽然时长较短，但是内容呈现较为完整，且呈现形式包括音乐、图片、文字和影像等元素，能够较好地满足用户的内容生产、话语表达和娱乐社交等多种需求，提升用户的体验感和幸福感。从教育层面来说，短视频的出现在一定程度上可以填补人们的知识盲区，对教育事业大有帮助。许多生活常识、科学原理可以借助短视频的方式呈现给青少年，帮助青少年初步获取基础理论知识，为之后的深入学习打好基础。同时，对于在校大学生来说，以短视频的方式进行思想政治教育，能够在潜移默化中对学生的思想和行为产生影响，最终实现教化目的。

（四）双重属性，娱乐属性与社交属性兼具

任何信息的产生都带有偏向性和主观视角，娱乐信息的偏向性尤为明显。娱乐是人们内心深处所感所想的另类映射，取自实际生活，却与实际生活内容相区别。娱乐是短视频产生的最初原因，人们习惯于在闲暇时间通过观看短视频进行消遣，寻求放松。搞笑短视频和萌宠类治愈短视频能满足人们的日常娱乐需求。而简化的短视频制作工序也使用户在创作者（传播主体）和受传者（传播对象）两种身份之间自由转换。短视频内容的泛娱乐现象是当前各大视频软

件发展的主要方向，主要表现在以下两方面：第一，表现形式上注重感官刺激。短视频作为一种新生事物，图像是人们获取重要信息和感知事物的主要来源。文字阅读要求人们对文本内容进行深入分析和解读，而图像传播具有内容丰富、传播迅速的特点。视频传播形式往往不能留给人们过多的思考时间和机会，短暂的感官刺激是短视频传播的主要目标之一。第二，内容浅显易懂，易于理解。美国学者威尔伯·施拉姆曾经提出过一个数学公式，即"可能得到的报偿/需要付出的努力=最终选择概率"。当人们可以得到的满足感最大、费力程度最低时，大众就会选择此种传播渠道，接收信息的概率就越大。这表明当人们在多种不同信息传播媒介中进行选择时，轻松易得的短视频更易受到人们的青睐。从现有短视频的发展趋势来看，内容逐渐大众化和平民化是其归宿。

从现阶段短视频行业的内部发展状况来看，短视频的传播载体主要是短视频内容推荐平台、短视频综合平台和短视频社交平台，而在三者之中短视频社交平台所发挥的作用越来越大，开始逐渐超越其他两个载体的地位。因为短视频社交平台本身就是一个分享平台，人们之间的关系网正是基于此平台创设而来的，短视频社交平台与人们的现实生活场景息息相关，是人们工作、生活、娱乐和学习的主要场所。微信和微博是常见的社交媒体平台，人们对短视频传播工作的倾注力度也在逐年提升，越来越关注短视频社交平台的搭建和完善。从理论层面看，社交互动性作为短视频传播的内在自然属性，是短视频传播过程中自带的价值呈现和功能体现；从实践层面看，人们转载和分享短视频的行为具有较强的社交属性，而短视频的评论功能也能够进一步增强其交互性和沟通性，使用户之间的关联度更高，参与感更强。借由社交媒体平台构成的短视频分享圈能够将具有同种生活阅历及属性的人聚在一起，这也是短视频平台受大众喜爱的原因之一。

四、短视频的缺陷和劣势

（一）内容同质化严重

"跟风"及"群舞"现象在某种层面造就了短视频的流行与普及，但是也因此产生了短视频制作中最为常见的问题，即内容之间的重复性较高、同质化现象严重。通过对现阶段人们经常使用的短视频软件——抖音和快手进行内容检测后发现，这些平台上最受欢迎、最为流行的短视频作品在内容上具有较高的重复性，不少抖音博主或者快手博主经常以近期最受大众欢迎的主题为创作方向，进行从内容到形式的模仿还原，导致用户在较短时间内能同时看到多个类似短视频作品，造成审美疲劳。用户生成内容同质化现象严重主要有两方面原因：第一，从创作领域和创作主题来看，个体用户对创作主题的选择大多集中于某一特定领域，缺乏新意。第二，为了博取流量，多数博主倾向于直接以当下流行的元素进行短视频创作，缺乏视频独创性和新颖性，这些短视频的最终"花期"也较短，往往只是一时流行。同时，当前的短视频创作主要集中在娱乐休闲和搞笑领域，短视频内容往往通俗易懂，虽然能够为观看者带来短暂的视听体验，减轻观看者的身心压力，但是其内容的科学性和准确性较低、深度不足，缺乏核心思想支撑和特色标签，不能给观看者留下深刻印象，在观看者脑海中的存储时间较短。这种停留在浅表层面的短暂享受会逐渐让观看者丧失思考能力，造成观看者的视觉疲劳和审美疲劳，影响良好社会风气的形成。

（二）"三俗"内容频现

日本学者清水几太郎在对现代社会的性质进行定义时，将其比喻为一个"拷贝支配"的社会，也就是说，受众能接触到的多是"拷贝"的内容，而这些"拷贝"的内容往往带有暴力、低俗、黄色及血腥等标签。屈从于简单、低俗内容是人们的内在天性使然，这是无法轻易扭转的现实；与此同时，追寻高雅和更高层次的文化熏染、修炼品性也是新时代人们最为关注的话题之一，值得人们深入思考。二者之间的深切矛盾是造成当前网络中短视频内容质量良莠不齐的重要原因。网络环境的公开性、透明性及包容性为多种文化思潮的便利传播提供了载体，但是同样使一些不良风气和思潮肆意蔓延，影响了互联网良好风气的形成。互联网环境安全是近年来国家最为关注的重点问题之一，如何利用好短视频这把双刃剑，使其更好地发挥教化作用，营造良好的社会风气，是当下值得考量的重要问题。同时，短视频软件为不同阶层、不同文化水平的用户提供了分享平台，短视频用户范围较广、层级多样，在使短视频数量得到爆炸式增长的同时，也为短视频内容的审核和监测工作增加了难度。另外，现有短视频内容审核机制建设还处于较低水平，审核人员的专业水平及能力有待进一步提升，审核力度不足也造成"三俗"视频流出，污染了短视频平台的生态环境。

（三）侵权现象多有发生

与现实世界的侵权管理相比，网络侵权问题的判定及处置更为复杂，具体管理过程存在较大难度。第一，短视频平台并未购买音乐曲目版权，用户使用音乐过程中的侵权行为不能被清晰地界定，此行为也会直接或者间接地损害相当一部分原创音乐者的利益。第二，由于当前短视频用户的受教育程度参差不齐，少部分版权意识及法律意识较淡薄的用户可能在无意中做出侵害创作者权益的行为。第三，一些短视频博主为了获得更多人的关注和点赞，直接盗用另一些博主的劳动成果，将制作方改成自己的名字，并进行商业宣传和牟利。少部分博主会将相似视频放在一起，对其进行二次剪辑和拼接，这些行为也或多或少涉及侵权问题。以上现象是短视频创作和传播过程中最为常见的侵权现象，而对此类行为的定性及处罚方式的选择较困难，为网络侵权现象的遏制工作加大了难度。

（四）过度娱乐化

在背景音乐烘托和短视频画面的快速切换下，信息在传播时留给观看者反应和深度解读的时间和机会较少。虽然画面转变及内容丰富多彩能够快速刺激人们的感官，但是这些刺激最终会归于平淡，对人们的思想影响的持续时间较为短暂。短视频领域，各种作秀、模仿和恶搞层出不穷。一些创作者为了呈现反转内容，会对一些科学理念进行曲解和篡改，影响人们对相关事物的准确判断。他们借由"文本盗猎"名义，对常识性知识及现象进行亵玩、起哄，以便创造大众狂欢文化。在此背景下，文化生产的概念及意义被消解，文化艺术变成流水作业，具有较强的商品属性。在充斥大量低俗短视频的海洋中，短视频用户逐渐产生了麻痹心理，抱有"娱乐至上"的偏激心态，将感官刺激作为文化狂欢的唯一途径，造成网络文化走向歧途，庸俗性问题严重。

第二节　短视频的兴起与发展

一、短视频的演变历史

国内学者经过讨论后将短视频发展过程划分为四大阶段。第一阶段以 2011 年为时间节点，将 2011—2014 年这四年统称为短视频发展的蓄势期。2011 年 3 月，GIF 快手平台正式登场，并在次年的 11 月正式转型为短视频社区，这标志着短视频进入了移动时代。这一时期短视频发展具有以下主要特征：从平台角度看，这一时期的短视频传播平台建设还处于初步探索时期，主要包括快手、秒拍及微视等平台。从用户及流量趋势角度看，这一阶段，由于智能手机的普及率较低，人们大多通过手机实现远距离通信，未关注手机的其他功能。根据第 33 次《中国互联网络发展状况统计报告》可知，2013 年，我国手机网络视频用户数为 24669 万人，手机网民使用率达 49.3%，趋近半数。从短视频的内容及生产制作角度看，UGC（user-generated content）的视频内容在生产上已经初具规模，用户通过互联网平台将自己的原创作品进行展示与分享，优酷、酷 6 和土豆视频允许使用者在其平台上进行短视频分享，其短视频数量较为可观，且部分综合类视频网站也开始为用户提供短视频分享功能，短视频的整体发展环境较好。

短视频在第一阶段成功蓄力后，于 2014 年进入成长期。从平台搭建看，这一时期出现了很多新颖的视频制作软件，极大地降低了视频制作难度，并简化和压缩了视频制作程序，人们可以随时随地进行视频制作。美图在 2014 年 5 月推出了美拍功能，同时借助营销策略，提出和发起"冰桶挑战""全民社会摇"等多种大众喜闻乐见的主题活动，进一步扩大了短视频的影响范围，吸引了更多人的关注。从用户及流量趋势角度看，与 2013 年相比，2014 年的手机网络视频用户数再次突破新高，达到 31280 万人，手机网络视频使用率达到 56.2%。这一时期积累的网络用户及网络设备为第三阶段的短视频发展爆发期提供了充足的条件。

第三阶段为短视频发展爆发期，短视频的传播速率和向外推广提升到较高层次。从平台角度看，从 2016 年开始，淘宝开始转战短视频商用板块，同一时期，百度也开始推出"秒懂百科"系列短视频资源。在国内这两家知名企业的加持下，短视频逐渐受到各领域企业的关注，被广泛用于商业广告、文化传播、科技知识普及、艺术宣传和大众教育领域，渗透于人们生活的方方面面。从用户及流量趋势角度看，易观数据调查结果显示，截至 2017 年 12 月，移动短视频综合平台和短视频聚合平台中的活跃用户规模分别达到 3.3 亿人和 1 亿人以上，同比增幅分别为 11% 和 31%。从短视频的内容及生产角度看，头条视频、西瓜视频等新兴平台的加入使短视频制作平台更完善，这些新平台与原有平台一起占据了短视频的半壁江山，全网短视频平台的用户渗透率达到 60% 左右。

近年来，我国短视频的市场竞争格局发生了一次全国范围的终极洗牌，原本处于第二、第三梯队的快手和抖音平台快速上升为第一梯队，而原本在第二梯队占据主要地位的波波视频和快看资讯、今日头条等则降为第三梯队。当前，国内短视频第一梯队由抖音与快手两大短视频行业巨头垄断，第二梯队则由西瓜视频、好看视频、抖音火山版及腾讯微视共同把持，第三梯队由随刻、波波视频、美拍和快手极速版占据。从短视频平台的归类和所属派别看，当前短视频行业的内部竞争派系主要有腾讯系、今日头条系、百度系、新浪系、快手系、B 站系、360 系、网易系和阿里系等，短视频平台整体呈现百花齐放的局面。从当前短视频平台的建设及发展情况看，抖音与快手两大短视频平台牢牢占据主要短视频市场，形成较为稳固的发展格局。最新调查数据显示，当前抖音与快手平台中的活跃用户数量占据总网络人数的五成以上；2022 年 5 月的调查数据显示，抖音主站的活跃用户数量达 6.75 亿，同比增长 7.2%。

二、短视频拍摄工具的演变与革新

早期短视频的拍摄群体主要为下沉用户，视频制作者多为非专业人员，通过使用平台系统自带的拍摄工具直接拍摄，抑或利用手机自带镜头进行内容抓取，而后通过简单剪辑生成短视频。由于这一阶段的拍摄设备和拍摄工具质量参差不齐，优劣不一，因此大多数短视频的画质清晰度较差。人们在观看此类视频时，往往容易产生抽离感，难以融入画面场景。在人们对手机拍摄清晰度要求更高的呼声之下，智能手机制作技术不断革新和完善，手机摄像头得到了优化和改进，很长一段时间，手机摄像头拍摄的清晰度成为手机是否具有市场竞争力的关键决定因素。例如，剪映软件在导入画面清晰度标准上进行了规范和加强，增设了 4K 选项，引入多种帧率，用户可以自由调换帧率和视频的分辨率，选择最为恰当的比例，以进一步保障视频播放过程的流畅性。

在画面清晰度得到保障后，VR（virtual reality）技术和 AR（augmented reality）技术的发明逐渐模糊了现实与虚拟之间的界限，使虚拟与现实之间的交互性更强，进一步提升了短视频画面的真实感。VR 是虚拟现实技术的简称，通过在互联网上生成三维立体空间，以及在空间上加入创生元素，用户能够得到逼真的视觉、触觉和听觉感受，产生身临其境的感觉。AR 是增强现实技术的简称，在 AR 眼镜等其他设备的基础上，对现实影像进行图像叠加，利用虚拟世界进一步还原现实世界，实现二者之间的内在互动，以此增强视觉影像的现实性和真实性。AR 技术的本质在于将现实环境与虚拟环境相连，构建逼真的数字影像。在此背景下，短视频拍摄工具及制作工具的更新和变革也水到渠成。

三、短视频内容的演变

短视频行业的发展除了受宽带设备的限制之外，还受自身视频内容的制约与限制。可口可乐的首席市场官（chief marketing officer，CMO）Joe Tripodi 曾提出："网络同质化问题的核心问题是能否创造出让消费者主动讨论和传播的东西。"原创性始终是短视频创作的精髓，无论是个人创作还是专业视频制作团队创作，原创性都是创作内容的基础和核心。总体来看，短视频内容主要经历了大众娱乐和零星片段及社会监管和完整故事这两个阶段。在短视频的初始发展阶段，视频内容多以个体化的自我表现为创作主旨，内容主题选择范围较宽泛，限制较小，主要以娱乐恶搞和记忆分享为主，青年用户将创作热情挥洒于智能终端，在短视频平台上演绎自己的精彩，是"独乐乐"和"众乐乐"之间的融合过渡。

在 2010 年前后，食品安全问题进入大众视野，受到越来越多人的关注，以食品安全问题为主题的短视频不断走红，也使食品安全问题从原有的暗处显现，成为人们日常谈论的重点话题。短视频揭露和反映社会常见问题的功能属性自此被挖掘出来，并在很长一段时间内是人们获取和讨论社会热点事件发展情况的重要媒介和主要工具。人们不再单纯地将短视频软件作为娱乐工具和休闲工具，而开始注重其传播功能，借由其传播功能进行社会批判与监督，以全新方式参与社会治理及社会评判工作，为建设美好的法治社会贡献自身的力量。这一时期，主流媒体还未真正介入短视频传播链，短视频传播内容依然以大众化需要为主要创作方向。随着短视频发展逐渐成熟并开始占据人们生活的方方面面，主流媒体开始认识到自身转型的迫切性，并于近年不断寻求传统媒体与新兴媒体交融发展的创新途径，致力于为民众创设更为先进、完备的网络环境。虽然主流媒体的内容严谨性与短视频媒体的娱乐属性之间存在一定矛盾，但是随着网络监管部门的不断调整，这一矛盾得以缓释。短视频媒体的传播及时性也能将社会热点事件的最新发展信息公之于众，使民众成为社会监督的一员，发挥监督作用，进一步督促社会工作人员完善办事程序，提升办事效率。

2020 年被称为知识类短视频爆发元年，各短视频平台在内容建设上相继推出知识类学习板块，这些视频内容涵盖自然科学、人文社科及政治发展等专业领域。从广义层面讲，人们可以利用碎片化时间从短视频中获得相关知识，掌握一定技能，对用户有用的视频皆可归类为"泛知识类短视频"。学习类视频能将每名接受过相关领域专业训练或者具有实践经验的人引入共享知识的行列，在短视频博主足量的专业知识储备及扎实的理论支撑下，将具有高准确度和严谨性的知识"干货"传递给用户，使用户增长见识，拓宽视野。

四、融媒体时代下短视频媒体平台与其他媒介的深度融合

（一）全媒体融合的传播通道

在融媒体时代下，平台为了使短视频内容触达观众，进一步扩大平台的知名度及影响力，将更多潜在用户及受众群体吸引到平台，短视频软件管理方积极采取各项有力举措，扩大短视频内容的创作范围，使其覆盖更多群体。同时，

在各大社交媒体和大众可能接触的线上领域如知乎、微博、小红书等平台投放广告，在密集的广告推送之下，进一步调动大众的好奇心，激发其探索欲望，积累热度；也可以与一些知名电视节目和综艺节目进行合作，依托其平台进行物料投放，增加在大众视野中的曝光率，在潜移默化中提升平台在大众心中的认知度。在现有短视频的影响下，与其他媒体元素结合，有助于实现流量之间的互通、共用，形成双方受益的良性循环链。

在短视频影响力逐渐扩大的今天，短视频平台与名人和"网络达人"形成了较为牢固的利益关系。一些具有知名度、曝光度和影响力的名人及"网络达人"期望通过短视频平台长久活跃在人们的视野中，而短视频平台则需要借助名人、"网络达人"身上的流量效应吸引更多潜在用户成为平台的忠实粉丝，二者之间的合作已然心照不宣。通常情况下，名人会通过美化图片、剪辑等方式记录和分享自己的生活，通过评论和"视频喊话"等方式与短视频平台用户进行互动，以便在短时间内将已有粉丝聚集，并吸引更多"路人粉"，扩大自己的粉丝群体。

媒介之间的自由跨越使短视频内容创作者不再局限于某一特定媒介，许多原本活跃在微博、知乎及微信公众号的博主开始将原有创意及内容和短视频传播形式结合，将影像与文字融合并进行传播。同时，短视频平台方开始与直播主播合作，用户能够直接通过平台中的内部入口进入直播间，直播主播与短视频创作者之间的壁垒被打破，媒介工作者之间的联系更为紧密。

（二）创作主体的个性化表达

短视频作为一种新媒介，能够进行双向传播和双向表达。在新媒体技术逐渐发达的今天，人们不再局限于信息接收者这一身份，其主观能动性和表达欲望被进一步激发，依托于新媒体自身具有的强交互性和便捷性，人们开始进行多方位、多途径的信息表达和信息传播，成为新时代信息链中的重要一环。短视频作为媒介信息的重要载体，正在逐渐消除原本由社会资源、技术壁垒及社会阶层不同造成的信息不流通的状态，解放部分被遮蔽的群体，将其纳入信息网络，使其能够在新时代寻求身份认同。大众群体往往在自身强烈的表达欲望驱使下，借由身体叙事作为外在表现形式，以个性叙事、个体论述方式在各大社交媒体进行多样化表达，以此进一步满足自身被压抑的表达诉求。

以饱受争议的小镇青年为例，大众群体对小镇青年的定义界定众说纷纭。作为某种特定群体的代表类型，小镇青年的由来较复杂，其形象由文学作品、影视作品及新闻报道等媒介建构而成，内容及含义较丰富。国内学者大多从地域及年龄两方面进行概念界定：从地域上看，小镇青年特指生长于县级城市或者乡镇、乡村的群体；从年龄上看，小镇青年的年龄限制在 18~35 周岁。小镇青年由于生长环境处于城市和乡村的交界处，自身性格及群体归类也具有多样性和复杂性，在新时代不断寻求归属感和身份认同。短视频这一新兴载体无疑为其提供了适当表达渠道。小镇青年以言说者的身份出现于短视频平台，以个体生活、自身想法为主要创作素材，发布相关视频内容，成功找到了自己在新时代的社会角色定位。快手平台发布的《2019 小镇青年报告》显示，每年会有超过 2 亿的小镇青年活跃在平台，且这些短视频创作个体的视频发布量和播放量逐年上涨，获赞数量和收获评论数量也较为可观。

在短视频所呈现的影像世界中，原本在人们心中固化的人物形象和生活现象发生转变，这些行为主体通过主动展示和分享，使观看者以更多元化的视角重新审视人们熟知的个体和群体，在与不同个体、群体进行互动的过程中，逐渐消除因地域和背景等因素造成的先天性隔阂，这是短视频传播中独有的价值。同时，在互联网构建的虚拟信息场域中，现实生活的某些日常规范、条约及制度体系相对弱化，用户能够在较为自由的媒介场域中进行基于自身兴趣和价值的向外输出，传播信息的真实性和现实还原性较高，能够反映社会生活现状和普遍存在的发展性问题，观看者得以感同身受，产生思想及心灵层面的呼应，如前几年较火的短视频创作者卡车司机"四丫头"。"四丫头"是一位单亲妈妈，主要通过拉煤获得经济来源，支撑一儿一女的生活。对于以男性群体为主的卡车司机来说，她无疑是另类的存在，内心的许多想法找不到合适的宣泄口。在短视频平台逐渐流行和普及之后，她以快手作为倾诉中介平台，在平台上记录和分享自己的生活和工作，将工作中遇到的一些趣事以短视频方式分享到快手平台，与其他网友进行线上交流。同时，她还依托快手平台向其他网友尽情展示自己的歌唱爱好，身处世界各地的无数网友的不断鼓励和支持也成为她的精神慰藉，从而形成网络社会的一股正能量。这种有意识、多手段记录个体生活碎片的方式，可以有效填补人们生活的空白，使人们原本单调重复的工作、学习及生活因为分享这一原动力变得更具方向性和趣味性，个体在这种视频展示中更为真实。短视频成为千千万万普通大众生活的缩影与映射，观看者与分享者不再有身份局限，用户能够在短视频搭建的视听时空中看到自己的影子，在平台多元评价机制中对自身行为有基本界定，有相似生活背景及人生境遇的人可以突破时空界限，在虚拟网络环境中实现弥合，并产生情感共鸣。此类共鸣将会进一步牵引用户，引导用户将自身的感受与所见所闻分享给现实世界中与自己具有思想共鸣的朋友及伙伴，这些自发性行为将会不断扩大短视频平台的作用范围，将更多群体吸引为平台的忠实用户。在此类文化体系链中，每个个体都能参与短视频的制作和传播，坚信自身在这一社会体系中的重要作用，在信息传播过程中感知自身与社会的强烈连接，促使每个链条影响者都愿意参与表达，积极主动地展现自我，时刻与世界保持联系。

与此同时，与传统单一媒介相比，短视频的叙事模式具有互动参与的独有优势，能够有力吸引更多用户观看视频。观看者能够在逼真的画面和虚拟场景中产生感同身受的情绪，内在参与性更强。旅游类短视频近年来受到大家的欢迎和喜爱，旅游者通过短视频拍摄和剪辑的方式将自己旅行中所观所看、所想所念记录于其中，展现当地的特色美食和特色文化，并将其分享到短视频平台。观看者能够借助手机传输终端和其他软件实现身体的虚拟在场，也就是人们常说的"云旅行"。在特殊期间，"云旅游"在一定程度上能够缓解人们的"旅游焦虑"，使人们在虚拟技术的支持下获得较好的旅游新体验。同时，一些旅游经历分享者还会向网友征集意见，确定下一次旅行目的地，使受众的在场感和参与感更强。

五、5G时代主流媒体短视频建设现状

主流媒体在国内的定义尚未统一，国内学者倾向于从政治、经济、综合和经营四个不同角度出发对其进行概念界定。复旦大学新闻学院的教授周胜林在

文章中写道，主流媒体是与非主流媒体相对的概念，具有影响力大、起主导作用的显著性特征。从主流媒体的代表功能看，主流媒体往往是能够代表和影响舆论的省级以上媒体。一般来讲，主流媒体往往具有党、政府及人民的喉舌功能，是国内外社会群体承认的能够代表广大人民群众声音、意愿和主张的权威性媒体。随着5G时代的到来，短视频站在时代演变的风口，并以独有的互动性、移动性和生动性等突出优势在网络生态中处于不可替代的重要地位，而主流媒体的短视频建设在此背景下也获得了新的改革契机，"泛文体、泛资讯、泛知识"是近年主流媒体短视频创作的主要方向和重要定位。

主流媒体的加入进一步壮大了短视频行业的队伍，也是新闻行业在多媒体信息传播中的一大创举。主流媒体行业内的工作者打破传统新闻采编、传播和分享的形式，通过对图片与国内外新闻进行剪辑形成具有生动性、可靠性和多样性的系列短视频，人们借助短视频平台及相关软件，能够随时随地获取有关政策信息，了解新闻事件的发展情况。可以说，主流媒体转变传播形式，加入短视频行列，能够有效拓展传统媒介的传播渠道，创新其表现形式，有力提升新闻传播的互动性及实效性，使新闻报道的话语空间更加宽阔。在实践调查中，我们发现，多数使用者认为短视频新闻的优势较大，与固有新闻呈现方式相比更加生动形象，符合当前人们的认知需求和阅读需要。短视频新闻内容对受众群体的文化水平要求较低，能够扩散新闻传播范围，使更多民众受益，且用户在浏览相关视频内容时，不需要时刻将注意力放在智能设备上，可以"一心二用"或者"一心多用"，在做其他事情的同时观看短视频。除此之外，与传统新闻播报相比，短视频新闻受传播载体及传播工具的限制较小，可以在手机或者平板电脑等多种移动设备上观看，较为便捷。短视频新闻的时长较短，内容更为凝练简洁，大部分短视频新闻内容事先经过归类与整理，同一板块的短视频新闻内容之间的衔接度较高，有助于用户在短时间内了解事件走向，符合事物的内在逻辑要求。

（一）政策监管及国家引导力度更大

从近年来短视频平台的内容审核程序更加严格、视频筛选及言论表述更为规范等现象可以看出，当前国家已经着手加大短视频管理工作，通过出台政策法规,将平台治理、内容管理、账号管理、从业人员及广告税收等内容全部纳入管理范围,全面促进短视频行业的健康发展。例如,当前用户需要上传身份证号码或其他证件信息或通过微信登录才能成功拥有短视频账号,进行短视频创作或发布。短视频平台的用户实名制从源头降低了短视频创作的低俗现象。同时,平台方根据注册用户的身份证件信息及其他信息可以较精确地判定用户的年龄层次,自动过滤和筛选一些低俗或者不符合青少年群体的短视频内容,向用户推介更符合其认知需要和兴趣需要的视频内容。尤其是近年抖音平台及其他平台推出的青少年绿色浏览模式,能够进一步防止青少年过于沉迷网络,限制其使用时间,保护青少年的视力和身心健康。

(二)主流媒体短视频对新技术的应用更为广泛

研究表明,人们对短视频的热爱并不仅仅因为其具有视像化和立体化等特点,数字技术及网络包装下产生的新奇感和科技感在其中同样起着不可忽视的作用。技术的不断革新为受众群体带来的更为完美的全方位感受是其得以被大众选择的重要原因。4G 时代是短视频发展与演变的一个重要过渡时期,在这一时间段,受众群体的信息获取方式和获取习惯发生了较大转变,由依赖图文转向依赖视听,得以沉浸在多元化的视觉文化氛围下。大多数人的认知习惯随信息载体的不同而得以重构,可视化、立体化的场域搭建使画面更为贴近"身临其境"。不可否认的是,4G 时代由于很多技术还不够成熟,存在硬件设备不足、视频切换速度较慢、视频播放卡顿和缓存较慢等一系列问题,造成声音和画面之间的统一性和协调性较差,用户的观感体验较差。而 5G 时代的网速更快,数据传输速率得到明显提升,最高可以达到 10 Gbps 的超级速度,视频画面的清晰度更高,有力解决了 4G 时代的很多制作及传播问题,人们能够在更优质的视觉效果下获取所需信息。

从 2022 年两会举办期间主流媒体对短视频的应用可以看出,各大主流媒体在短视频领域不断发力,抢占流量市场,新闻类短视频数量呈现直线上涨趋势。与往年相比,不同媒介的融合度更深,运营人员将短视频的垂直化及场景化优势发挥到最大,助力主流媒体短视频产品优化发展,产品种类、内容及形态得到明显提升。在 5G 新技术的影响下，多种短视频新形态出现，受到大众的欢迎和喜爱。例如，在 2019 年的两会报道中，主流媒体采用 "5G + 4K" 形式进行新闻宣传，此传播方式较为前沿和新颖，是青年群体喜闻乐见的信息获取方式；而在 2022 年的两会报道中，原有的 4K 设备被淘汰，8K 设备已经成功运用于主流媒体平台短视频的采编环节，极大地降低了媒体工作人员的工作量，短视频的采编内容也更为准确，画面呈现更为清晰。

（三）主流媒体短视频的形态边界不断拓展

传统媒介与现代媒介深度融合后，媒体创作形式及创作内容之间的边界逐渐模糊，新闻类短视频的形态边界得到进一步拓展。"快闪"短视频软件的出现将短视频制作再次推向新高潮。"快闪"短视频软件在制作上更为简单、便捷，受到青少年群体的喜爱和推崇。在建党 100 周年纪念日之际，国内各大高校、企业及媒体纷纷主动加入快闪版"庆祝建党 100 周年纪念"的短视频拍摄行列，利用"快闪"短视频软件将自己庆祝建党百年纪念日活动记录下来，并将其分享于各个短视频平台，将这一艺术形式和创作形式推向高潮。在两会报道过程中，"快闪"短视频软件再次发挥作用，通过将报告中热度最高的政治词语引入视频创作，以简洁明了的形式呈现于人们的视线之中，带给观众更为强烈的视觉冲击。同时，主流媒体与非主流媒体之间的边界被逐渐消除，主流媒体逐渐融入各类短视频平台，而非主流媒体也开始将主流媒体创作内容引入创作中，以此实现二者内容及形式的有机对接。二者之间的有机融合必将为主流媒体的迅速发展开辟新路径，拓宽主流媒体的文化传播路径，为国内融媒体格局的创设提供更多可能性。

（四）主流媒体短视频与各类技术的融合不断加强

新媒体行业是更新换代较快的发展性行业，各式各样新技术的出现为其快速发展和转型变革提供了可能性。在大数据、人工智能、云计算和区块链等新一代信息技术的有力支撑下，主流媒体短视频发展提速明显，系统内部的创新发展与变革成效更为显著。例如，新华社在 AI 技术的支持下，以真人主播形象为原型创作出全球范围内的第一个 AI 主播"新小萌"，并在两会召开之际，以其为主线创作出《新小萌上两会》系列短视频，向人们实时输送两会热点内容和最新情况，也为全球"人工智能＋短视频"的发展提供了优良范本。VR技术与短视频之间的联系逐渐加强，被广泛应用于主流媒体创作领域。黑龙江广播电视台将 VR 技术和 5G 新技术运用于新闻报道工作中，有力推动了新闻短视频与技术的深层次融合。根据以上分析可知，未来主流媒体短视频与各类新技术之间的融合发展是大势所趋，主流媒体应当积极探寻二者融合发展的多种创新途径，推动主流媒体与时代接轨，促使主流媒体得以发展。

（五）更加注重发挥UGC短视频在突发事件中的作用

基于短视频分享成为当今社会人们社交的重要方式之一，在社会出现突发性事件或者重大新闻事件时，同一地域或者相邻地区的网络用户通常会使用智能手机进行拍摄，并以最快速度将拍摄的现场真实情况分享到社交平台。UGC短视频与美国有线电视新闻网《我报道》栏目的新闻传播理念类似。民众拍摄与记录下的新闻事件的还原性更高，能够在第一时间以更为客观的视角将新闻现场情况记录下来，在大量素材累积下，经过新闻媒体的确认、编辑、选择和最终拟定等流程，形成全景式、接地气的新闻内容。自此，在较多民众的曝光与监督下，新闻事件的解决效率得到进一步提高。新闻工作人员在舆论的催化和助推之下，能够在事件发生初期将其处理妥当，避免舆论长时间发酵，造成不良的社会影响。

新媒体环境下，大学生思想政治教育工作产生了极为显著的变化，教育目标、教育观念、教育内容、教育形式得到了优化与完善。从以上论述可以发现，在短视频成为最新流行元素、承担新时代信息传播主要任务的发展背景下，进一步探讨短视频与大学生思想政治教育之间的关系，寻求二者之间的创新发展途径和融合渠道十分必要。

第三章 短视频与大学生思想政治教育的关联及其基本依据

第一节 短视频与大学生思想政治教育的关联

一、如何关联

网络短视频本质上属于新闻传播媒介领域，思想政治教育为教育领域，二者看似无关，实则存在一定内在关联，体现在传播受众和培养对象重叠、传播过程与培养过程交融、传播效果和培养成果汇通、坚守以人为本的共同立场、目的具有同一性、功能发挥内在相通、传播发展优势互补七方面。

（一）传播受众和培养对象重叠

短视频作为一种新媒体，其优势特点非常突出，但是在服务对象方面与传统媒体差别不大。短视频的受众为集合概念，不仅包括主动观看短视频的人，还包括被动接收短视频的人。短视频对自身用户没有身份、年龄等方面的限制或要求，由用户自主选择是否成为短视频受众。但是相对于老年人，年轻人的思维更加活跃、灵敏，对于新事物也更加包容、容易接受，所以互联网用户的年龄分布倾向年轻化，短视频也大多由年轻人制作、上传，展现年轻一代多姿多彩的生活画面。总之，短视频的用户年轻化并非短视频平台刻意为之，在新媒体时代，新技术的出现和年轻人的自身特征让年轻一代成为短视频的主要受众群体，在商业推动下，短视频平台也更加倾向于把流量给到年轻博主，推送更加符合年轻人需求的短视频，短视频平台的风格和内容整体逐渐年轻化，把年轻人特别是大学生的喜好放在第一位。

我国是人民民主专政的社会主义国家，全国人民的共同努力推进了社会主义现代化建设。人民有信仰，国家有力量，将国家建设得更好是全国人民的共同信念。长江后浪推前浪，风华正茂的"后浪"正在努力成为合格的接力者，继承前人意志，努力拼搏前进。当代大学生成长于现代化建设蓬勃发展时期，是将来实现中华民族伟大复兴的主力军，因此大学生思想政治教育关乎国本，必须得到重视。

短视频的受众多为年轻人，思想政治教育的培养对象主要是大学生。这就让短视频用户与思想政治教育培养对象存在重叠，让大学生正确理性使用短视频，并利用短视频的优质内容对大学生进行服务和思想教育，是当前教育领域应当着重考虑的问题。

（二）传播过程与培养过程交融

根据拉斯韦尔"5W"（who，what，which，whom，what effect）传播模式，信息在传播过程中的五大要素为传播主体、传播渠道、传播内容、传播对象、传播效果。信息传播就是信息掌握者通过一定路径将信息内容传递给特定对象，并达到某种效果的过程。传播主体掌握着信息，个人和相关机构都可以成为传播主体。输送信息的具体路径就是传播渠道，包括电话传递、口头传递、网络传递、邮件传递等。随着科技发展和社会变革，信息传播渠道也在不断更新迭代。互联网普及之前，信息传播渠道主要为口头转述和文字传递，这两种传播方式受时间、空间限制较大，传播速度慢、范围小。随着互联网时代的到来，信息传播方式发生了颠覆性变革，网络传播可以让信息在一瞬间跨越空间传播，即使被传播对象不在事件发生地，也可以在第一时间接收消息。信息传播内容作为主要纽带连接着传播主体和传播对象，起到紧密连接二者的作用。传播内容的受众就是传播对象，由传播主体向传播对象传递内容。传播效果是传播主体通过传播渠道将信息传递给传播对象，并希望达到某种效果，信息传播过程即达到某种目的的过程。短视频的传播就是信息发布者通过互联网路径将信息传递给用户，并对他们造成一定影响以及使之产生反馈的过程。

大学生的思想政治教育属于过程教育，这个过程的要素为教育主体、教育媒介、教育内容、教育客体和教育效果。教育主体即教育者，在大学生思想政治教育工作中承担培养、施教的重要责任；教育媒介从微观角度看是教育者在教育过程中使用的工具、方法和手段，从宏观角度看是整个教育行业的背景、环境等；教育内容在思想政治教育中处于重要位置，大学生的思想是否健康、是否拥有基本政治意识等与教育内容有着密切关系，教育内容是否全面、系统直接影响大学生思想政治教育的实际效果；教育客体指的是培育对象，即教育者通过教育能够使其成长并达到某种教育效果的对象，本书所说的教育客体主要指大学生；教育主体使用教育媒介，将教育内容施加给教育客体，让教育客体达到的某种成长效果即教育效果，大学生思想政治教育的效果就是培养大学生成为有德有才、知行合一的能够为国效力的人才。

短视频的传播过程与大学生的思想政治教育之间具有一定的交融关系。首先，传播主体掌握着信息，教育主体掌握着教育内容，并且二者都在传播或教育过程中起着主导作用。网络上的部分短视频博主在现实中的身份也是教师，也有部分博主通过短视频直播进行授课，这里面既包含信息传播过程，也包含教育过程。一些大学生也是短视频博主，在制作、传播短视频时也能达到自我教育的效果。其次，传播渠道和教育媒介都有路径、载体的属性，短视频既是一种信息传播路径，也可以成为教育过程的载体。再次，传播内容和教育内容非常重要，如果内容出现偏差或错误，传播过程和教育过程则无法顺利开展，传播效果和教育效果就会大打折扣，甚至南辕北辙。一部分短视频可以视作教育内容，部分教育内容也可以通过传播主体融入短视频中作为信息元素。传播对象和教育客体存在重叠，短视频的大多数用户是大学生，思想政治教育的对象也是大学生。最后，信息传播过程和思想政治教育过程都存在一定目标导向，所以传播效果和教育效果都是目标预期。

（三）传播效果和培养成果汇通

短视频传播过程本质就是信息传播过程，所以短视频的传播效果本质就是信息传播效果。短视频用户收到信息后，会对信息的理解、处理等进行反馈，这种反馈不仅体现于用户在信息接收后的行为变化，更体现在其思想变化上。

短视频中的优质内容能够使用户在接收信息时被视频中正确的观点和行为影响，并在之后的行为中发挥作用。优秀短视频不仅要有好的故事文本，还要有好的角色。优秀角色可以让用户为之倾注感情，角色的价值观和行为会对其生活产生一定的指导作用。一些用户在优质内容的熏陶下，本身的思想会越来越合理、正确，他们在网络上的言论也就比较正面，这就会辐射影响其他短视频用户。不良信息则会对部分用户的生活理念和理想信仰产生消极影响。思想会指导行为，行为会反馈思想。一些大学生接收不良信息后，会产生一些具体行为，比如在短视频平台发表不当言论，向周围的人传递错误思想。大学生本身有一定的社会属性，在网络上其社会属性更加显著，这些错误思想会导致其在错误道路上越走越远，其言论行为也会影响网络环境。一些年轻用户思想觉悟较差，鉴别能力不足，极易被消极内容引诱和蒙蔽，这些都会使网络环境恶化，进而导致思想政治教育难度增加。

思想政治教育的培养目标是教育、引导大学生成长为有正确世界观、人生观、价值观以及强烈的爱国情怀，有足够的知识力量，道德高尚、有责任心、信念坚定并努力奋进的人，因为他们肩负着中华民族伟大复兴的历史使命。随着网络的飞速发展，各种快餐式新闻和信息每日对网民进行轰炸，用户有自己选择的权利，但这并不意味着他们拥有绝对自由。网络并非法外之地，严格要求自己，不参与网络暴力是每个人应尽的职责。短视频鱼龙混杂，大学生只有做到独立思考，努力培养优良品质，明确身份，坚定信念和政治立场，才能成为有思想深度的大学生。思想政治教育成果一旦达到标准，大学生在网络中就能够独善其身，并在一定程度上净化网络环境，影响其他网络用户做出正确选择。

优秀短视频能创造良好的网络环境，在这种环境中成长的大学生更容易做出正确的选择和行为，再加上学校的引导，思想政治教育的效果立竿见影，而被劣质短视频毒害的年轻人尤其是大学生，对他们进行思想政治教育则费力许多。年轻人一旦受到社会非主流价值观的影响，便可能在网络上传播不当信息，影响更多思想政治教育的培养对象，更有可能触犯法律。由此可知，短视频传播效果和思想政治教育培养成果相互汇通。

（四）坚守以人为本的共同立场

随着新媒体时代到来，新传播媒介迅速发展，这些媒介赋予使用者很大权利，拓展了其作为主体的信息选择空间，提升了其信息选择权。主体如何选择信息传播方式，直接决定了新媒介的发展方向，同时信息受众的重要性随着媒介发展不断提高。短视频应抓住当代大学生选择、接收信息时的需求和行为特点，在大学生群体中掀起浪潮，并蓬勃发展。通过算法设计、大数据、信息智能等一系列技术，短视频准确定位了不同个体的兴趣爱好和内容反馈，这一系列操作的关键在于"人"这个核心要素。由此可见，短视频"以用户为核心"理念不断发展的背后，同时也反映了其产品的根本立场就是满足"人"的需求。

在全国高校思想政治工作会议上，习近平总书记曾经强调："要坚持把立德树人作为中心环节，把思想政治工作贯穿教育教学全过程，实现全程育人、全方位育人，努力开创我国高等教育事业发展新局面。"①思想政治教育的责任是培人育人，就像园丁必须以种植为本，教育工作者也必须以人为本一样，把学生作为工作的核心，让学生在阳光下积极健康成长。教育的首要问题是"培养什么样的人"，这也是大学生思想政治教育的核心问题。大学生思想政治教育工作必须恪守以学生为主的根本立场开展，以学生成长的需要和特点为向导，尊重学生之间的差异，利用多种途径和手段为学生提供个性化、多样化的教育资源，充分挖掘个体潜能，让大学生成长为社会、民族复兴所需要的时代人才。

（五）目的具有同一性

短视频的传播目的是吸引观众流量并使之形成依赖，大学生思想政治教育的目的是引导大学生树立正确思想并做出正确行为，二者的最终目的都是影响受众并使之做出主体所期望的改变。具体而言，无论短视频如何进行传播、包含哪些要素，其最终目的是吸引更多人关注，获取观众的接受和认可，在潜移默化中改变受众的行为习惯，使之对此媒介产生一定依赖，进而发生预期改变，短视频平台甚至期望受众可以自发传播和推广，吸引身边人参与进来，并以此提升短视频的传播力度。根据高校思想政治教育过程，其目的在于通过一定的手段和活动，使受教育者的思想和行为发生预期改变，并达到社会所期望的程度，也就是不断提高大学生的思维认知水平和行动能力，这是思想政治教育活动开展的前提和动力，也是社会良性发展的前提条件。

---

① 2016 年 12 月 7 日至 8 日，习近平总书记在全国高校思想政治工作会议上的讲话。

我国教育学者叶澜指出，从形态角度来看，教育起源于人类的交往。人与人之间的交往具备了教育所必需的基本要素（如交往双方、内容、媒介）。当交往双方特殊化并形成一种以传递经验、影响他人身心为直接目的的活动时，交往就转化为教育。从此意义来讲，教育是人类交往的特殊形式，"交往"和"教育"之间的关系本质就是一般与特殊的关系。思想政治教育工作的目的就是促进学生的全面发展，而个人的发展会受与其进行直接交往或者间接交往的其他人的影响。所以，思想政治教育活动本身就无法离开交往而存在，交往性是其根本属性之一。恰如杜威所说："社会生活和交往完全相同，而且一切交往（即一切真正的社会生活）都具有教育性。"换言之，思想政治教育的实现必须将其渗透在人际交往过程中，这样才能保持教育的连贯性和一致性。短视频传播是目前大学生社交的载体，大学生在日常生活中参与短视频的传播过程，其实就是接收信息并互换、转化的交往过程。由此可知，短视频平台的根本属性是交往性。交往性连接短视频传播和思想政治教育，利用短视频传播的便利，可以帮助大学生思想政治教育实现其功能。

（六）功能发挥内在相通

短视频极大地影响了社会发展。高校的思想政治教育重在教育，其目的在于引导大学生形成社会需要的正确的思想行为方式，这里不再讲述其教育功能的体现。随着短视频等传播媒介在大众之间不断发展，它逐渐成为人们获取信息、了解时事的重要途径。短视频在传播信息的过程中也在不断发挥教育功能。传播媒介的教育功能又称社会化功能，主要指的是其教化能力。比如，共青团中央、人民日报等一些官方主流媒体在短视频平台创建账号，利用其传播优势作为进行思想宣传工作的有效渠道，通过弘扬红色经典文化来激发民众的爱国热情，引导民众传播与继承优秀传统文化、精神遗产，统一思想、坚定立场。另外，短视频平台上流行的"梗"文化、一些走红的流行语也在发挥教化功能，是重要的教育工具。流行语反映了一定时期内人民群众的文化走向和价值观，比如将"任性"一词写入政府工作报告，指的是滥用权力的现象。"APEC 蓝"实属不易，是环保的重要目标；"工匠精神"传播甚广，热度不减。这些都证明思想政治教育工作能融入传播媒介的教育功能，有助于通过一些共同的价值标准和集体经验黏合社会，同时帮助个体认识当下共同的社会标准。

社会组织结构日趋复杂，不同的价值、意见和利益等纠缠不清，分歧和冲突就在所难免。整个社会需要共同的被大家认可的思想观念，大众传播媒介的协调功能此时就体现出来了。所谓的协调功能，就是发挥自身的公信力与影响力，通过为大众提供多元信息，引导其参与、促进公众参与度提升，推进公共事务协调开展，在引导公众舆论中调节不同的思想观念。这样既有利于国家政策的传播、推行，也有利于民众理解和支持国家政策。

短视频作为大众传媒工具的代表之一，具备社会调节功能。目前中国社会老龄化程度在不断加剧，"空巢"老人不断增多，他们的精神慰藉问题凸显，逐渐成为社会问题。面对此问题，短视频发挥了重要的社会调节功能，虽然其根本目的在于增加自己的受众群体，但是不可忽视其对中老年人的心理慰藉作用。具体而言，短视频平台建立了许多适合老年人观看的频道和模式，现在许多老年人也成为短视频的用户，形成了有趣的老年社区，这很好地发挥了聚合作用。例如，通过设置"全家一起拍抖音""爷爷等一下"等亲情主题内容，并在其中添加年轻人喜爱的元素，正向引导的同时兼具趣味性，让亲情话题不再"沉重"，通过不一样的表达方式让这样的话题也在年轻人中间流行开来，传播甚广，减少了隔代人之间的隔阂，发挥了出色的社会调节功能。思想政治教育过程是引导大学生树立正确思想观念的过程，同样具有社会调节功能。二者的不同点在于表现形式不同。大众传播媒介引导舆论，而高校思想政治教育是以课堂和教育者为主要支点，引导大学生形成正确的思想观念和行为方式，使其正确理解个人与集体、社会的关系。

（七）传播发展优势互补

当下短视频平台迅猛发展，大学生的思想政治教育工作机遇与挑战并存。在多重影响下，短视频传播被看作进行思想政治教育工作的新渠道、新思路而受到重视。一方面，短视频成为大学生思想政治教育工作的新载体，二者相互作用，共同营造一种全方位、多角度的思想政治教育氛围。另一方面，短视频平台的受众和思想政治教育的受教育者存在一致性，思想政治教育要素融入短视频平台后可以规范平台内容，监督信息传播，形成良性循环。

思想政治教育的主要功能可以分为个体功能和社会功能，其中的核心功能在于育人功能。短视频的有效传播则有助于育人功能的强化。在当下社会中，短视频在大学生群体中受到追捧，不断发展，大学生对短视频平台则有一定的依赖性，他们可以整天都处于"数字化环境"中，现实社会中的个体交往不断减少，在这种高度"数字化"中，其思想信仰受到了较大的冲击，这极大地影响了思想政治教育功能的发挥。在这种情况下，我们需要将目光转移到大学生思想政治教育的价值导向功能和个性开发功能上，加强思想政治教育的亲和力与感染力，这对肃清大学生中的不良风气、改善思想政治教育环境有着十分重要的意义。

扩展大学生思想政治教育的价值导向功能范围。为了吸引更多创作者进行内容创作，短视频平台通过各种方式降低制作短视频的入门门槛，这种做法使平台内容大量增加，但其中优秀内容的占比却不高，这样就弱化了思想政治教育的价值导向功能，其中有些"流量至上"的博主为吸引关注，传播低俗内容，影响思想政治教育的育人效果。

加强对社会主义核心价值观的宣传，引导大学生深入学习，对大学生进行价值引导，帮助其增强在面对不良信息时的判断力，坚定信仰。短视频为每个用户制定了个性化内容，增加大学生在受教育过程中的自主性，调动其主观能动性和积极参与性，充分了解大学生的情感诉求，挖掘其特长，鼓励他们表达个性。与此同时，思想政治教育可以利用短视频平台的社区建设，建设思想政治教育社区，营造良好的教育氛围，努力实现大学生的个性化发展。大学生思想政治教育可以利用短视频平台对青年的聚合和吸引形成新阵地，在此处关注大学生的思想动态并挖掘大学生的创造潜力，满足不同大学生的个性化表达需求，为他们创设更多展现自我的机会和平台。

通常国家广播电视总局负责对短视频平台发布的内容是否符合社会主流价值观进行定义和监督，各平台的审核部门则负责对短视频创作者创作的内容和短视频社区舆论进行第一步审核,尤其是官方媒体和其他新闻工作者,这些人是社会的监督者,他们有责任观察社会舆论并引导社会舆论发展,他们是公共社会的把关人。"把关人"是传播学中的重要概念,由美国社会心理学家库尔特·卢因在《群体生活渠道》一文中提出。他认为,群体传播时,信息是在一些含有"门区"的渠道传播的,而这些渠道中存在着把关人,只有符合规范或者把关人的标准的信息才可以进入传播渠道。集体和个人都可以成为社会的把关人。从宏观角度来看,官方主流媒体是社会信息流动的把关人;从传播媒介来看,不同媒体的把关人不同,由他们决定传播内容和传播方式。

"把关人"的概念也适用于定义思想政治教育者,他们需要日复一日地对大学生进行思想政治教育,所以也有责任对教育内容进行把关。思想政治教育者需要监督和规范大学生的思想行为。思想政治教育者要以把关人的身份要求自己,培养大学生积极进取的人生态度,树立正确的世界观、人生观和价值观。思想政治教育工作在短视频平台上开展时,也会监督和改善短视频平台的社区氛围和舆论环境,让更多优质内容进入人们的视野,传播社会主义核心价值观,传递正能量,同时减少不良信息传播。这从另一个角度也会加强主流新闻媒体工作者的把关作用,有利于短视频媒介的健康发展。

二、新媒体时代下思想政治教育传播媒介的特点

新媒体的诞生是科技发展的重要成果和主要标志之一,短视频平台是其中的重要内容。作为一种传播媒介,短视频平台可以影响思想政治教育的传播方式和传播效果。作为大学生思想政治教育的新阵地,新媒体具有重要的教育意义。在媒体舆论中,多传播主流意识形态、正能量事件等包含积极力量的信息无疑会对大学生价值观的形成产生良好的积极作用。通过长时间在积极氛围中的浸染,大学生会在潜移默化中培养积极的人生态度,并通过主动、有效的行动表现出来,进而促使大学生思想境界的提升。研究短视频对思想政治教育的影响,就要研究短视频的优势及其受众特点。

短视频用户一般较为年轻。目前的数据显示,短视频最受 24 岁左右人群的欢迎,他们一般为在读学生或者刚入职场的新人。短视频具有时间短、信息

量大、娱乐性强的特点，深受大学生喜爱，也深刻影响着大学生的生活。短视频受众年轻化的特点为通过其进行大学生思想政治教育提供了基础。短视频形式多种多样，内容丰富多彩，能够最大限度地发挥大学生的主体作用，转发分享的功能也可以扩大教育范围，加强思想政治教育的实际效果。例如，新型冠状病毒感染疫情初期，大量医护人员不畏辛劳，甘愿付出，尤其是"90后"年轻人，他们的积极表现被制作成短视频，经过大量转发宣传，起到了团结人心、号召大家齐心抗疫的巨大作用。

短视频有很强的互动性。短视频平台为每个短视频创设了评论、点赞和转发功能，每个用户都可以通过这些方式向他人推荐自己喜爱的短视频，而用户也可以在评论区里找到志同道合的人形成社区，这就是短视频社交属性的体现。这些功能受到了用户的推崇，并且容易吸引更多用户参与进来，满足人们的社交需求。通过短视频进行思想政治教育，拓宽了教育途径，并丰富了思想政治教育形式，单纯沉闷的讲解容易让人感觉枯燥乏味，利用短视频则可以增加思想政治教育的趣味性，使其充满吸引力。在思想政治教育短视频的制作、宣传中，可以充分发挥大学生的主体作用，让大学生变被动吸收为主动接触，从"要我学习"转变为"我要学习"，充分调动大学生的主观能动性，增强思想政治教育的效果。

三、满足需求

（一）求知需求

人都拥有想把事情的发展过程搞清楚的欲望，想要知道事情的本质、目的、发展方向和趋势。如果结果有问题，就想找出原因、看看哪里做得不对、应该怎样去做等，这就是求知需求。当下大多数媒体极力地向消费者推销文化潮流、时尚规范及社会理念，短视频平台会将这些信息进行汇总，然后以更为直观的方式呈现，让人印象深刻的同时欣然接受，因此短视频平台逐渐变成大部分用户的直接信息来源之一。短视频时长虽然短，但内容丰富多彩、包罗万象，如美食类、科普类、教育类、生活技能类等，几乎涉及人类的各个方面，可以满足不同用户的多样化需求，用户可以利用闲暇时间刷短视频以获取知识和了解信息。随着短视频平台的不断发展，新闻类、教育类等短视频逐渐增多，越来越多的网民选择通过短视频获取需要的信息，代替了以往的图文阅读。大学生喜欢通过短视频了解一件事情发展的前因后果，喜欢查询一些生活技巧，有些大学生喜欢看简单易学的舞蹈视频，并在观看后进行模仿拍摄再上传。通过短视频，用户可以满足自己"获取知识，学习技能"的需求。

（二）社交需求

人是社会性动物。老百姓常讲"有人的地方就有江湖"，这里的"江湖"其实就是社会，可以说，有人就有社交需求。传统社交媒体包括微信、QQ、博客、微博等，传递自己的所见所闻和生活动态就是其主要功能。短视频平台是一种新的社交媒介，人们可以在其中分享自己的所见所闻。与传统社交媒体相比，短视频平台的表现形式更为直观易懂。短视频提供了弹幕、评论、分享、点赞、收藏等功能，增加了每个用户的曝光度，观众对视频创作者发布的视频进行点赞、分享可以满足视频创作者被认可的需要。短视频还可以维护用户的社交关系，使人们不仅可以和熟人进行交流，还可以寻找那些志同道合之人进行交流，缩短了人与人之间的距离，一对一甚至一对多的交流都可以实现，用户可以在这个巨大的虚拟圈子中满足自身的社交需求。一些本来鲜为人知的文化圈子，借助短视频平台可以向大众更好地展示自己的内涵，具有共同爱好的人也可以通过观看视频、评论等进行交流互动，满足小众文化的社交需求。

（三）情感需求

美国社会心理学家亚伯拉罕·马斯洛首次提出情感需求的概念。他将人的需求由低到高分成五个层次：生理需求、安全需求、社交需求、尊重、自我实现。情感需求位于其理论的第三层。简单来讲，每个人都有表达情感的需求，都有对爱情、友情、亲情等情感的渴望。例如，随着消费水平的增长，人们不再只满足于购买商品本身，更注重购买商品的服务质量。人们生来就渴望得到他人的关注，此为人之本性。情感需求是人们生活的一大部分，它本身也和个人所处环境、经历有着密切关系。现在大学生的物质条件提高了许多，对情感的需求也更加强烈，短视频的功效在这时就体现出来了。首先，浏览短视频可以增加生活趣味，分享自己喜欢的视频，可以与周围亲朋好友和网络友人进行情感交流，丰富自己的情感世界；其次，短视频平台会根据大数据技术形成用户画像，精准快速地推荐用户喜爱的内容，帮助用户找到自己的网络圈子，并获得归属感；最后，很多短视频是根据真实故事改编后拍摄的，容易获得用户的共鸣，这样就能够帮助用户、社会成员更好地理解对方，成为社会的润滑剂。

（四）消遣娱乐需求

社会在不断发展，现代化生活节奏也在不断加快，无论是上班族还是学生党，每个人都在自己生活的环境里承受着一定压力，因此，娱乐活动逐渐成为人们生活中不可缺少的一环。大多数大学生是从高考的高压环境下解放出来的，突然间拥有了许多可以自主安排的时间，短视频就成了他们消磨时光的工具，尤其是那些奇趣精美的短视频能够愉悦身心、排解烦恼。短视频平台也会利用名人效应吸引用户流量，这就契合了用户使用媒介的目的：获取信息资讯，满足娱乐需求。短视频内容种类繁多、能够随时观看的优点非常吸引大学生，大学生能以轻松、愉悦的心态接触各方信息，了解各类事情。大学生活虽然不像高中那样紧张，但是课业压力、社团活动等仍会消耗大量时间和精力，空闲时间就变得十分琐碎、不集中，短视频的视觉化、碎片化正好满足了大学生的娱乐消遣需求。

四、相互影响

（一）短视频对大学生价值观的影响

在短视频大规模发展之前，大学生主要使用传统媒体获取信息，也就是电视、报刊等大众媒体，这些媒体受自身特点局限于一定的时空范围内，在对大学生进行思想政治教育工作时，更容易通过社会主义核心价值观进行引导。随着短视频的兴起，就传播内容而言，优质、积极、健康的内容可以促进大学生形成正确的价值观，这对大学生培养正确观点有较大的便利。短视频内容具有"短""新""异"等特点，这吸引了很大一批大学生驻足短视频平台，使用户数量快速增长，长此下去，大学生只会越来越依赖短视频进行情感表达，通过平台内容判断事件的对错、事物的好坏。一方面，短视频平台有助于大学生快速了解事件的发展过程和结果，可以提高他们对热点事件的关注；另一方面，短视频的快速发展吸引了大量流量内容，这里面充斥了不少拜金主义、个人极端主义等不良内容，容易诱导大学生形成错误的价值观。

现今很大一部分大学生已经开始追求对自我的积极表达，追求实现个人价值，他们有自己的尊严和利益诉求，其自我意识、开拓精神有了明显增长。与此同时，价值观的极端个人化则引发了另一个矛盾。帮助大学生表达自我，张扬个性与青春是短视频能够在大学生群体中兴起的原因。不过，缺少与社会的接触、缺乏社会阅历与经验、没有足够的自我控制能力是大学生的弱点所在。在各种各样价值观的影响下，很多大学生以崇尚自由、追逐个性为借口宣泄欲望，展现出来的这种自我价值和个性是非理性表现，也会导致个人主义和利己主义在大学生群体中滋生蔓延。

短视频传播空间中充斥着炫富等不良内容，这些内容容易引导大学生走向拜金主义，以追求个人享乐为人生目的，将高工资作为衡量工作价值的唯一标准。这种只追求金钱的思想，完全忽视了其思想产生的社会效应，忽视了如何实现自身的社会价值。在这种消极态度的影响下，部分大学生的价值理性处于茫然状态，不知道什么是好、什么是坏。高校思想政治教育工作中的其他要素呈现数字化趋势，作为符号化的人和符号的使用者、受教育者，大学生呈现的是多重和不稳定的自我，其思考问题的方式和认识事物的方式与传统媒体时代有了根本改变。

（二）大学生的价值观会影响短视频的发展

短视频作为一种新媒介，其在大学生价值观塑造过程中发挥了不同程度的作用，同时大学生的价值观也影响了短视频平台的建设方向。高校是培养社会主义接班人的基地。相较于其他群体，大学生的认知水平和思想理论水平比较高。价值观不仅是独立于社会的意识存在，还融合了宏大叙事、国家发展、社会需求及自身发展的内容。价值观是一种意识形态，随社会改变而变化，不会凭空影响其他事物的发展。大学生在短视频平台进行互动交流，他们的想法、观念会被短视频平台管理者、内容创作者吸收消化，拥有正确价值观的大学生会引导短视频平台选择倾向于积极正面的内容，不断传播正能量。由此可见，大学生的价值观可以影响短视频的传播和发展。大学生作为短视频用户的最大群体之一，哪个短视频平台能够得到其青睐，这个平台就能迅速发展，如抖音、B 站（哔哩哔哩）的崛起等。

第二节　短视频与大学生思想政治教育相关联的基本依据

一、马列主义与思想政治教育

马克思提出的人与技术的互动思想、人的自由全面发展理论及马克思主义环境论，列宁提出的社会主义新人学说都与新时代思想政治教育高度契合。

（一）人与技术的互动思想

通过对技术和人的本质分析，马克思认为人和技术之间存在相互影响、相互促进的关系。技术的出现是因为人有了对应的需求。为了解决需求，人们采取一系列行动。在社会生产力的发展和人的需求的作用下，技术开始出现。当物质需求得到满足后，人就会开始追求精神世界的满足。随着互联网的发展，短视频传播技术出现，它是人类面对网络产品满足精神方面强烈需求的产物。

基于短视频自身具备的优点，其内容、呈现形式等在思想政治教育的过程中可以发挥重要作用。但是目前短视频在功能方面还不够完善，在内容方面也需要精雕细琢、认真推敲。技术的发展并非一蹴而就，其间有许多艰难险阻，但经验会教会人们如何克服。例如，短视频平台的很多功能尚不成熟，不够人性化，有些大学生在观看视频的过程中发现了这些问题并通过留言等方式予以反映；有些大学生观看短视频的目的是放松身心、储备能量以应对学习任务，但本身的自控力不够强，容易陷入刷短视频的时间旋涡；有些大学生发现了自身不足，采取一些有效的时间管理方法提升自己的专注力和效率，以减少短视频对自己的吸引力。短视频平台的算法机制体现了人与技术之间的互动，算法通过分析用户的浏览内容和记录，根据分析结果向用户推荐相关内容。有的大学生发现了这种机制，尽可能搜索优质内容观看，这样就增加了优质内容推送的机会，还降低了不良内容推送给自己的概率，这种行为就是人与技术之间的互动。

技术的开发离不开与人的交流互动。技术设计要想实现人性化，必须根据人的需求进行改进。短视频的发展背景是网络技术的发展，短视频平台的发展依靠智能手机和移动网络技术的普及。所以通过拍摄、编辑短视频，利用短视频平台输出思想政治教育内容，也就是人与技术之间的互动，有利于双方的进步。

与人的互动可以推动技术更新。在直播课中，课堂内容和讨论内容要尽量与课程内容相关，如果大部分交流内容和教学内容不相关，就会分散学生的注意力，影响教育效果。推动直播平台进行技术更新，能够屏蔽低俗言论，打造清爽、干净的直播间。由此可见，通过人与技术的良性互动可以降低短视频对大学生思想政治教育的消极影响，这也是新时代思想政治教育需要重点研究的课题之一。

（二）人的自由全面发展理论

人的自由全面发展理论的含义为，"任何人的职责、使命、任务都是全面发展自己的一切能力"。马克思认为人的物质需求得到一定满足之后并不会停止，他们会想方设法地丰富自己的精神生活，并追求能力发展，希望能够满足更高层次的需求，实现个人能力的全面发展。每个社会成员都想要追求个人的全面发展，所以需要生产力得到充分提高，以满足大多数人的物质生活需求。我国目前已经全面脱贫，迈入小康社会，真正实现了"富起来"，接下来要向社会主义现代化强国转变。国家迫切需要各行各业的人才，这就表明大学生的全面发展不仅是对自己负责，还是作为一个公民融入国家发展前途的表现。对大学生进行思想政治教育既是大学生对自我发展的要求，更是国家要求，在物质足够充裕的条件下将大学生培养成国家发展所需的人才。

（三）马克思主义环境论

环境创造人，人也创造环境。这句话从两个角度论述了人与环境的关系：

环境在影响人，人的活动也在影响环境。一方面，环境会极大地影响个人发展，没有人能够离开环境独立存在；另一方面，人的能动作用也在改变环境，使其更加有利于人的发展。马克思提出，人与环境是相互影响、相互创造、相互渗透的，而绝非单纯的环境决定人或人创造环境。

网络短视频多而杂，质量参差不齐，不良信息会影响大学生的思想观念和行为规范，进而影响对他们进行思想政治教育。但是短视频的多样化形式和新颖有趣的特点给大学生的思想政治教育提供了良好的平台。高校管理者不应该只看到短视频对大学生的制约，更应该发挥大学生的主观能动性，将短视频发展成为大学生思想政治教育的阵地，通过短视频加强对社会主义核心价值观的传播，营造积极向上、充满正能量的良好网络氛围，对大学生进行思想引领，强化思想政治教育的吸引力。

（四）社会主义新人学说

社会主义新人学说由无产阶级革命家列宁提出。虽然列宁提出此学说时正处于百年之前的苏联社会主义建设时期，但在当下仍然具有很好的借鉴意义。首先，列宁肯定了青年在社会中的作用与价值，指出青年就是发展社会主义所需要的新人，在推动社会发展和共产主义理想实现中有不可或缺的作用。习近平总书记也强调，"中国梦是我们的，更是你们青年一代的"。大学生除了拥有个人理想外，也要将自身理想和中国梦联系起来，脚踏实地地让蓝图化作现实。其次，列宁肯定了青年的优势，认为青年在创新与革新方面具有很大潜力，创新能力和革新能力也是当前教育需要重点突出的两种能力。学校在育人过程中要注重培养学生的创新意识，大学生在平时的生活中也要注意挖掘自身的创新潜力。最后，列宁指出学校有对青年进行训练、培养和教育的责任。当前形势下，高校对自己的教育目标要有充分理解和深刻认识，积极承担教育者责任，帮助大学生在校期间在精神方面获得成长，勇于承担民族复兴大任，以昂扬奋进的姿态投入社会实践。

二、教育理论依据

（一）思想政治教育环境论

影响思想政治教育的外部因素有很多，它们的总和就是思想政治教育环境。我们周围的环境能够影响生物的成长和发展，思想政治教育环境也能够影响大学生思想品德的发展。思想政治教育环境论点明了思想政治教育和外部环境之间的联系互动机制，思想政治教育环境各个要素之间相互作用，教育者、教育对象、参与者和环境相互影响、互相渗透。

思想政治教育环境具有渗透性、导向性、广泛性、动态性和复杂性。一是渗透性。教育对象可以在一定程度上改变教育环境，与此同时，教育环境也能潜移默化地改变人的思考方式、行为方式，比如优秀的校风、学校文化等会对大学生的发展起到一定作用。健康、积极的教育环境能够慢慢塑造学生的人格，磨炼学生的意志。二是导向性。思想政治教育环境不仅指周围的物质环境，还有更重要的精神环境。要"坚持以科学的理论武装人，以正确的舆论引导人，以高尚的精神塑造人，以优秀的作品鼓舞人"。三是广泛性。大学是社会的一个缩影，社会的复杂性在大学中也会有部分体现，这就是大学生思想政治教育的广泛性表现，知识和娱乐、思想与政治等各种因素经常融合在一起。四是动态性。世间万物处于不断变化之中，这个根本特性决定了思想政治教育环境处于动态中。思想政治教育没有时间、空间的限制，社会上的任何思潮都会影响精神环境的建设。五是复杂性。思想政治教育环境受各种因素的影响，不仅与物质环境相关，其自身的内在系统也在发挥作用，实际工作中很多因素不一定能让人有切身之感，好与坏在一定程度上很难区分，这就决定了思想政治教育环境的复杂性。

环境包括社会环境与自然环境，网络环境作为社会环境的一部分，对思想政治教育有积极作用和消极作用。积极作用表现在：网络环境提供了丰富多彩的信息，为思想政治教育带来了充实的内容和多样的形式。同时，网络环境扩大了人际交往空间，它的开放性、虚拟性消除了交流的时间与空间的局限性，让教育者与受教育者更容易进行思想交流、信息传递和教育学习。网络空间丰富的信息资源让受教育者可以多层次、多角度地学习和思考思想政治教育中的知识内容，有利于提高受教育者的分析能力，激发其创新精神。消极作用表现在：网络环境鱼龙混杂，信息内容良莠不齐，其中存在的拜金主义、极端个人主义和享乐主义等不良思想对思想政治教育造成了很大干扰和挑战。网络环境中信息庞杂，过多的信息会让学生产生选择困难，部分学生的理想信念不够坚定，容易迷失于其中，丧失主体性，并产生困惑。

（二）思想政治教育载体论

我国于 20 世纪 90 年代开始进行思想政治教育载体的研究，学者们从内涵、特征、表现形式、功能等方面进行了研究。陈万柏、张耀灿在《思想政治教育学原理》一书中关于思想政治教育载体的定义得到了学界的公认。书中指出，传承是思想政治教育载体的重要因素，也是可以为思想政治教育主体所用的基本条件，载体和主体之间可以互动、相互作用。分析思想政治教育载体的定义，可以得出作为载体的两个基本条件。

第一，思想政治教育载体必须能承载思想政治教育目的、原则、任务、内容等信息，为教育者所控制。思想政治教育者可以操控短视频平台，将思想政治教育内容通过短视频传输给受教育者，并可以通过短视频平台得到及时反馈，因此，高校可以将短视频平台作为思想政治教育的新兴载体加以利用。在高校发布的各类短视频中，包含思想政治教育内容，实现思想政治教育的目的，并且是教育者可以自行决定的短视频，才可以定义为思想政治教育载体，其他的则无法定义。比如，共青团中央在 2022 年 12 月 26 日发布的"纪念毛泽东同志诞辰 129 周年""今天，怀念伟人毛泽东！""不负青春！中国青年的担当"等一系列有着明确的教育目的和意义，包含爱国教育、青年责任与担当的正能量短视频，其内容饱含思想政治教育因素，就是典型的思想政治教育载体。共青团中央发布的其他诸如"应对能源危机，英国民众争相购买木柴炉""明星QQ 号泄露加你好友？警醒！"等一系列短视频则不属于思想政治教育载体，因为其没有明显的思想政治教育任务、目的、原则和内容。

第二，思想政治教育载体必须能够联系教育者与被教育者，二者可以通过其进行互动。思想政治教育载体不仅是思想政治教育内容的承载物，还是能够供教育者与被教育者交流的空间。短视频平台是一个利用新媒体与信息技术创造的虚拟场所，在这里，思想政治教育者可以通过视频播放量、点赞量等进行数据分析，也可以在评论区与观众进行在线交流互动。短视频平台提供的互动交流的途径与空间，在大学生群体中有很强的宣传力和吸引力。

思想政治教育载体具有目的性、传承性、中介性及可控性。一是目的性。思想政治教育载体存在的目的在于反映党和国家的主流意识形态，根据目的选用合适的教育载体。二是传承性。思想政治教育载体需要传承思想政治、道德规范等内容。思想政治教育载体可以细分为文化载体、传媒载体、教学类载体和实践性载体，思想政治教育载体不仅承载着国家文化历史、思想政治规范、道德教育内容等，还承载着个人理想、个人目标、社会主义意识形态、社会主义核心价值观等重要内容。三是中介性。思想政治教育载体处于教育主体和教育客体之间，起到桥梁作用，实现教育者与被教育者之间的互动，提升教育质量和教育效率，补充完善相关内容。四是可控性。思想政治教育载体是教育者的工具，为教育者所用，可以有针对性地做出一定改变。比如，思想政治教育网络平台的设计、主体内容等可以根据教学目标进行改变。

思想政治教育载体根据功能特征可以分为承载功能、传导功能、引领功能及教化功能。承载功能指其承载着思想政治教育内容、大量时代信息，这些内容推动大学生思想政治教育发展。传导功能是指载体具有的输入功能和输出功能，从教育者那里输入信息，在被教育者那里输出教育内容，起到传导作用。思想政治教育体系开始运作，各种因素互相作用、互相渗透时，载体的传导功能就已经开始发挥作用。引领功能是指思想政治教育载体是党对学生的传话筒，承载着党要求学生需要了解的国家政策和发展路线。教化功能是指思想政治教育载体在运载教育内容过程中可以强化其中的教化信息，实现思想政治教育的目的。

（三）微型学习理论

微型学习理论蕴含着轻松、微小等含义，这个概念于2014年被提出。有学者认为，微型学习理论的核心是微型内容和微型媒体。微型学习又叫微型移动学习。随着新媒体技术的发展，微型学习已成为大学生利用零散时间进行自我学习的常态模式。

微型学习以学生为中心，内容简练，用时较短，信息化程度高，是一种创新性学习模式。微型学习模式的重点是以学生为中心，营造良好的学习氛围，提供学习资源，以激发学生的学习兴趣为目的，激发学生追寻知识的探索心理。学习内容精简、学习方式独立是微型学习的一大特征，微型学习教育内容简单，目标明确，知识脉络清晰。微型学习用时普遍在 10 分钟之内，而这 10 分钟也是学生注意力最为集中的时段，记忆效率更高，教育效果更好。微型学习的发展离不开智能媒介的进化，大量学习资料可以储存于网络，利用智能设备可以随时调取这些学习资料，突破了人们学习时间和空间的限制。

区别于其他数字化学习方式，微型学习是混合学习方式，重点在于知识点的结晶和集合。相对于协作学习，微型学习不需要合作小组形式，学习目的较为独立。相对于远程学习，微型学习发挥了主观能动性，而不是被动接受。相对于移动学习，微型学习重点关注微型学习内容，聚焦于短时间、少量的重要知识点，移动学习则强调没有时间、地域限制地使用智能设备进行学习。

三、传播学理论依据

（一）使用与满足理论

"使用与满足"作为传播学中的重要理论，主要研究用户的心理需求，重点为人们接触媒介的动机。具体而言，受众接触媒介的原因不是媒介选择，而是他们有自己的特定需求，他们根据自己的需求能否被满足而使用媒介。所以要想了解大众选择某些传播媒介的原因，可以通过分析他们的动机和需求来得到答案。探究大众传播媒介对人们心理和行为产生的作用，有利于研究思想政治教育和短视频媒介之间的联系。

使用与满足理论普遍认为是由伊莱休·卡茨提出的。1974 年，伊莱休·卡茨在《人际影响：个人在大众传播中的作用》一书中最早提出使用与满足理论和使用与满足过程的基本模式。

使用与满足理论并没有将常规传播主体作为研究方向，它从受众角度探究其为何选择某种媒介，以传播媒介是否满足大众的需求为基础标准。大众选择媒介的动机受到多种因素的影响，如个人心理、个人价值观、社会环境等。伊莱休·卡茨在分析了受众心理后，提出了五大需求：认知的需要，即得到信息、知识和理解；情感的需要，即情绪的、精神的、美感的体验；个人整合的需要，即加强可信度、信心、稳固性和身份、地位；社会整合的需要，即加强与家人、朋友的联系；纾解压力的需要，即逃避和转移注意力。

使用与满足理论揭示了大众使用媒介满足自己需求的手段，分析了大众使用媒介的心理原因，并找出了媒介对其受众的影响。通过使用与满足理论研究大学生观看短视频的心理需求，从动机中分析短视频流行于大学生群体中的原因和大学生心理需求的满足状况，可以得知短视频对大学生思想政治教育的影响。

（二）模因理论

"模因"的概念最早由英国生物学家理查德·道金斯提出，他认为模因类似于遗传因子，是一种文化的遗传因子，也经由复制或模仿、变异与选择过程而演化。比如某个人大脑中的观念（模因）经由复制或模仿到不同人的大脑中。经过复制或模仿后的观念与原观念并不完全相同，会产生变异和演化。模因理论指出信息的传播过程就是复制或模仿过程，而信息本身则会在这个过程中得到发展和进化。网络短视频能够迅速发展、风靡全国的主要原因在于其音乐模因与视频模因。在短视频平台上，一个火爆的短视频会有大量二创视频出现，通过模仿与传播，对短视频内容进行再创作。视频模因降低了创作者创作短视频的门槛，只需要将视频主角进行替换，更改台词，就可以制作出有趣的短视频。此外，音乐模因的使用更广泛。短视频平台设计了丰富的音乐模板，大部分歌曲已经剪辑成一分钟之内的音乐，创作者可以根据风格和需求添加合适的背景音乐。重复的旋律和刺激能够激活、强化用户的记忆点，短视频中的爆红神曲往往"余音缭绕"，广受模仿。

四、技术基础

（一）科技发展

将短视频作为思想政治教育途径有其理论依据和现实基础，更重要的是有足够的技术支撑，这是推进短视频应用于思想政治教育的基础保证。

第一，智能手机的推广和普及。随着互联网技术和智能技术的不断发展，智能手机不仅有通信功能，还有支付、娱乐、摄像、社交等一系列综合性功能，智能手机通过移动网络实现无线网络接入，它就像一台可以随身携带的电脑，有自己独立的运行系统和运行空间，有可以由用户自行安装其他供应服务商提供的软件程序，以实现自己需求的功能。智能手机的普及对大众生活产生了巨大影响，各行各业开始通过手机应用提高工作效率，实现信息收集。同时，我国网民的数量也在急剧增加。根据第 50 次《中国互联网络发展状况统计报告》，截至 2022 年 6 月，网民使用手机上网率达到 99.6%，人们使用台式电脑、笔记本电脑、电视和平板电脑上网的比例分别为 33.3%、32.6%、26.7% 和 27.6%。随着技术的发展，智能手机的价格正在不断降低，当今大学生几乎人手一部性能良好的智能手机，这就为通过短视频进行思想政治教育提供了设备基础。

第二，宽带移动网络的普及。根据第 50 次《中国互联网络发展状况统计报告》，我国网民规模持续稳定增长，较 2021 年 12 月新增网民 1919 万，互联网普及率较 2021 年 12 月提升 1.4 个百分点。宽带互联网是重要的信息基础设施，作为纽带与桥梁存在，支撑起了云计算、物联网等技术产业的发展。网络速度的提升和网费的降低切实给用户带来了实惠，流量再也不是短视频拍摄的难题，浏览、拍摄、分享随时随地即可实现。

第三，流量费用降低。以电脑为代表的第四媒体出现后，现在"第五媒体"即"移动媒体"已经占据了主流。"第五媒体"以手机为代表，具有移动性、方便性、即时性等特点，短视频各种功能的实现也主要依靠移动媒体的快速发展。李克强同志在 2015 年 4 月 14 日召开的一季度经济形势座谈会上表示，"流量费用太高了"。同年 5 月 13 日，李克强同志主持召开国务院常务会议时再次明确要提网速、降网费，并提出了五大具体措施。随着一系列提速降费的措施落实，上网流量价格大幅降低，流量明显增多，缩小了城乡之间的信息化差距，使网络覆盖"无处不在"。同时随着移动手机的全面普及，短视频发展的现实环境和支撑载体已经成熟。这些举措保障了很多从中小型城市、乡镇来的大学生和农村寻常百姓可以紧跟时代步伐前进，短视频在学生群体中的大规模发展使其搭上了我国网络建设不断成熟的"顺风车"。

随着技术的进步和资本的注入，短视频以其"短、平、快"的特点迎合了时代发展，几年之内迅速成为大众喜爱的社交和娱乐方式。"短视频 + 思想政治教育"可以迎合大学生的兴趣，丰富教育形式，具有理论、现实和技术的支撑。"短视频 + 思想政治教育"将有利于提高大学生思想政治教育的效率和质量。

（二）平台发展

短视频平台的上线时间大多数在 2016—2017 年。例如，抖音在 2016 年 9 月正式上线，定位是年轻人的音乐短视频社区，其用户可以自行拍摄、剪辑和上传短视频，通过添加音乐、滤镜、特效等增加短视频的趣味和观感。仅仅 3 年左右，到 2019 年抖音已经超过了 Facebook、YouTube、Instagram 等热门软件，成为 iOS 全球下载量最高的软件。其他短视频平台诸如 B 站、西瓜视频、快手视频等也乘势而上快速发展。

短视频平台内容花样繁多，用户不仅可以自己制作短视频，发挥自己的才能，还可以在经过同意后对其他短视频内容进行二次创作。短视频平台提供的内容类型多样化，包含生活中的各种领域，呈现方式也丰富多彩，这与大学生的个性化、多元化的特点非常吻合。

多元内容供给。以抖音为例，其口号为"记录美好生活"，记录本身要比创作更为简单，降低了视频制作难度，激发了用户的积极性。在抖音短视频中，各种社会角色对美好生活的理解并不相同，他们根据自身特点和喜好创作视频，这使抖音社区里的内容十分丰富、类型多元。比如，大学生作为年轻一代，提供的内容相对比较新潮、炫酷，而上班族、中年人一般喜欢上传温馨的日常生活：娃的搞笑温暖时刻，结婚时的幸福时光，平时游玩的休闲光景，职场的工作内容、方法总结等，其中有无厘头的搞笑时刻，戏精的精心排演、幽默段子，各种电视剧、电影名场面的剪辑；也有提供丰富知识的短视频，涉及英语、政治、经济、历史等各个学科，以及做饭方法、生活达人教授技能等；类型多元，吃喝玩乐、才艺表演、知识技能应有尽有，这些丰富多彩的内容使抖音不仅成为娱乐平台，还成为学习平台。大学生在短视频里不仅能收获轻松愉快的休闲时光，还能扩大视野以吸纳更多知识。

精准的算法推荐。短视频平台的快速发展离不开技术的支撑，算法机制是受众形成依赖的关键原因之一。算法是为解决问题而给计算机输入的一系列指令，是一种编码程序，通过设定好的运算方式，输入数据后输出结果。短视频平台利用算法推荐方式将内容精准地推送给感兴趣的用户，节约了用户精力，也方便了内容生产者匹配用户，省时省力地达到目的。

去中心化算法。这个算法保障了推送公平。传统媒体在话语权方面占有绝对优势，占据了制高点。在短视频平台，人人都可发声，只要内容足够精彩；人人都可以创作出热门视频，都可以表达自己的观点，让话语权逐渐去中心化。去中心化算法的应用，保证了每个用户的作品都有平等机会被其他用户看到，以及都可以获得其他用户的点赞、收藏和分享。优质内容可以吸引流量和关注，有更多的曝光机会，这也是部分用户的整体作品一般但某个作品能拥有数百万播放量和点赞的原因。平等推送的机会让做出爆款逆袭成为可能，短视频用户都能发挥自己的才能，为平台提供源源不断的优质内容。短视频用户也可以通过分析算法机制，研究自己的视频受众的喜好，分析爆火内容的逻辑，从而设计、调整自己的内容，使之变得更加优秀、更容易获得推送和观众好评，获得更高的爆红概率。

个性化推送。个性化推送这种算法保证了用户黏性。短视频内容的分发采用人工精选和算法推荐相结合的方式，即算法会分析用户的喜好来推荐内容，并把平台里与之相关的优质内容通过人工方式推荐给用户。短视频平台会通过读取用户信息，如用户的职业、地域、年龄、兴趣爱好等创造出用户模型，模型会预判推送内容是否会受到用户喜欢，进而智能地向用户推荐个性化内容。短视频平台会为用户设置流量池，根据用户浏览某些内容的时间及其点赞、收藏、转发的内容类型，分析用户兴趣，并推送相关短视频。平台利用算法为用户量身定制个性化内容，推荐其感兴趣的视频，用户看到的都是自己喜爱或需要的内容，这样提高了用户的黏性和对平台的依赖，进而提高用户使用率。算法推荐的内在逻辑是"平台懂你"，懂你的兴趣爱好、需求内容，迎合用户千人千面的特点。短视频平台对用户需求进行精准定位，定制个性化内容，让用户能够省时省力、轻松方便地满足自己的需求，同时信息内容也会快速展现自身的价值。

五、思想政治教育新平台

（一）短视频App成为大学生的"宠儿"

从农村到城市、从小孩到老人，只需一部智能手机就可以随时随地观看短视频。大学生是短视频的主要受众之一，观看短视频的频率比较高。原因如下：首先，拍摄短视频既不需要非常高超的拍摄手法，也不需要精致的后期剪辑，时间、地点、素材自行选择，自己做自己的"导演"，该特性符合当代年轻人表达自我的心理需求。视频主题可以是各种各样的，如搞笑类、悲伤类。这些都符合大学生的生活需求。其次，观看短视频用时较短，大学生由于面临生活和学业的双重压力，很难有较长时间观看视频，他们更喜欢用生活中的吃饭时间、排队时间等闲暇时光观看短视频。最后，大学生的从众心理让其观看短视频的频率变高。大学生通过短视频可以快速了解当下热点时事、话题，快速理解社会潮流，让大学生之间有更多话题，满足他们的社交需求，同时跟紧时代发展步伐。

（二）关注大学生的心理动态

青年有多变的发展性和心理可塑性，他们在心理和生理成长的关键期需要父母、教师的陪伴和指导，需要有人倾听他们的声音。要想做好大学生的思想政治教育工作，作为教育主体的教师首先要做的就是了解自己的学生，之后才能对症下药，更好地帮助他们。师生通过短视频平台进行线上交流互动，教师可以倾听大学生的心声，发现他们的优点，对他们表达关怀与接纳；教师在互动过程中可以关注到大学生的求助信号，某些言语会透露出他们的想法。一些大学生不愿意面对面交流，教师就可以查看他们的平台动态，比如有些学生会发表一些消极话语，此时教师就可以及时跟进询问，针对大学生的问题类型进行合理疏导，帮助他们走出消极情绪的阴影，进行适当的关怀和照顾，这种爱护有利于减少大学生成长中的人格冲突，有利于培养大学生正确的"三观"，让大学生树立自信，积极向上地面对人生。

（三）强化主流意识形态

短视频迅速发展，并成为主流意识形态工作的新途径。习近平总书记曾强调，要加快推动媒体融合发展，让正能量更强劲、主旋律更高昂。教育主体需要充分把握短视频的传播特点，思考短视频和思想政治教育工作的必要性和结合点，利用短视频发扬、传播马克思主义思想和主流意识形态，加强党的形象宣传、思想感染力和群众亲和力。当今世界面临百年未有之大变局，西方势力对我国不断进行思想渗透，国际上不断发出打压中国的声音，用西方式的"中立"概念混淆视听，用模糊话语伪装西式价值观并在我国各大网站传播，其目的在于对我国进行"和平演变"。思想政治教育需要推动主流意识形态深入人心，发扬社会主义核心价值观，弘扬中华优秀传统文化，摒弃假话、大话、空话，将理论转化为通俗易懂的话语；加强短视频内容的审核、查阅机制，并使之规范化；在网络空间把握意识形态主导权，正本清源，让大学生树立正确的价值观。

第四章　短视频在大学生群体中盛行的原因

随着互联网和智能手机的不断普及，短视频行业进入发展黄金期并呈现井喷式发展态势，迅速占领了消费市场。根据《2019 中国网络视听发展研究报告》，截至 2018 年 12 月，我国网络视频用户规模达 7.25 亿，占整体网民的 87.5%，其中短视频用户规模达 6.48 亿。以抖音短视频 App 为例，抖音凭借时尚、有趣、新潮的内容赢得了大学生的青睐，无论是在校园食堂里、寝室里，还是在校园道路上，随时随地都能发现一些低头观看短视频的学生，可见短视频已经成为大学生群体的时尚与潮流。从整体来看，短视频在大学生群体中盛行的原因主要可以从内在动因、技术基础和外在引力三方面加以分析。

第一节　短视频在大学生群体中盛行的内在原因

短视频是集图片、声音、影像于一体的新型社交形式，能够为用户带来多层次的全新视觉体验。同时，在短视频搭建的虚拟网络空间中，用户可以通过自行创作短视频满足其社交表达欲望，同时还能通过点赞、评论、分享等方式同大众进行交流互动，这极大地满足了大学生的社交需求与情感需求，故而备受大学生青睐。

一、碎片信息时代：契合碎片化之需

第一，契合了大学生对碎片化信息吸收的阅读习惯。碎片化是指一个完整的东西破碎成诸多零碎块，这也是短视频的主要特色。短视频大多以 15 秒为制作时长，这 15 秒的限制决定了其内容唯有呈现短、平、快的特点，才能有效吸引用户关注。同时，这一碎片化形式和精简性内容也契合了大学生对碎片化信息吸收的阅读习惯。具体来说，在当下互联网技术的推动下，社会进入信息爆炸时代，日常信息量庞大、复杂且趋于分散，在此背景下，用户既是信息接收者，也是信息制造者，而用户对这些庞大信息量的选择和鉴别以及深加工

能力相对较弱，在此背景下要想吸收全部信息是不可想象的事情，而短视频有目的地对这些信息进行选择和加工，并切割成大量碎片，呈现其中最有趣、最直接的有效信息，进一步满足大学生短时间获取有效信息的需求。而相比报纸、广播、电视等传统媒介大篇幅、长时间的传播模式，短视频碎片化的信息呈现更符合大学生的信息吸收需求，这也使其能够在众多传播媒介中脱颖而出。

第二，迎合了大学生碎片化的阅读习惯。在社会主义市场经济的推动下，大众生活节奏加快，尤其是大学生群体，其学习、生活、工作中复杂、烦琐事务增多，再加上课余时间的零碎性，使其在阅读长篇文章时表现出不耐烦甚至是阅读困难状态，影响其对信息的进一步加工；而短视频让大学生在阅读信息吸收中形成了快餐式阅读习惯，短视频内容的呈现迎合了大学生群体碎片化阅读习惯，通过将大段信息分解成若干信息片段，以吸引大学生群体的阅读注意力。例如，抖音以 15 秒的视频时长迎合了大学生群体碎片化的阅读习惯，并引起了蔡格尼克记忆效应现象，即 15 秒的短视频戛然而止，留给人一种不完整的感觉，进而使用户记忆更加深刻。同时，短视频碎片化的内容呈现也在潜移默化中培养了用户的阅读习惯，使用户更加专注于短视频信息阅读，并养成特定阅读习惯。

第三，充实了大学生的碎片化时间。快节奏的生活、竞争日益激烈的社会环境使大学生长期处于高压状态，他们利用闲暇时间释放压力，而短视频已成为其闲暇时间娱乐消遣、舒缓心情的重要途径。以 2019 年上半年为例，我国网民人均每周上网时长为 27.9 小时，其中短视频使用时长占比为 11.5%，可见短视频已成为人们获取信息、休闲娱乐的重要选择。尤其是大学生群体，15秒的短视频更符合其生活习惯，短视频在短短 15 秒内为用户呈现多元、有趣的内容，使大学生可以在短时间内逃离现实忧虑，缓解焦虑情绪，抑或在坐公交、地铁等无所事事的时间内，让大学生获得片刻的精神愉悦，故而极大地充实了大学生的碎片化时间。

二、全民剧场：满足自我表达欲望

在互联网时代背景下，智能手机的普及、移动互联网的便捷使用使得大众的网络话语权上升，每个人在获取互联网信息的时候也可以成为自媒体，拥有自我表达权利。同时，内容生产模式的创新也进一步降低了大众参与短视频制作的门槛。以抖音为例，用户可以根据抖音 App 提供的模板进行内容制作，随心所欲地添加背景音乐、特效滤镜、贴纸等，自由地对内容进行加工处理，以便更好地传达内容，或分享生活兴趣，而这一模式也能够极大地满足大众的自我表达欲望。马斯洛将人的需求分为生理需求、安全需求、交往需求、尊重需求、自我实现五个层次，在基本的生理需求和安全需求得到满足后，部分人会将其需求转移至自我实现方面，这在生活中表现为自我表达欲望，而短视频平台则为个体自我尊重和自我实现需求的满足提供了可能。尤其是对于大学生群体来说，其可以通过短视频释放自我、表达自我、重塑自我，进而满足其强烈的自我表达欲望。

第一，释放自我，获取愉悦。随着生活节奏逐渐加快，人们的生活压力与日俱增，大学生群体在学习、生活等方面的压力也很大。为此，大学生需要有效地释放和转换这些心理压力，以更好地适应日常生活。而短视频 App 则给大学生释放压力提供了有效的平台。在短视频平台中，大学生可以是视频内容的制作者，将内心的烦恼、生活的压力以视频形式呈现，表达内心的想法，或将生活中的美好与感动以视频形式分享出来，向大众寻找情感共鸣，慰藉自我心灵。与此同时，大学生还可以是短视频的观看者，通过观看搞笑、轻松、温暖的视频来赶走忧郁情绪，获取片刻欢愉。在短视频世界，人与人之间都是平等的交流者，这极大地突破了现实生活中群体交往的界限，使大学生释放自我，得到内心的平静和愉悦。

第二，表达自我。平台充分尊重用户个性，使其成为生活主角。欧文·戈夫曼的拟剧理论强调生活中部分个体可能因为羞于表达或不够自信，将真实自我隐藏起来，不愿向大众呈现真正的自我，而短视频能够为其提供展现自我的虚拟空间，通过表演方式将自我真实的个性、才能、观点等呈现出来。以抖音短视频为例，每个创作者都是现实生活中的普通人，他们通过舞蹈、歌唱、扮丑、搞笑、模仿等方式，将自我隐藏的技能展现出来，成为短视频中的主角。除此之外，在现实生活中，很多人渴望一夜成名，而短视频平台则为"草根"成名提供了有效渠道。总而言之，15 秒的短视频时长降低了视频的制作门槛，刺激了部分用户的表达欲，同时也为其成名提供了通行证。这对当代大学生来说是极大的诱惑，其能够借助短视频将自我才华淋漓尽致地展现出来，成为短视频世界中的主角。

第三，重塑自我，获取认同。美国思想家谢克纳提出，表演是人类有意识地展现自我的行为，但其表演内容将根据社会、他人的实际需求决定。在短视频平台中，每个用户都可以是视频内容的创作者，但创作的内容大多取材于现实生活中大众的需求。例如，在抖音短视频的自拍模式下，创作者所展示的个人形象往往具有一定的表演性质，创作者首先分析社会需求并自我定位，选择合适的主题，然后在拍摄过程中调整自我语言、举止、服装等，再利用短视频所提供的滤镜、特效、贴纸、背景音乐等更好地塑造大众眼中的自我形象。正如美国社会学家库里所提到的"镜中我"，即表演者通过对自我形象的美化和修饰以获取大众的认可，进而满足自我精神需求。在短视频的拍摄过程中，创作者往往不自觉地迎合大众需求，获取他人认同，其中观看者的关注、点赞、评论、转发等便是大众对创作内容的认可。创作者可以根据这些视频反馈获取社会大众的偏好信息，并以此调整自己的视频风格，以记录美好的名义进行内容创作，通过关注与被关注建立自己的社交圈，获取他人的认同。

三、视听盛宴：引发情感共鸣

从受众视角来看，短视频风靡一时的本质在于能够让受众内心感到满足，获得精神愉悦，引起情感共鸣。例如，短视频内容为王的原则，给了普通人以展现自我生活的平台，使受众之间的情感距离被缩短，引发共情效应；可以通过搞笑方式反映主流价值观，让受众在愉悦氛围中收获快乐；也可以通过分享生活中的小技巧来解决受众生活中的烦恼；还可以通过分享日常生活中的美好，让受众在枯燥的生活中获取片刻的生活乐趣。这些皆是短视频的优势特点，能够让受众群体在短视频中观看与自己生活中相近的场景，同创作者产生一种与朋友相处的感觉，一起分享快乐，吐槽烦恼，挖掘乐趣，分担忧愁，获取心理慰藉，激发受众的情感共鸣。具体来说可以从以下两点分析。

一是音乐旋律引发情绪共鸣。音乐是一种情感艺术，能够切实反映人们现实生活中的情感，同时也能够净化心灵，具有抒发情感、释放情绪的功能。而短视频的火爆原因之一便在于借助音乐的这一优势特点，进一步提高了表达效果。第 44 次《中国互联网络发展状况统计报告》显示，截至 2019 年 6 月，我国网络音乐用户规模达 6.08 亿左右，占网民整体的 71.1% 左右。由此可见，音乐这一社交形式有巨大的市场潜力。而短视频主推的音乐、短视频社交等理念，将音乐同短视频有效融合，进一步满足网络用户对音乐的需求。例如，在大学生活场景的分享中，在毕业场景分享的基础上添加《毕业季》《青春纪念册》《同桌的你》等怀念青春的主题音乐，能够进一步渲染、强化毕业离别的不舍之情，打动观看者，让用户在观看过程中回想青春，并引发自我回忆，获取情感共鸣。可见，音乐作为情感表达的重要因素，能够进一步引导观看者强化情绪，引发共鸣。同时动感的音乐也能够引发观众的观看热情，使其在观看过程中获取一些"魔性十足"的爆款音乐，能够给观看者带来意外惊喜，使其增强对短视频平台的喜爱。

二是素人（网络流行语，指平民、平常人、业余人士）真实的创作内容。短视频的 UGC 内容创作模式能够进一步展现素人的创作作品，使其将自我生活真实地展现在受众面前，这种真实的表达极大地缩短了制作者同观看者之间的心理距离，更容易引发情感共鸣。以抖音为例，其短视频中的一些爆款内容大多是素人作品，其日常生活内容拉近了同受众的情感距离，获取了受众的喜爱，同时受众的热情反应也给了素人极大的创作热情，使其能够将自我生活、个性等更加广泛、全面地呈现给受众，进而强化二者的交流互动。除此之外，短视频设置的挑战和话题议程也能够极大地吸引用户参与，使其融入同一频道，或构建统一的社交圈。

四、社群文化：迎合社交需求

随着互联网的不断发展及人工智能的不断普及，社会方方面面均发生了翻天覆地的变化，尤其是大众的社交行为得到了突破性的发展，由传统的面对面交流逐渐转变为人机交流模式。与此同时，社交媒体的兴起进一步加快了用户与内容之间的连接，形成了网络社区，给大众的社交带来了极大便利。近几年来，在我国短视频用户规模中，大学生群体占 60% 以上，可见年轻群体是短视频用户的主力军。在当代大学生群体中，刷短视频、制作短视频也已成为其生活的时尚潮流。大多数大学生在短视频平台中寻找志同道合的朋友，结成年轻人聚集的社交群，这既能够使其找到自我的归属，获取归属感，又能够满足大学生群体的社交需求，并构建符合社交行为和习惯的网络社交群体。具体可以从以下几点进行阐述。

第一，让大学生获得群体归属感。严袁敏认为群体具有特定共同目标，有着相互关联的复数，是个体的集合。而在高校，不同学生组成一个大群体，每个学生都属于大学生群体中的一员，其中任何个体都受群体的影响；短视频在大学生群体中的影响也同样会波及其中的每个个体。比如，当你身边的朋友都在使用抖音、快手等刷短视频，为了适应群体，你很有可能会自然而然地加入其中，同周边朋友交流和互动。其中，短视频中的一些新词、新段子也将在大学生群体中形成共同语言和共同的议题。例如"盘它"一词，"盘"指文玩手串在人手反复揉搓下变得光滑、有质感，而其被应用在短视频中则拓展出"弄它、玩它、修理它"的意思，并逐渐延伸出"万物皆可盘"的说法。与此同时，"盘它"一词不仅在网络社群中出现，还逐渐蔓延到大学生的日常生活中，成为大学生的日常交际用语。此外，大学生在短视频平台上发布的内容获得了其他用户的点赞、评论和转发，也能让其产生强烈的归属感，并激发其创作热情。

第二，满足了大学生弱关系社交的需求。在当前的网络社交软件中，微信App独占鳌头，占据了最多流量。腾讯发布的2020年度报告显示，截至2019年年底，微信月活跃用户达11.648亿，同比增长了5.2%。而从功能上看，微信属于强关系，社交是用户在日常生活中同他人建立起来的关系，大部分是用户生活中熟悉的朋友，而以微信为纽带构建的社交群体将大学生同周边的朋友、亲人、同学、教师等交织在一起，这在一定程度上给大学生带来了社交恐惧，故而部分大学生开始寻求新的社交方式，而短视频则为大学生的这一需求提供了有效途径。短视频是以用户为图谱构建的社交关系，在这一平台中，个体可以根据自己的兴趣等倾向选择观看内容，并通过点赞、转发、评论等方式构建新社交群体。在此模式下，大学生不会产生拘束心理，同时这些社交关系可以随时建立，也可以随时解除，能够进一步突破大学生的社交限制，使其打破原有的社交圈层限制，进入与日常社交不同的新环境圈层中，进一步开阔大学生的视野，扩充其知识。与此同时，这些以微信为兴趣基点而选择的视频内容也能够极大地充实、丰富大学生的日常生活，增加生活乐趣。

第三，满足了大学生拟社会交往需求。英国学者唐纳德·霍顿和理查德·沃尔提到交流是人在世界上最重要的交往手段，他们在《大众传播与准社会交往：远距离亲密关系的观察》中提到，拟社会交往不同于现实生活中的人际交往，是个体在观看视频内容时，同视频创作者所产生的一种人际关系，是一种新型社交关系。在新时代背景下，大学生群体个性自由，不愿意被现实生活中的亲密社交关系束缚，更习惯于在网络上独自与他人展开交流互动，而短视频的出现则为其提供了有效的虚拟社交环境。大学生可以通过观看短视频的形式展开拟社会交往，通过点赞、转发、评论等方式同视频创作者展开交流。同时，短视频内容丰富多样，能够极大地满足不同学生个体的社交需求，其中有高颜值的帅哥美女、温馨的亲子互动、可爱萌宠等，其内容丰富多元，不同兴趣的爱好者总能在其中找到自己感兴趣的内容。由此可知，以短视频为基础构建的社交网络能够进一步满足大学生在现实生活中缺失的交往需求，扩大其交往圈层，使其社交不再局限于日常亲友、师生之间。

第二节　短视频在大学生群体中盛行的技术基础

短视频是近年社会上流行的社交网络媒介，定位为年轻人的音乐短视频社区。一方面，短视频可以为用户呈现多元、有趣的视频内容，丰富用户的生活；另一方面，短视频可以为用户分享生活、表达观点提供有效的平台，故而备受大学生青睐。除了有趣的内容外，短视频的技术基础也是其获取高流量的重要因素。

第一，大众化生产内容花样繁多，短视频平台具有内容生产和供给类型、生产方式多元化的特点，同当下大学生的兴趣爱好等完美契合，故成为大学生群体的社交宠儿。具体可以从以下两点看出：其一，多元内容、多类型工具。当前大多数短视频以记录生活为口号，降低了大众制作视频的难度，极大地降低了用户的参与门槛，扩大了用户范围。例如，抖音 App 以"记录美好生活"为口号，而不同的用户对美好生活有不同的理解，其根据自身爱好和生活内容呈现丰富多彩的视频内容。其中大学生群体提供的内容更为鲜活、多元，其所制作的短视频内容也更为丰富、多元，且极具个性，包括一些温馨的平凡生活、游玩的休闲时刻、无厘头的搞笑场景，还有一些丰富的知识、生活、技能等，涉及吃喝玩乐、生活知识、实践、技能等内容。基于此，抖音不仅成为一个娱乐平台，还成了一个学习平台，让大学生拓宽视野、扩充知识范围。其二，内容生产方式多元。当前，我国大多数短视频 App 在内容生产上往往采用"PGC+UGC"模式，使短视频的信息来源渠道更加广泛，其获取的内容也更加多元。PGC（professional generated content）是指专业生产内容，即由专业团队进行内容制作，其内容制作更加精良、优质，呈现的效果更好。例如一些社交媒体、政府部门、高校等跨越多领域的社会机构，借助短视频平台来宣传其服务、品牌或向受众传达其理念、内涵，发布社会热点，并以趣味十足的视频形式吸引用户观看，故而视频内容更具专业性和说服力，更能受到大学生的青睐。UGC，即用户个体制作原创视频，上传至互联网同他人进行分享。在这一模式中，社会中的任何个体都可以成为视频的创作者，故而这类生产模式也成了短视频内容的主要来源。每个用户都可以在短视频中记录生活中的美好瞬间，分享自己的观点，表达自己的诉求。在这一模式中，每个人都是自己的发声者，能够将自我欲求、自我观点淋漓尽致地表现出来。在内容上，UGC 短视频生产用户往往会自己选择内容进行加工，故而其内容极具创造力和个性化。无论是音乐、舞蹈、游戏还是搞笑段子、知识分享、技能教授等，都能够吸引相应的爱好者，并获取一定的用户群体。与此同时，UGC 短视频内容生产模式也能够让更多普通用户挖掘自身优势，将新思想、新创造、新内容以短视频方式呈现出来，进一步丰富短视频的内容。

第二，个性化分发，精准算法推荐。短视频成为当下社交平台中的宠儿，离不开技术的支持，而算法推荐机制便是其中的重要因素之一。短视频便是利用算法推荐的方式对内容进行合理划分，为不同兴趣爱好的用户精准匹配相应内容，进而节省时间成本，具体包括以下两点：一是去中心化算法，保障推送公平。在当下社会，传统媒介牢牢掌握着社会话语权，主导着社会舆论走向。

而短视频的出现则进一步提高了大众的社会话语权，使人人都可以为自己发声。其中，短视频的算法推荐为每个内容生产者提供内容推介，使每个内容生产者所提供的内容都有平等的机会进入大众视野，内容都能够公平地被看到，平等地被获取。以抖音为例，抖音以内容为王，即凭借优质的视频内容吸引大众观看，为短视频作品引来曝光和播放，同时平等的推送机会也为"草根"一夜成名提供了可能性。大多数短视频创作者能够深入发掘自身的优势和才能，源源不断地呈现多元化的信息内容。此外，短视频的内容生产者也能够通过算法机制为内容生产者匹配相应的用户，分析用户的喜好，并以此来调整自己的供给，使其更加符合目标群体的审美，进而获取更多流量。二是个性化推送，保持用户黏性。短视频在内容分发中往往采用算法推荐和人工精选推荐相结合的方式，即根据用户的兴趣爱好为其推选合适的影像，在视频投放过程中，系统首先会读取用户信息，包括其所处地域、从事职业、兴趣爱好、年龄分布等，构建用户模型，并根据用户的基础信息判断其兴趣倾向，为其推送相应的个性化内容。与此同时，短视频平台还为每个用户都设置了一个流量池，即根据用户在不同类型、不同时段停留的时长来分析用户的兴趣，并为其推送类似视频，以满足其实际需求。此外，视频还利用算法推荐为用户制定个性化内容，推荐其喜爱的内容。在运行中，算法推荐的逻辑是"猜用户喜爱"，即收集用户的信息，分析其个人兴趣及喜好，并进行有针对性的挑选，为用户定制符合其口味的内容，使其能够省时、省力、方便、快捷地获取所需内容。

第三，惊喜式呈现，内容不可预见。近几年来，短视频在行业内风靡一时，占据了大量消费市场，这离不开开发者对内容推荐的精心设计。一方面，用户能够通过推荐页面观看视频，而该页面并没有为用户提供选择服务，即不需要用户根据自我兴趣自行选择。另一方面，由系统推荐，当用户每次打开推荐页面时，其视频都是全新内容，这一无法预知内容的设计使用户在每次打开推荐页面时都有不同的体验，充满新鲜感。同时，短视频的推荐机制也为用户提供了全新的体验，其下一条内容的推送具有不可预见性，用户在刷完当下的短视频时，会好奇下一条视频是什么内容，故而充满期待与好奇。由此可知，短视频就像一座迷宫，充满惊喜与刺激，使用户不断产生往下刷的冲动意识，进而将更多时间用在视频观看中。

第四，酷炫式表达，美化视觉享受。短视频呈现的效果大多是根据大众当下喜好所设计的，大众往往追求感官刺激和视觉快感，短视频则借助美颜滤镜、特效音乐等将用户的视觉、听觉等感官高度调动起来，为其营造沉浸式的刷屏氛围。例如，短视频借助美颜滤镜、酷炫特效、场景切换等满足了当下年轻人对个性化的需求，同时也利用音乐特效增强了视频的趣味性和娱乐性，激发了观众参与的积极性。

米耳佐夫曾经提到，新的视觉文化最惊人的特征之一是它越来越趋向于将本身并非视觉性的东西视觉化。在这一过程中，影像化占据了主导性地位；而短视频便处于这一视觉化过程中，更能调动个体的情绪。当用户在观看短视频时能够被音乐传递的信息感染，内化成自己的情绪，达成情感共鸣，因此在短视频中配上音乐，往往能够达到一些出其不意的效果，这也是短视频的撒手锏，以背景音乐来强化视觉感受，在强化短视频信息表达内容的同时，也为其增添了一些情感色彩，从而更好地获取受众的认可。与此同时，短视频也逐渐针对年轻人的音乐视频创作原则，强化音乐作用，借助音乐的吸引力来吸引用户。以抖音短视频 App 为例，其拥有的海量素材是主要特色，比如一些热歌榜、飙升榜，包括一些流行原创国风、日韩经典等音乐类型，能够极大地丰富创作内容。另外，这一平台还具有搜索和推荐功能，能根据用户不同的创作内容选择适当的音乐。此外，短视频还为创作者提供了便捷的剪辑功能，使用户能够简单直接地将其所选的音乐融入视频，创作出符合其审美的音乐视频作品。

第五，美颜滤镜，制造晕轮效应。在中国特色社会主义市场经济及科学技术的推动下，我国进入了信息爆炸时代，而于这一时代中成长起来的青年已经习惯了快餐式的信息读取方式，一些人对美的认知逐渐浮于表面，将美简单地认同为外表的好看。根据晕轮效应，当大众看到陌生人漂亮的外表、精致的面容时，看到的人内心会不自觉地认为被观看方同样拥有美好的心灵品质，认为外在美等同于内在美，而短视频在创作的过程中也遵循这一原则，来迎合当下青年的审美。以抖音为例，其 App 上往往会提供滤镜、美颜等功能，以便用户对其视频内容或自我形象进行修饰与美化，来达到理想的视觉效果，进而满足用户对高颜值的渴望。同时，抖音短视频不仅是记录美好生活的平台，还是用户自我展现的平台。基于人们对美的追求，每一位视频创作者都希望将自身最美好的一面展现出来，以塑造自己的完美形象，而视频中精致的面容是必不可少的。短视频中的美颜滤镜功能的加持，能够让创作者轻松获取精致妆容感，进而极大地增强创作自信，调动创作激情。对于视频受众来说，漂亮的外表、精致的面容也能够为其带来良好的视觉观赏性，强化其对短视频平台的喜爱。

第六，酷炫特效，强化视觉冲击。在短视频 App 中，酷炫特效是必不可少的功能，酷炫特效能够进一步增强视频内容的个性化和可看性。大多数短视频 App 有滤镜识别、分屏、转场等功能，且每一类短视频都有不同的表现形式。例如，时光特效有时光倒流、闪一下慢动作的效果，能够进一步增强视频的视觉表现力，为受众带来强烈的视觉冲击，同时也能够帮助创作者制作新颖、独特的作品，增强作品的趣味性和可看性。以抖音 App 为例，其特效功能五花八门，且极其强大，同时其一键添加功能也摆脱了原先剪辑视频的烦琐流程，降低了剪辑技术的门槛，使没有任何专业剪辑技术的普通人也能够轻松参与视频创作，并制作出精美大片，这极大地激发了用户的创作积极性。

第七，沉浸式传播，上瘾式无缝衔接。短视频的沉浸式设计也是其获取高流量的重要法宝。正如大众所说的"抖音 5 分钟，人间 2 小时"，指的就是短视频令人着迷的沉浸式传播体验，能够让用户沉浸其中，忘记时间，产生行为上瘾。当前，大多数短视频平台为了营造沉浸式传播环境，在界面设计和内容衔接上做出新的突破，表现在以下几点：一是竖屏设计。大多数视频播放平台采用 16∶9 的水平方向，为用户呈现横屏式内容的播放，而短视频 App 就对此进行了大胆创新，采用全新的竖屏操作模式为用户提供更加便捷的观看体验，同时还能借助竖屏播放的视觉冲击力为用户营造身临其境的观看氛围。二是简洁的界面设计。短视频 App 功能日益强大，但是其在页面设计上则趋向于简洁，将大多数区域用于展示视频内容，并对一些功能进行简化，将其放置在顶部、底部及右侧，仅仅保留关注、点赞、评论、转发等主要功能，这使用户将关注点放到内容的观看中来，同时，页面上也有一些基础的操作功能，能够简化用户的操作流程，使其轻松愉悦地刷视频。三是无缝衔接的持续性。在短视频播放过程中，用户切换视频仅需要上下滑动，便能够开启下一个视频，而不需要其他的操作。这一简便操作能够帮助用户获取无穷无尽的视频内容，使其呈现于无缝衔接的视频流中。

第三节　短视频在大学生群体中盛行的外在引力

近几年来，短视频逐渐进入大众视野，并开启了大规模的线上营销，人们纷纷通过打造优质内容来塑造良好形象。与此同时，短视频在营销和推广上也有所建树，借助渠道的引流、话题的吸引力及线下互动的方式，来进一步扩大市场影响力，提高市场竞争力，占据消费市场。

一、名人与综艺引流，扩大传播力

短视频自上线以来便快速获取了大批用户，如快手、美拍等短视频平台，抖音短视频平台上线一年，活跃用户从 0 猛增到 6000 万。这一良好成绩得益于同期多渠道的引流关系。

第一，名人效应引流效果显著。名人效应是指借助名人效应引起大众的注意力，进而强化事物，扩大影响力，或对名人的行为进行模仿的统称。借助名人效应能够引领当代时尚潮流，带动大学生参与其中。除此之外，短视频平台还会邀请一些"网络达人""草根达人"等加入，进一步丰富短视频的内容，提高平台的热度。在短视频的营销推广中，名人和"网络达人"等自带流量群体的加入，能够为短视频平台带来极大的用户群体，强化宣传力度，推动短视频平台的发展。

第二，热门综艺加持，扩大影响范围。当前，网络视频往往包括综艺、电视剧、动漫、电影等，其中，综艺这一节目类型备受大学生群体喜爱，吸引了大量粉丝。短视频 App 可以借助热门综艺扩大其市场影响力。以抖音 App 为例，其同热门音乐类综艺节目《为歌而赞》进行合作，进一步扩大了其营销范围。《为歌而赞》在当时是一类跨屏互动的音乐综艺，其目标群体为年轻人，而抖音定位为年轻化、新潮化、时尚化，同这一节目的合作，能够有效吸引年轻人的目光。

在具体的合作形式上，抖音不仅在综艺节目中植入了《为歌而赞》官方推荐的短视频，还发起了百赞团现场点赞与互评，通过抖音热歌与新歌对决等话题来吸引观众参与，这极大地扩大了抖音短视频的传播范围，提高了其社会影响力。此外，其他短视频平台也加快了与行业内热门综艺（如《明星大侦探》等）的合作，将短视频品牌灵活地植入节目，进一步扩大传播范围，提高社会影响力。

二、话题与挑战引领，集中创造力

短视频 App 在上线之初并未设置话题功能，在内容供给上也没有提供固定话题引导用户参与，这使其内容体系和素材管理皆呈现出无序的状态，一定程度上影响了其传播营销。随着短视频平台的不断发展，企业借鉴微博运营模式，将话题设置引入其中，利用话题引发舆论效益，吸引受众参与，通过对视频内容和题材的深度挖掘与有序管理，将用户的创造力凝聚于平台活动框架内，同时也极大地吸引了网络用户的关注。以抖音 App 为例，当打开抖音 App 的首页时，可以发现诸如"最美大学""校园寻找英雄"等话题内容，将抖音同大众生活紧密联系起来，进一步提高大众的参与度。与此同时，抖音 App 中的热门话题往往具有简单易懂、易于模仿的特征，这极大地降低了用户的参与门槛，使用户能够参与话题制造，引领时尚潮流。例如，话题的创意和素材能够进一步激发用户的灵感，使其充分发挥自我、表现自我，以丰富话题内容。抖音 App 便是通过自发创作话题和进入讨论话题两种方式，以夸张、有趣的内容聚焦用户、吸引用户，激发用户参与的积极性。与此同时，话题的讨论还能够进一步推动短视频的宣传与推广。对于不同群体来说，短视频 App 可以根据其群体差异设置相应的话题。以大学生群体来说，短视频平台以日常生活或共同的兴趣爱好为话题，聚焦大学生群体，引导其做同样的事、讨论同样的话题，以进一步增强其群体归属感。此外，挑战赛也是短视频 App 运营中非常成功的一种形式，即通过比赛来强化话题热度，并通过设置赛程和奖品来吸引用户关注，进而获取流量。在抖音 App 中，挑战赛大多有官方运营和大众自发两种形式，其话题内容丰富多元，能够满足不同用户群体的内容需求，同时还会定期公布挑战赛的获奖名单，来稳定其用户群体。

三、线上与线下互动，渗透推广力

短视频的宣传推广往往采用线上与线下相结合的方式，即通过线上信息收集、线下多样化活动宣传的方式进一步扩大其传播范围，提高用户的参与度，进而提升其社会影响力。例如，抖音 App 便借助线上的短视频互动、线下的组织活动来增强用户在现实生活中的联系与互动。一方面，以地区为单位组织用户线下见面，强化成员互动，增强用户黏性。例如，2017 年 9 月，抖音在北京举办了抖音 "IDOU 夜" 线下活动，邀请世界各地的 300 位用户参加，让这些花样百出的抖音达人在线下齐聚一堂，构建抖音社区，进一步增强其归属感或借助打造 "网红" 城市来强化线下的宣传力度。2019 年抖音数据报告显示，2019 年抖音用户全年打卡次数高达 6.6 亿次，北京成为抖音用户打卡最多的区域之一，老君山等风景名胜区、全国受欢迎的贫困县等也吸引了大量抖音用户前来打卡，既提高了抖音用户的黏性，也为当地经济发展增添了一份力量。另一方面，抖音还定期推出线下挑战活动。具体来说，这一活动往往是通过线上渠道收集用户信息，构建网络用户社群，并组织线下交流互动，来进一步提高用户的归属感，抖音举办的系列主题活动便是其有效形式。例如，"2018 年抖音高校街舞争霸赛" 吸引了全国 30 多个城市 / 地区百余名高校学生参与，将对街舞有兴趣的学生聚集在一起，共同开展街舞比赛，极大地提高了抖音在这些高校学生中的知名度。由此可见，线下活动便是短视频宣传的一种有效形式，能够构建一个强有力的社交圈，将用户从线上虚拟的世界拉到线下现实的世界，进一步提升短视频在学生群体中的影响力。

第五章　短视频对大学生价值观的影响

价值观是一个国家意识形态和社会发展的浓缩，而核心价值观反映了一个民族、一个国家最高层次的精神追求。从广义上来说，价值观是以价值为选择对象的一种哲学理论；从狭义上来说，价值观是指不同个体对同一事物的评判标准，即个体以自我需求为基础和前提，对一切客观事物及他人的基本看法和总体评价。对个体来说，价值观的形成同物质需求和精神需求密切相关，在个体自身形成一种较为稳定的观念体系，并引导个体的思想观念和行为取向。从内容方面来看，价值观包括两方面：一是个人对一切外物的基本价值取向和自我追求，具体可以理解为一定的价值目标。在不同价值观、不同环境下，个体的价值目标不同，格局也不同，因而在实现价值目标的过程中，每个人努力的方向也不相同。二是个体判断事物好坏、善恶、美丑等标准的一种价值尺度和准则，这是由个体在自我思想观念基础上形成的一种内心关键意识，能够引导个体开展一切实践活动。而当个体的思想意识不成熟时，很容易受外界事物的影响，产生错误的价值观。这就需要高校加强对学生价值观念的教育，培育其形成正确的价值观，引导学生做出合理的价值选择，减少或避免其错误行为的发生。

第一节　当代大学生价值观相关概述

在新时代，习近平总书记在充分考虑国家未来的发展、当下发展现实的基础上提出培育和践行社会主义核心价值观，并将其作为我国社会主流意识形态、政治信仰和道德准则，强调应当将社会主义核心价值观融入社会发展的各个方面，将其逐渐转化为个体情感认同和行为习惯的标准。故而对大学生来说，高校也要将社会主义核心价值观纳入大学生思想政治教育的重要内容，从多方面入手，帮助大学生学习社会主义核心价值观，引导大学生形成正确的价值观念。

随着经济的发展，大学生价值观的形成因素也复杂多样，包括来自社会、经济、文化等外部环境的影响。从外部因素来看，当前大多数大学生受政治、经济、文化、网络等宏观因素的影响。在政治环境层面，当前国际政治形势变幻莫测，整体上呈现和平与发展的态势，但地区战争与矛盾时有发生，地区冲突和地缘政治问题仍层出不穷，西方国家试图借助多种文化手段对我国进行政治上的渗透，我国外部政治环境呈现机遇与挑战并重的局面。自改革开放以来，我国经济得到了空前发展，但近两年来经济发展步伐放慢，再加上多元文化的冲击，这给大学生的政治价值观带来了一定的冲击。与此同时，综合国力的提升使我国的国际影响力日益增强，国际话语权增强，进一步提升了大学生的民族认同感。在经济环境层面，近几年来，我国社会主义市场经济得到了快速发展，国内生产总值得到了有效提升。近几年来，随着国际经济市场陷入低迷状态，我国经济发展速度放缓，市场经济中的一些不良诱导给高校大学生的价值观塑造带来了严重的影响。在文化环境层面，21世纪以来，我国更加重视社会主义文化建设。党的十八大以来，习近平总书记多次提到文化自信与社会主义核心价值观，强调什么叫社会主义核心价值观。而大学生作为我国未来建设的主力军，更应当加快自身社会主义核心价值观的培养，不断学习中华优秀传统文化，强化文化自信，成长为一名合格的社会主义接班人。在网络环境层面，信息技术的快速发展加快了新媒体的发展，进一步拓展了大学生获取信息与日常交流的渠道。而新时代背景下，成长中的大学生具有强烈的好奇心和求知欲，对网络世界中一些新知识有着强烈的学习欲求，但其自身思想尚不成熟，很容易受网络环境中的不良信息影响，导致其价值观容易出现偏差。同时，网络环境中的碎片化倾向，也使网络环境中的信息真假难辨，很容易模糊大学生的价值认知，甚至给其价值目标带来一定不利影响，造成其价值目标的缺失和价值标准的紊乱。从内部因素来看，大学生自身因素也是影响其价值观形成的重要原因，主要包括大学生的主观能动性、对价值观的需求认识。大学生来自五湖四海，文化习俗和生活习惯、文化背景不同等会造就其极具差异化的思想和文化认知。这些千差万别的个体特征导致大学生对价值观念的接受程度不尽相同，而大学生应当正确认识社会主义核心价值观的重要性，不断加快自身思想建设，提高自我思想素养，成为合格的社会主义接班人。

大学生确立正确的价值观念，对其自身有着重要的意义。一方面，可以促进自身实现全面发展。价值观念是个体对外界事物的总看法。良好的价值观念，能够进一步规范大学生的思想和行为，并从理性方面给予大学生正确的指导，进而推动大学生的全面发展。对于大学生来说，其刚刚结束了紧张而富有压力的高中生活，迈向了相对轻松的大学生活，如缺乏教师的指导，部分大学生很容易变得迷茫，或缺乏明确的人生目标，或陷入过度娱乐的境地，无法实现自我成长。而这就需要高校加快社会主义核心价值观的建设，引导大学生形成正确的价值观念，帮助大学生树立明确的人生目标，使大学生朝着正确的方向前进。与此同时，正确的价值观念还能够给予大学生积极的情感激励，强化其学习动力，确保大学生朝着人生目标不断前进。另一方面，可以营造积极、健康的校园氛围。人是具有社会性的动物，不同的个体结成了小社会，而身处于社会中的个体，要想获取全面的发展就需要借助整个社会的力量。对于大学生来说，校园便是一个亚社会，高校的校园文化将在很大程度上影响学生的成长、发展。与此同时，高校要让"育人"成为全体教职工的自觉行动，凝聚全员育人合力。一旦有学生出现价值观念的偏差，将给整个校园文化带来严重的影响，故而高校应当加强对大学生进行思想政治教育，帮助大学生形成正确的价值观念，利用多种育人观念来强化大学生的思想素养，将社会主义核心价值观内化为自我的情感认同，并通过对每一个个体的思想政治教育来提升整体质量，打造积极、健康的校园氛围。大学生是未来国家建设的主力军，大学生的价值取向将在很大程度上决定整个社会的价值取向。当前大学生正处于思想成熟的关键期，高校应当抓住这一时机帮助大学生树立良好的价值观念。大学生的发展同社会整体发展呈正相关关系，大学生唯有正确认识社会主义核心价值观才能由内而外地形成一种向心力，推动社会的发展，同时在这种向心力的引导下，才会将社会主义核心价值观融入每一个大学生的思想行动中，促使大学生朝着共同的价值目标前进，进而形成影响国家未来的价值取向。

当前，短视频与社会价值观存在以下关系。

第一，和谐共生。一方面，短视频是主流价值观传递的重要载体。当前短视频正处于用户红利期，其内容丰富、形式多样、传播效果强大，借助短视频能够进一步提高社会主流价值观的传播。例如，短视频中的算法推荐能够将社会主流价值观精准地推广给用户，并根据用户喜好为其推荐相关正能量视频，增强用户黏性。又如，短视频中的点赞、评论等互动功能能够加强创作者与用户的交流，更好地将社会正能量传递给用户。另一方面，主流价值观为短视频平台的发展提供了思想引领。短视频平台的发展目的在于获取经济效益，故而有少部分人为了获取经济利益而出现违背法律法规的行为，主流价值观能够为企业和个人的发展提供思想引领，以主流价值观为核心，创作出有内涵、有价值的视频内容，传播社会正能量，进而推动短视频平台的健康发展。同时，主流价值观的引导作用也能够让人剔除部分短视频中的拜金主义、享乐主义等内容，传播勤俭节约、艰苦奋斗等优良美德，进而打造良好的、清朗的短视频运营空间。

第二，矛盾冲突。首先，短视频增加了主流价值观的娱乐化风险。当前我国大多数短视频存在泛娱乐化现象，弱化了主流价值观的思想性、理论性和教育性。为迎合大众消费心理，短视频创作者往往以娱乐为主要内容，通过夸张的语言、强烈的视觉效果、动感的音乐来刺激受众感官，激发受众产生情感共鸣。这在一定程度上弱化了内容的思想性、理论性和教育性。同时，短视频的泛娱乐化将政治、经济、社会等内容等同视之，在一定程度上削弱了受众的信息辨别能力，弱化了主流价值观的严谨性。其次，短视频增加了主流价值观的功利化风险。短视频平台已成为诸多资本入驻的重要领域，而资本的逐利性导致短视频往往以获取经济利益为目的开展内容创作，且不可避免地会出现一些拜金主义、享乐主义的内容，这在一定程度上会削弱主流价值观。甚至还有一些视频发布者以低俗、色情、暴力等内容吸引用户关注，这同主流价值观相悖。最后，短视频弱化了主流价值观的主导作用。当前短视频的创作门槛较低，人人都可以成为信息的传播者，然而短视频创作者的素质参差不齐，创作的视频内容也存在较大的差异性，这就造成了短视频平台中多元的文化观念，从而在一定程度上弱化了主流价值观的主导作用。同时，一些创作者的视频内容具有一定消极思想，游离于道德伦理的边缘，模糊了大众对主流价值观的认同和判别，在一定程度上弱化了主流价值观的引导作用。

第二节　短视频对大学生价值观影响的调查分析

近年来，短视频得到了快速发展，其对大学生价值观的影响也逐渐加深，而在此方面的研究也呈快速上升趋势。本节将以此为研究内容，在对短视频和大学生价值观相关概念进行分析的基础上，借助问卷调查和访谈调查两种方式，对当代大学生对短视频的认知情况、所持态度、使用情况等方面进行详细了解，并通过专业评测平台进行数据的汇总与分析，深入研究短视频对大学生价值观的影响，力求通过实证研究为更好地借助短视频塑造大学生价值观提供切实可行的方案。

一、调查内容

（一）调查概况

第一，主要调查内容。调查问卷将在已有研究成果的基础上，结合马克思主义理论知识，从认知、行为、态度三方面来调查短视频对当代大学生价值观的影响。具体来说，针对北京、辽宁、山东、重庆、河南等地的在校大学生开展为期 4 个月的调查，并抽取不同年龄、不同年级的大学生发放问卷 1000 份，辅以个人访谈方法，发放问卷 30 份，故而本次调查共收回问卷 1030 份，问卷回收率为 100%。

第二，调查对象。本次调查对象共 1030 人，其中男生占总样本的 47%，女生占总样本的 53%，独生子女占总样本的 43%，非独生子女占总样本的 57%。从样本抽取信息来看，抽样对象在年级、专业类别、政治面貌、家庭背景等方面的调查比例分布较为均衡，符合调查问卷的相关标准。因此，本次调查问卷对短视频给当代大学生价值观带来的影响的相关信息具有一定的可信度和代表性。

（二）短视频在大学生中的传播情况

第一，大学生对短视频的认知情况分析。多数大学生对短视频有所了解，在调查问卷中，关于"您是否了解移动短视频"这一问题的数据显示，有 23%

的大学生选择非常了解，50% 的大学生选择较为了解，剩下的大学生则选择听说过，没有大学生从未听说过短视频。从以上数据可知，在日常生活中，绝大多数大学生接触过短视频，仅有部分大学生对其了解不多或认识浅薄，大多数大学生对短视频有大致的了解与认识。在调查问卷中，有关"目前各大应用商店排名靠前的移动短视频 App"中，所有的大学生都对抖音、快手等风靡一时的短视频 App 有所了解或正在使用，其中有 73% 的大学生正在使用抖音，57% 的大学生正在使用快手，47% 的大学生正在使用腾讯视频，30% 的大学生正在使用美拍，还有少部分大学生正在使用秒拍、小咖秀等短视频 App。由此可知，当前大学生普遍使用过市场上存在的各类热门短视频 App。

第二，了解途径多，浏览内容广。《2019 中国网络视听发展研究报告》显示，在我国所有 App 使用时长中，网络视频位居第二，其年龄阶段大多分布于 20~30 岁。在信息化时代，多种网络媒介的层出不穷极大地扩充了大学生获取信息的途径。根据本次调查问卷可得出结论，当代大学生对短视频的了解渠道更加多元，其中 80% 的人是通过微博、微信、QQ 等社交媒介获取的，53% 的人是通过网页新闻推送获取的，59% 的人是通过朋友推荐知道的，35% 的人是通过手机应用商店发现的。由以上结论可知大学生接触短视频的渠道各不相同，可见短视频的传播途径也具有较强的多样性。在调查问卷中，根据"通常观看或上传短视频类型"的数据，当前大学生在短视频平台上观看的内容大多为时政类、社会新闻类、歌舞表演类、游戏解说类、明星互动类、教育类、生活知识类等，其内容多元，所占比例各不相同。

第三，大学生对短视频的使用情况分析。自上线以来，短视频便像飓风一般席卷了大学生的日常生活，使多数大学生对短视频有着较强的依赖性。第 51 次《中国互联网络发展状况统计报告》显示，截至 2022 年 12 月，我国网民规模为 10.67 亿，人均每周上网时长为 26.7 小时。在本次调查问卷中，高校大学生每天花在短视频上的时间各不相同，1 小时以内的占 42%，2 小时的占 26%，2~4 小时的占 10%，剩下的浏览时长超 4 小时。由此可见，当代大学生在短视频上花费的时间大多为 1~2 小时，其浏览短视频的时间相对较长，占人均上网时长的一半，所以短视频已成为当代大学生网络生活中相当重要的部分，其对短视频的依赖性很强。随着网络和智能手机的普及，高校大学生在日常生活中可以随时随地地打开手机浏览短视频。根据本次调查问卷可知，在短视频 App 的使用过程中，偶尔打开短视频的人占 43%，经常打开短视频的人占 33%，每天都观看短视频的人占 17%，而从不打开短视频的人则仅占 5%。由此可知当代大学生观看短视频的频率较高。在调查问卷中，关于使用短视频时段的调查数据显示，当代大学生利用课余时间观看短视频的人占 67%，在课外活动时间观看短视频的人占 23%，在课堂上观看短视频的人占 18%，剩下的是没有固定时间观看短视频的人。由此可知，大学生观看短视频的时间分布较为广泛，其使用短视频的时间分布过于分散。

第四，大学生主要倾向于看娱乐性内容。当前大学生观看的短视频内容丰富多彩，在调查数据中，根据通常观看或者上传短视频内容类型的数据可知，有 36% 的大学生选择时政类，41% 的大学生选择社会新闻类，而选择歌舞表演类、游戏解说类、明星互动类等内容的分别为 39%、32%、33%，还有 35% 的大学生选择教育类，44% 的大学生选择生活知识类等。大学生观看的短视频内容大多同日常生活息息相关，而歌舞表演类、游戏解说类、明星互动类等娱乐性内容得到了大多数大学生的青睐，故而，当代大学生更注重短视频的娱乐性功能，具有娱乐性质的内容更容易受到大学生的关注。

第五，主动抵制不良短视频。在问卷中，"移动短视频中会出现大量不文明的视频，你的选择是什么"这一问题的回答数据显示，绝大多数大学生会选择屏蔽不良视频，22% 的大学生选择偶尔屏蔽，只有 3% 的大学生从来不屏蔽。由此可知，在大学生群体中，绝大多数人能够正确判别短视频内容的优劣，并对其采取抵制态度。"您认为以下哪项措施可以优化短视频"这一问题的回答数据显示，65% 的大学生表示应当发挥政府的监督职能，健全监管体系；71% 的大学生表示希望行业能够提高责任意识，加强行业自律；60% 的大学生希望学校加强思想政治教育；还有 1% 的大学生认为应当加强自我管理，提高自我教育能力。此外，还有部分大学生认为应当从社会、家庭等方面来提高大学生思想政治教育水平，以间接规范短视频内容。

（三）大学生对短视频的态度分析

受家庭背景、性格特点、认知水平等因素的影响，不同的大学生对短视频的态度也存在较大的差异。但整体看来，大多数大学生对短视频的发展持客观态度。

第一，大多数大学生对短视频表现出支持态度。当下，我国短视频种类繁多，但质量参差不齐，既有积极向上的内容，也有低俗、媚俗的内容，大多数大学生对短视频的发展和使用表现出支持态度。本次调查数据显示，20%的大学生既观看过也上传过短视频，60%的大学生只观看不上传短视频，90%的大学生使用过短视频App，可知，绝大部分大学生在一定程度上支持和认同短视频App的功能。还有12%的大学生既不观看也不上传短视频，可知，也有部分大学生对短视频持抵制态度，但总体而言，大多数大学生对短视频表现出支持态度。

第二，大多数大学生对短视频的功能认知较为明确。在调查中，"短视频吸引用户原因"这一问题的回答数据显示，49%的大学生认为浏览短视频可以获取知识，拓宽视野；29%的大学生认为短视频可以引导其参与社会事务，监督公共权力运行；45%的大学生认为通过短视频能够同不同阶层的群体展开交流；69%的大学生认为观看短视频可以愉悦自我，放松自我，缓解自身压力；27%的大学生认为短视频App上言论自由，可以通过短视频抒发自己的情感，发表自己的观点。根据上述数据可知，大多数大学生对短视频的功能有较明确的认知，且短视频也已成为大学生群体关注的热点，其在使用过程中进一步扩大了短视频的社会影响力。同时，本次调查问卷显示，在短视频App发起的投票行动中，47%的大学生会参与短视频的投票行动；16%的大学生则对其不关心，不重视其投票行动，可见大学生利用短视频App的行为较为普遍，这一定程度上印证了大学生对短视频App的功能认知较明确的结论。

第三，短视频对大学生的价值观会产生影响。短视频对大学生价值观的影响具有多元性，对大学生的多个方面也产生了不同程度的影响。本次调查问卷显示，有24%的大学生认为短视频的积极影响更多，21%的大学生认为短视频的消极影响更多，而剩下的大学生则认为二者的影响差不多。由此可知，无论是积极影响还是消极影响，大学生都认同短视频对价值观有一定的影响。同时在调查问卷中，有关"观看短视频后，您觉得自己的价值观是否有所改变"

这一问题的回答数据显示，55%的大学生认为自己的价值观发生了改变，24%的大学生称自己的价值观并未发生改变，而剩下的大学生则持中立态度。由此可知，绝大多数大学生认为观看短视频给其价值观带来了影响，不仅可以增进情感，拓宽视野，展现个体自我，还能带领其了解当下社会热点与时政信息。此外，在本次调查问卷中，46%的大学生认为能被短视频内容中的正能量感染，54%的大学生从他人的创意中获得了好的想法，40%的大学生认为短视频给其带来了诸多不良影响，26%的大学生认为观看短视频可以学到一些生活技能。由此可知，不同的短视频内容对大学生带来了不同的影响。

（四）调查情况小结

根据本次调查结果可知，短视频在大学生中的普及率逐渐提升，大学生对其了解日益深入，相互接触强化了二者的关联。一方面，短视频的便捷性与互动性满足了大学生的日常生活、学习需要；另一方面，大学生的积极参与也进一步推动了短视频的内容创新，提高了其社会影响力。总而言之，当代大学生在短视频使用上整体表现出客观态度，能够理性地看待其积极影响与消极影响。

二、短视频对大学生价值观的消极影响

近几年来，短视频的传播优势得到了进一步凸显，而作为青年网民的主体，大学生很容易被其优势吸引，并成为短视频用户的主力军。大学生精力充沛，个性自由，热衷于追求新鲜事物，对短视频有着强烈的好奇心和求知欲，但大学生正处于自身价值观成形的关键期且思想尚不成熟，价值观很容易受外来事物的影响，这就需要高校加强对大学生价值观的教育力度，提高育人实效，塑造大学生的主流价值观，促使其形成健全的世界观、人生观、价值观，使其在步入社会后积极传播正能量。

马克思曾说："技术的胜利，似乎是以道德的败坏为代价换来的。"[1]在我国生产力水平不断提高的背景下，短视频行业呈井喷式发展态势。目前，社会上已出现了五花八门的短视频平台，形形色色的短视频内容也吸引了大学生的关注。而对于大学生来说，短视频是把双刃剑，其优秀内容能够塑造大学生良好的价值观念，但其中的一些低俗、媚俗内容也同样影响着大学生的思想道德。

---

[1] 马克思在《人民报》创刊纪念会上的演说（1856 年 4 月 14 日）。

基于此，本次调查分别对大学生人生价值观、政治价值观、经济价值观、文化价值观等四方面进行了全面调查，并分析得出短视频对大学生价值观带来的消极影响。

（一）短视频对大学生人生价值观的消极影响

亚里士多德曾提到，"幸福是人的一切行为的最终目的，正是为了得到幸福，人们才做所有其他事情"。也就是说，无论人们做什么事情，最终目标都是让生活有意义、有价值。因此，人生价值观应成为人们在实现价值中所做出的行为选择的尺度，包括人生价值目标、手段和评价，以及人们对实现价值所持有的态度、看法。对大学生来说，其人生价值观可以折射整个社会的价值观念。近几年来，随着短视频的发展，我国大学生在人生价值的目标和态度方面出现了较大变化。一方面，短视频内容对物质的追求模糊了大学生的人生目标，使其出现了重利轻义的思想倾向；另一方面，由于长时间接触短视频，大学生在人生态度、学习努力程度等方面受到了一些不良的影响。具体表现在以下两点。

第一，重现实利益而轻理想信念。由学业繁重的高中生活步入大学生活，大学生的学习压力骤然减轻，其学习时间也更加充裕。大学生在校园中遇到的重要难题便是如何在此期间过得充实而有意义，并为实现其日后的人生目标做好准备。在经济高速发展的当下社会，我国市场一片欣欣向荣，但在市场趋利思想的影响下，一部分人出现了重现实利益而轻理想信念的现象，这一不良现象经过短视频的大肆渲染和错误引导，给大学生带来了不良的影响，大学生的人生目标逐渐模糊，心理失衡，人生追求遭到冲击。在本次调查问卷中，"您是否会因拍客挣钱多而选择将拍客作为职业"这一问题的数据显示，15%的大学生认为工作的选择更多取决于薪资待遇；30%的大学生认为有物质享受，其生活才有意义，这在一定程度上反映出当下部分大学生只顾把目光放在现实利益上，将金钱用作衡量幸福的标尺，将物质追求作为其人生努力的方向，长此以往，将导致大学生丧失远大的理想抱负，人生走向低谷。在调查问卷中，"您认为短视频有哪些作用"这一问题的相关数据显示，10%的大学生认为短视频能够帮助其获取知识，拓宽视野；20%的大学生认为短视频能够帮助其参与社会事务，监督社会公共权力的运行；还有31%的大学生认为短视频能够帮助其放松自我；剩下的大学生认为短视频能够帮助其抒发自我观点，找到志同道合的朋友。相关数据可以反映出以下三个问题：一是部分大学生忽视了短视频的积极作用，沉迷于短视频的娱乐化内容，只顾满足自身需求，忽视了短视频对推动社会发展方面的作用。二是短视频过于美好的内容呈现使大学生忽视了社会现实的客观性，将社会理想化；当大学生步入社会时，其所体验到的与共同理想有着巨大差异的现实感受，很容易导致其心理失衡，进而产生逃避现实的倾向。三是部分大学生沉迷于短视频中的虚拟世界，导致其人生目标模糊不清。

理想信念是精神之钙，大学生应当坚定理想信念，不断加强自我思想道德建设。在调查问卷中，"您通常观看或者上传哪一类型的视频"这一问题的数据显示，部分大学生并没有明确的视频观看类型，其内容选择较为丰富，包括时政、社会新闻、名人互动、教育等不同领域。但在这些形形色色的视频中，其关注更多的往往是娱乐短视频，即借助这些短视频来消磨时光，或将其视为日常生活的调剂品，获取片刻的欢愉，而并没有借助短视频来深入学习马克思列宁主义、中国特色社会主义理论体系及党的创新理论等内容，故而无法借助短视频来强化自我思想理论，提升自我思想水平。除了理论水平不高外，部分大学生也未能明确自身奋斗目标，在调查问卷中，"您有没有看到过对您思想触动较大、使您树立积极向上人生观的短视频"这一问题的数据显示，只有27%的大学生会选择经常看到，50%的大学生选择偶尔看到，剩下的大学生表示从来没有看到过。可见，当代大学生对有着正能量倾向的短视频持无所谓的态度，这在一定程度上反映短视频平台中正能量相关视频内容建设不完善，部分大学生仍将娱乐性内容视为关注重点，长此以往，很容易导致其人生价值观追求降低，无法形成明确的奋斗目标。在观看短视频时，大学生对内容的选择往往在一定层面上折射出其对人生目标的追求。当代大学生正处于成长关键期，其应当形成积极的人生目标，并在追求人生目标时砥砺前行。但就目前调查情况来看，部分大学生对短视频的认识仍有待提升，未能借助短视频来加强自身的思想道德理论建设，而是沉迷于其中的娱乐性内容，忽视了国家和社会层面的价值追求。长此以往，大学生会产生重现实利益而轻理想信念的思想倾向。

第二，重视个人索取而轻视社会贡献。当代大学生是在改革发展浪潮中成长起来的年轻一代，处于世界政治、经济、文化复杂多变的格局下，一些大学生往往将自我利益看得更重，呈现一味索取而忽视社会贡献的现象。这一不良现象通过短视频的渲染和错误引导，很容易给大学生带来严重的消极影响。对于个体来说，乐于奉献的人生态度能够进一步实现人生价值，而一味索取的人生态度往往会模糊人生目标，阻碍前进的方向。在知识爆炸的信息时代，短视频借助独特而强大的传播效率、丰富多彩的视频内容吸引了大量大学生的关注，但短视频内容参差不齐，其中的一些低俗内容很容易给大学生的人生观带来错误引导。

在调查问卷中，"观看短视频是否阻碍您实现人生规划进度"这一问题的数据显示，48%的大学生认为短视频表现形式单一，给自己的时间和精力带来了极大的浪费；23%的大学生认为短视频质量参差不齐，其中的负能量内容过多，给自身带来了较大的影响。这些数据在一定程度上反映当前的短视频内容给大学生的学习、生活带来了消极影响。针对这些问题，高校应当加强思想政治教育，协助大学生进行良好的学习、生活规划，帮助其形成正确的价值观念。

当前，大学生因阅历有限、思想不成熟，导致其很难抵御外界的诱惑。本次调查问卷显示，在短视频使用数据方面，部分大学生每天的使用时长在4小时以内，而且每天的使用次数多达8次，可知，部分大学生在短视频App使用中并没有明确的时间规划和选择标准，而是随心所欲地沉迷于短视频的娱乐化内容，未能对时间进行良好、有效的规划。奉献精神是评价个人人生价值的重要标准。大学生为实现自我人生目标，应当采取多种方式将奉献精神落到实处，而在新媒体时代，借助短视频引导学生学习、实践的奉献精神已不是一件稀奇事，要想有效提升大学生的奉献精神，就应当提高其专业技能。在调查问卷中，"您是否通过短视频去查找同专业相关的知识"的相关数据显示，有23%的大学生经常通过短视频学习同专业相关的知识，45%的大学生表示只偶尔学习相关知识，而剩下的大学生则表示观看短视频只是为了打发时间和满足自己的社交需求，这在一定程度上可以看出大多数大学生的态度。与此同时，在短视频娱乐至上的观念影响下，大多数大学生仅仅将短视频作为娱乐工具之一，借助短视频学习的效果并不理想，这在一定程度上未能发挥短视频学习的积极功效，也在一定程度上降低了大学生的学习能力，而包含奉献精神在内的品质也随之缺失。

（二）短视频对大学生政治价值观的消极影响

当前，学术界将政治价值观定义为个体对基本政治观点的态度、评价和行为。大学生政治价值观指的是大学生对当前政治世界的看法、形成的自身价值观，这种看法和观念能够对大学生的发展产生明确的政治导向作用和情感激励作用。基于此，高校应当将政治价值观视为思想政治教育的重要构成部分，并从多方面入手，切实提高大学生的政治理论水平，引导大学生形成良好的政治价值观念。而在当前的社会背景下，短视频的泛滥给大学生的政治认知、政治信仰、政治参与等带来了严重的影响。具体表现在以下几点。

第一，政治认知浅显。政治认知是指个体分析和处理各种政治问题的出发点。对于大学生来说，政治认知是大学生认识和理解各种政治现象的主要思想基础，政治理论知识水平将直接影响大学生是否能够作出明确的政治判断。在当前时代背景下，世界各国的政治、经济、文化交流日益密切，这直接导致我国社会中个体政治价值观念的多样化。对于大学生群体来说，其对国家大事与政治有一定关注度，但由于个体政治认知水平参差不齐，其在政治态度、政治判断等方面存在较大差异。在调查问卷中，"您近期观看过下列哪些短视频"的相关数据显示，大学生对当前我国发生的时政和社会热点的了解程度不一，绝大多数大学生能够积极了解这些事情，并分析出背后深藏的原因，也有10%的大学生仅仅对事情有基本了解，对其背后的成因和影响缺乏相应认识，甚至还有5%的大学生没有观看过相关新闻。由此可知，短视频中有关时政和社会热点类的内容不够完善，其传播力度、渲染力度较为欠缺，社会影响力不够，这就导致大学生在浏览短视频时很少看到相关内容，也无法了解相关政治事件和时政热点，长此以往，大学生将因缺乏相应的政治认知，导致对我国的政治形势出现认知偏差，其社会责任感和使命感也将随之降低。

在一定政治认知的基础上，大多数大学生能够凭借自我经验、理论知识分析来判断视频中政治事件的真实性和可靠性，并作出相对理性、客观的评价。

但有部分大学生自身政治理论知识不够深刻,无法对相关事件作出正确的判断。在调查问卷中,"如何看待与社会核心价值观相关的移动短视频"的相关数据显示,12%的大学生认为这仅仅是宣传口号,没有任何实际意义;10%的大学生对此不甚了解,也不甚关心,认为这同自己的生活没有任何关联。由此可知,仍有部分大学生政治认知不足,而在多元社会中,西方文化的强势入侵,将给这些政治认知水平较低的大学生以强烈的思想冲击,导致其对政治理论的认知意识日益淡薄,并形成消极的政治态度。

第二,政治信仰弱化。政治信仰是个体在社会生活中对现成政治体系的心理认同,以及相对应的价值选择和实际行为。个体的政治价值观表现为个体的政治选择、政治行为,具有相对稳定性。对于大学生群体来说,政治信仰是确定自我政治方向的基础和前提,并在日常的生活工作中逐渐形成,其自身价值观正处于形成关键期,这就需要高校加强对大学生进行政治教育,强化其政治情感,坚定其政治信仰。在调查问卷中,"您对短视频中出现抹黑国家形象内容的选择"这一问题的数据显示,当前大多数大学生对某些抹黑国家形象的内容整体上呈现强烈的排斥态度;但仍有7%的大学生表示无所谓,缺乏政治激情,政治信仰摇摆不定;还有6%的大学生认为言论自由,个人言论不应被限制,这些大学生无法理性地关注我国当下的政治现象,以及对当下的政治体系缺乏一定的认同。对于这部分大学生来说,如果其长期接触一些内含不良风气或抹黑国家形象的短视频,将导致其政治立场更加摇摆不定、政治信仰更加弱化。例如,部分短视频平台上出现的一些抹黑革命先烈、英雄人物,以及歪曲历史人物的视频内容造成了极其恶劣的影响。若大学生在内心深处对这些人或者事情的认识较为模糊,在不良视频的引导下,将会给其政治信仰带来极大的波动。因此,加强短视频中正能量内容的建设,能够进一步提升大学生的政治认同,使其产生政治情感上的归属感,坚定政治信仰。例如,2019年北京举办的庆祝中华人民共和国成立70周年的短视频成果交流会上,便将涵盖我国生活、教育、经济方面的内容以短视频的方式呈现出来,使青年学子深刻认识当时我国所取得的辉煌成就,进而强化青年学子对国家的政治认同,坚定其政治立场。

第三,政治参与积极性不足。全球化进程加速,世界政治、经济、文化交流日益频繁，使社会文化呈现多样化发展态势，同时也造就了社会多元化的政治意识，再加上多渠道的政治表达，大学生参与政治的方式更加多元。而短视频也成为大学生参与政治的有效渠道，但是受多种因素的影响，不同个体参与政治的意识表现出较大的差异性。在调查问卷中，"您如何看待有些人模仿短视频中违背社会主义核心价值观行为"这一问题的数据显示，70%的大学生不赞同，认为应当坚决抵制这一行为；15%的大学生持中立态度，认为只要自己不受影响就好，对这些事持无所谓态度；还有5%的大学生认为自己也曾出现过类似行为。这些数据反映当下我国大学生在精神认同方面呈现两大特点：一是部分大学生开始逐渐关注国家政治活动，能够对国家当下的政治动向、国家决策产生正确认识，其政治归属感也较强，对于视频中出现的政治现象能够作出正确判断。二是仍有部分大学生对我国的社会事件、政治事件缺乏明确的认识，且政治信仰不够坚定。与此同时，多元的社会格局也在一定程度上影响着我国当代大学生的政治认同，"您会参与移动短视频中发起的投票行动吗"这一问题的调查数据显示，仅有47%的大学生积极参与投票，14%的大学生只参与同自身利益相关的投票，而剩下的大学生则认为投票与自己无关。这在一定程度上说明了大学生的参与意识较为薄弱、参与目的不明确，对当前国家的政治现象不甚关心。

（三）短视频对大学生经济价值观的消极影响

经济价值观是指个体对经济活动中的经济制度、经济关系、经济行为等一系列经济现象的评价和态度。改革开放以来，社会主义市场经济得到了快速发展，再加上社会主义市场经济体制的进一步确立，人民生活水平得到了进一步提高。与此同时，人们的经济价值观也逐渐发生了改变，贪图享乐等不良风气逐渐成为部分群体的价值观选择。对于大学生来说，其追求的价值更加多元，在价值实现的过程中，其消费观念也很容易受到社会不良价值观念的影响。具体表现在以下两点。

第一，形成奢侈、虚荣的消费价值观。随着社会主义市场经济的发展，社会逐渐形成了逐利的经济价值观，部分人甚至不惜代价实现经济利益。"网红"正是在逐利背景下产生的，其在微博等平台的支持下，以获取经济利益为目标，活跃于这些平台之上，并拥有大量粉丝。随着短视频的出现，"网红"将活动范围扩展至短视频平台，通过广告宣传、电商销售等方式获取经济收入。然而，部分"网红"的思想水平相对较低，再加上平台规范缺失、监督力度不足，很容易产生一些欺诈消费群体获取经济利益的不良违法行为。在本次调查中，"观看有关时装和美食分享后的视频，你会对视频中提到的商品产生消费欲望吗"这一问题的数据显示，12%的大学生会购买"网红"推荐的产品，并对其持无条件支持态度；53%的大学生会在经济宽裕的条件下偶尔购买；只有10%的大学生表示从不购买；剩下的大学生则表示会在考虑多重因素下谨慎购买。由此可知，作为一个追求新鲜感、走在潮流前端的群体，大学生很容易受短视频的影响进行非理性的盲目消费，长此以往，将形成奢侈、虚荣的消费价值观。

第二，形成拜金主义的金钱观。形形色色的短视频中往往会出现一些同龄人炫富的视频，这些人在视频中展现出了其拥有金钱的优越感，并将金钱作为其终身追求的价值目标。而部分大学生受此类视频的影响，很容易产生价值偏差，盲目地追求金钱，进而形成金钱至上的观念。在本次调查中，"关于有钱有权就幸福"这一问题的数据显示，40%的大学生对此持反对态度，认为金钱并非衡量幸福的唯一标准；15%的大学生表示金钱是其人生追求的目标。这让人不禁联想到俄罗斯名模发起的社交炫富挑战，即一个人不小心摔倒在地，旁边散落着各式各样的奢侈品，这一挑战迅速引起了大学生群体的模仿，并发布在抖音、快手等短视频平台上，无形中宣传了金钱名利至上的消极观念，影响了大学生的价值观。

（四）短视频对大学生文化价值观的消极影响

文化价值观是指个体所持有的对文化的判断，简单来说，就是区分文化好坏的能力。良好的文化价值观能够帮助大学生形成正确的文化观念，进一步拓宽大学生的文化视野，优化其心理结构，为其生活实践提供良好的指导。因此，文化价值观教育是高校思想政治教育中必不可少的重要部分。习近平总书记在全国文艺工作座谈会上就明确强调，应当"把社会主义核心价值观生动活泼、活灵活现地体现在文艺创作之中，用栩栩如生的作品形象告诉人们什么是应该肯定和赞扬的，什么是必须反对和否定的，做到春风化雨，润物无声"。① 短视频平台的内容建设应当对这一观念加以体现，进一步推动大学生文化价值观的形成。但从实际来看，短视频对大学生的文化价值观也有一定的消极影响。具体表现在以下两点。

第一，文化追求娱乐化。随着社会主义市场经济的发展，我国民众的物质生活水平得到了极大提升。与此同时，人们将物质需求逐渐转移到了精神需求，渴望获取精神满足，短视频的出现极大地满足了大众的精神需求，多元的视频内容、强烈的视觉效果极大地吸引了大众的目光。对于大学生来说，短视频中的流行元素同大学生追求新鲜感的心理契合，故而成为大学生群体所热衷的精神娱乐渠道。当前大多数短视频 App 为了获取流量、吸引大学生的注意，将一些粗俗化、娱乐化的内容大量展出，这使大学生的精神文化生活逐渐被短视频中的娱乐化内容充斥，其文化追求逐渐趋向趣味性与娱乐性，对文化价值的判断能力也逐渐减弱。久而久之，部分大学生的文化选择将停留在直觉层面、自身感知层面，仅仅以外表作为其评判标准，缺乏深层次的情感判断。在调查问卷中，"您如何看待移动短视频中身材性感、长相漂亮的就是美女的言论"这一问题的数据显示，11% 的大学生持支持态度；32% 的大学生表示无所谓，跟自己没有什么关系；52% 的大学生认为不应以貌取人。这说明当下大多数大学生对视频中关于人的外表的判断有着正确的标准，但仍有部分大学生审美趋向视觉化，文化判定过于肤浅。

在全球化进程不断加快的当下社会，各国文化的交流日益密切，西方国家逐渐将自己的文化观点倾销到各个国家。在这一过程中，西方国家的社会价值观也入侵我国，影响了大学生的文化价值观，并对其文化审美产生了巨大的影响。在本次调查中，针对移动短视频中的外来文化，大学生对其态度不一，54% 的大学生表示支持，认为多元文化是大势所趋，外来文化也有先进的，应当取其精华、去其糟粕，并应进行文化创新；14% 的大学生持反对态度，认为外来文化的入侵将导致本国文化衰亡，故而不应跟风引进；剩下的大学生表示

① 习近平在文艺工作座谈会上的讲话 [EB/OL]. （2014—10—15）[2024—10—15].http://www.gov.cn/yaowen/liebiao/202410/content_6980503.htm.

外来文化难登大雅之堂，对其引进持反对意见。由此可知，不同大学生对外来文化持不同态度，然而在错综复杂的社会环境下，大学生的文化鉴别能力很容易受西方外来文化的影响，故而无法对外来文化进行深层次的认知和判断，这一文化价值观很容易给大学生的精神生活造成伤害，进而影响当下大学生的社会主义核心价值观。

第二，文化认同弱化，大学生的文化价值观是在日常生活实践中形成的，而借助短视频能够进一步展示中华优秀传统文化，强化大学生对中华优秀传统文化的认知，提升其文化鉴别能力。在调查中，"有关你是否会对视频中出现的汉服、京剧等中国传统文化产生兴趣"这一问题的数据显示，42%的大学生认为短视频所呈现的中国传统文化博大精深，值得学习；33%的大学生认为观看视频中的中国传统文化能够进一步充实自我，提高自己对中国传统文化的认识；13%的大学生对此持无所谓态度，认为这些中国传统文化同自己没有什么关联；剩下的大学生则持否定态度，认为视频中的中国传统文化是创作者的作秀，无益于中华优秀传统文化的传播。由此可以发现，汉服等中国传统文化为短视频的内容创作提供了新素材，能够进一步丰富中国传统文化在新时代的呈现方式，也能够提升大学生对传统文化的了解、认识，提高其文化认同感，增强其民族自豪感。然而，传统文化在短视频中的呈现存在以下问题：一是部分视频创作者为追求利益，对传统文化相关的视频作品进行复制，导致视频同质化现象严重，很容易造成大学生主体文化兴趣的迷失；二是部分文化创作者为了凸显内容趣味性，获取较高流量，故意传播低俗趣味的视频，导致大学生无法正确认识传统文化，无法提升其文化鉴别能力。

第三节　短视频对大学生价值观产生消极影响的原因分析及对策措施

一、原因分析

随着互联网技术的发展，短视频平台如雨后春笋般纷纷涌现，并进一步占据了消费市场，同大众生活紧密联系在一起，成为大众自我观点表达、娱乐交友的重要途径。对于大学生群体来说，短视频强大的传播速度和良好的互动功能为大学生发表自我观点提供了全新平台，然而短视频中的多元文化也给大学生的价值观带来了一定的消极影响。可以从相关主管部门监管、短视频平台、高校新媒体教学、大学生的自我管理能力等方面进行分析。

（一）相关主管部门监管乏力

近几年来，短视频行业的快速发展给大众生活增添了一抹亮色。与此同时，相关主管部门对短视频平台的监管乏力，也在一定程度上影响了短视频的发展。具体表现在以下几点。

第一，短视频相关法律法规内容不健全。当下我国在短视频的监管中存在模糊区域及法律真空地带，给相关主管部门的管理增添了一定的困难。如《中华人民共和国网络安全法》（以下简称《网络安全法》）是当下网络管理的重要依据，但对于短视频平台来说，并不是所有短视频都能按照《网络安全法》的相关规定评判，其中口述移动短视频作品和录音、录像短视频可以按照相应法律受到保护，而电影作品或类似电影创作的作品则应该按照《中华人民共和国著作权法》予以保护。同时，相关法律内容不够细化，机制不够完善，无法得到有效实施，故而无法发挥其实际作用。当涉及短视频相关细节问题时，监管部门无法从现有法律中找到适用法条进行管理，导致对短视频的监管出现无法可依的问题，很容易导致部分网络媒介钻空子，进而做出一些违反道德规范的不良行为。例如，2019年广西某培训机构在短视频平台发布了学生与教师的聊天记录进行宣传，其推荐内容是短视频社交 App 违法广告，因相关法律的缺失，最终只能按照《中华人民共和国广告法》予以处理。此外，当前我国大多数有关短视频的法律条文都是通知、规定、条例等，并不是国家层面的正式立法，其权威性不足，影响力较小，且难以得到有效落实。例如，2016年，我国第一次以立法的形式对网络领域进行规定，颁布了《网络安全法》，但短视频平台是新兴的网络媒介，《网络安全法》无法对其运行进行全面覆盖。例如，2017年上映的《雷神3：诸神黄昏》，短短10天内便出现了1500多条网络侵权信息，其中包括大量3分钟左右的短视频，而我国法律对二次创作缺乏明确规定，最终导致侵权信息无法得到有效处理。

第二，短视频相关法律法规制定迟缓。近几年来，我国短视频行业进入了发展黄金期，其行业得到了进一步发展，而与短视频相关的法律法规的制定却无法与之同步，其完善速度远不及短视频的发展速度，存在一定滞后性，这在很大程度上影响了短视频行业的发展。例如，2016年我国颁布了《移动互联网应用程序信息服务管理规定》，但其无法适用于短视频行业，直至2019年才针对短视频出台了《网络短视频平台管理规范》《网络短视频内容审核标准细则》，其滞后性问题严重地阻碍了短视频行业的规范化进程。此外，法律的完善过程是循序渐进的，但在完善的过程中无法对短视频进行全面有效规范，这导致大量垃圾视频充斥于短视频平台，大量的违规行为、违反道德的行为不断发生，严重阻碍了短视频行业的健康发展。因此，进一步完善相关法律法规，与时俱进地制定法律法规已成为规范短视频行业、推动短视频行业发展的有效途径。

第三，短视频相关监管部门职责模糊。习近平总书记在《关于〈中共中央关于全面深化改革若干重大问题的决定〉的说明》中强调："面对互联网技术和应用飞速发展，现行管理体制存在明显弊端，主要是多头管理、职能交叉、权责不一，效率不高。"这明确道出了当前我国短视频相关职责部门存在的问题。当前，国家广播电视总局、中国网络视听节目服务协会等对短视频有不同程度的监管权力。从理论上来说，多个部门的协同管理能够加快短视频平台的发展与完善，但彼此管理边界不明、责任重叠等问题也在很大程度上导致管理效果不佳。近几年来，我国短视频平台上出现多起违法事件，其原因之一便在于监管部门对短视频平台的惩罚力度不够，无法形成法律震慑力。大多数短视频平台出现的违法现象往往处于道德问题与法律规范的交界处，因此很多时候监管部门对其采取了下架整改或缴纳罚金等惩罚方式。从短期来看，这些做法能够有效遏制违法行为的发生，取得暂时稳定的效果；从长远来看，不同监管部门之间责任划分不明，管理执法力度不够强劲，一旦出现新的问题，往往会出现多重管理的现象，这不仅提高了行政成本，也无法遏制不良现象的出现。

（二）短视频平台过度追求经济效益

作为短视频平台管理的第一责任人，企业应当加强对短视频平台的监督管理，主动承担短视频平台监管责任，从多方面入手审核视频内容，打造积极向上的短视频运行空间。但从现实来看，大多数短视频平台并未主动承担监管责任，仅仅向用户提供传输渠道，没有履行平台审核管理的义务。具体表现在以下几点。

第一，短视频平台创作门槛过低。我国短视频的发展大概经历了以下三个阶段：2013—2015 年为初始阶段，小咖秀和秒拍等短视频平台首次进入大众视野。2015—2017 年，快手和抖音成为主要短视频 App，并获取了广大用户的喜爱。2018 年至今，越来越多的短视频平台加入其中，进一步降低了短视频的使用和创作门槛，使短视频用户规模得到进一步扩大。近几年来，随着智能手机与移动互联网的不断普及，短视频用户规模得到进一步扩大，每个人都可以成为短视频用户，不论受教育水平高低，都可以随时制作视频，并将其上传至互联网以获取关注，取得相应的经济收入。而对于一些未成年人或受教育水平比较低的社会青年来说，其并不会在意视频的教育意义，而是为迎合大众喜好、笼络人气，在视频中以夸张的妆容和"土味"故事来博取关注，这一度导致短视频平台成为"低俗秀"的重灾区，甚至还有部分创作者通过打擦边球的方式宣传一些低俗内容，导致短视频平台乱象丛生。

第二，短视频审核过程不严谨。近几年来，我国短视频平台得到了进一步发展，播放数量快速增长，这给平台管理带来了一定的困难，导致其审核过程不够严谨、审核标准过低。社会上各式各样的短视频 App 不断上线，导致行业竞争日益激烈，而大多数平台往往将发展目光放在扩大用户规模上，而非自我管理和审核上，导致短视频企业之间因视频播放问题而相互起诉的事件频发。例如，今日头条就对爱奇艺平台上播放的侵权作品片段进行起诉，但爱奇艺称该视频被上传是用户个人行为，与平台无关，因此二者产生了纠纷，尽管最后法院判决爱奇艺赔偿今日头条 3.4 万元的经济损失，但整个过程却是极其艰难的。此外，大多数短视频平台往往采用算法推送的机制为用户提供视频内容。推送算法主要根据关键词进行审核，但部分违法内容并未被后台及时捕捉，这就给部分低俗、媚俗内容视频的出现提供了可乘之机。此外，我国短视频 App 五花八门，平台仅仅按照内部视频和类型制定相应的审核标准，而平台间内容审核标准不统一、不严谨，导致整个行业质量参差不齐。同时，还有少量原创视频内容缺乏相应的类别归属，没有明确的审核标准，给短视频的审核工作增加了难度。

第三，短视频企业的社会责任感不强。近几年，短视频行业的发展欣欣向荣，各大资本观察到该领域的收益可观，纷纷在其中抢占一席之地。在资本的裹挟下，一些短视频企业逐渐丧失了责任意识，为了迎合市场取向，或者为了经济利益，生产低俗、媚俗的视频内容，导致短视频平台充斥着低级趣味的视频内容，泛娱乐现象严重，或邀请不同的"网红"或名人入驻短视频平台，形成了"网红"经济，将经济效益凌驾于社会责任之上，破坏了短视频行业发展的大环境。部分从业者自身道德水平较低，导致部分低俗、违规视频频频出现，严重扰乱了短视频所在的大环境。

（三）高校新媒体教学投入不足

新时代背景下成长起来的大学生个性自由、思想活跃，对未知事物有强烈的好奇心和求知欲，新媒体的出现刚好满足了大学生的这一需求，同时也给高校的思想政治教育工作带来了极大的挑战。自党的十八大以来，习近平总书记进一步强调高校新媒体教学的重要性，指出高校应当运用新媒体、新技术使工作活起来，推动思想政治教育工作同信息技术的有效融合来增强教育的时代感和吸引力，短视频行业的快速发展给大学生的价值观带来了不可小觑的影响。作为人才培育摇篮的高校势必对大学生加强思想政治教育，培养大学生积极向上的价值观念。可见，无论是积极影响还是消极影响，短视频都对大学生的价值观有着不可估量的影响。在当下社会，短视频的强大功能使一部分大学生沉迷其中，并成为其日常生活、学习中不可或缺的一部分。短视频将对大学生的价值观带来深远的影响，而部分高校忽视了短视频对大学生的价值教育作用，不能采取相应的教育方式来提高大学生的思想道德水平，重塑大学生的价值观念。具体表现在以下几点。

第一，高校媒介素养教育普及不全面。我国绝大多数高校对大学生的媒介素养培育不全面、认识也不够全面，无法发挥短视频在思想政治教育中的积极作用。高校对短视频教育的宣传力度不够，也未能让大学生正确认识短视频、掌握使用短视频开展学习的有效方法。与此同时，短视频泛娱乐化的内容肆意传播，吸引大学生沉迷其中，降低其判断能力。当前我国高校缺乏相应课程，即使部分高校设有短视频教学课程，其课程内容也仅仅针对新闻传媒专业的大学生开设，无法为全体大学生提供，故而无法引导大学生正确认识媒介、使用媒介。再加上大学生自身社会经验缺乏，导致他们筛选信息的能力较弱，无法全面正确地看待短视频的发展。

第二，高校部分教师对短视频影响力的认识有待提高。短视频已进入发展黄金期，高校相关的思想政治教育却并未与时俱进，而是仍停留在以往的教学认识上，相关课程设置不够完善；教师未能充分重视短视频的教育功能，未能与时俱进地更新教学内容、创新教学形式、发挥短视频的教育功能，甚至还有部分教师对短视频的教育功能持怀疑态度，并未将其有效融入思想政治教育体系，无法有效地发挥其优势来提高思想政治教育的质量。教师是高校思想政治教育课程的设计者和实施者，其教学能力对大学生思想政治教育的质量有着至关重要的作用。但是，当前大多数思想政治教师未能正确认识短视频对大学生价值观的重要影响，不能看到短视频的优势和价值，故而无法将短视频应用于实际的教学课程，发挥其教育作用。在实际中，大多数教师未能借助短视频开展教学活动，导致大学生无法真正认识和了解短视频，还有部分教师只关注专业教学，忽视了思想政治教育，导致其思想政治教育效果受限。

第三，高校短视频阵地建设不规范。高校是大学生思想政治教育的重要基地，高校应当正确认识短视频的教育功能，积极开展短视频育人活动，帮助大学生正确认识短视频，形成有效的媒介素养。但当前我国短视频行业发展过快，影响面过广，大多数高校未能及时开展短视频阵地建设，构建相应的育人体系，导致其利用短视频进行思想政治教育的质量相对较低。具体表现在以下两点：一是高校未能正确认识短视频的育人价值，很少开展与短视频相关的校园文化活动，借助短视频开展教育活动的积极性和主动性相对较低，故而未能将足够的资源投入短视频建设。尽管部分高校借助短视频开展了思想政治教育活动，但教学质量相对较低，无法完全发挥短视频的教育作用。二是高校的短视频教育队伍建设不足，未能引进专业的团队策划活动，故而无法深入开展相关的短视频校园活动。

（四）大学生的自我管理能力不足

短视频作为新兴的网络社交媒介，在大学生群体中火热蔓延，并被绝大多数大学生接受和使用。但是对于心理发展尚未健全的大学生来说，短视频中的低俗、媚俗等内容很容易对大学生的价值观产生不良影响，使大学生沉迷其中不能自拔。具体表现在以下几点。

第一，自我规划能力不够。大学阶段是学生从青少年步入成年的关键阶段，在此阶段，大学生个性自由、浪漫，对一切事物都保有好奇心和求知欲；而短视频强大的传播效率和丰富的视频内容很容易引起大学生的求知欲望，使大学生在观看短视频上花费大量的时间和精力，虽然满足了对知识与信息的获取需求，但大学生思想和心理均不成熟，很容易受短视频隐含的价值观影响，出现非理性的认识和思考，进而出现一些偏激、冲动行为。此外，进入高校的大学生大多是在高中阶段学习成绩相对优秀的学生，但步入大学后，其周围成绩优秀的同学普遍增多，在心理上会产生巨大的落差，使其在高中校园里的优越感逐渐消失，自信心受到打击。与此同时，大学新生想象中的理想生活同现实生活情况出入较大，很容易给其带来严重的心理失衡以及学习、生活上的困惑；大学的考试压力、毕业压力、就业压力等重重地压在大学生身上，给其带来了严重困扰。而短视频将现实生活演绎得过于美好，形象地展现了大学生心中的大学生活。当大学生回归现实时，发现现实生活同短视频上所呈现的美好生活相差甚远，长此以往将产生极大的心理失衡，当其遭遇现实困难时无法及时转换心态，正确审视自我，确定可行目标，进而影响大学生的生存和发展。

第二，辨别能力不强。对于大多数大学生来说，其缺乏足够的社会经验，对客观世界的认识尚不充分，缺乏理性的分析判断能力，这主要体现在以下两点：一是大学生对理论知识掌握不够全面，不能借助专业知识对现实客观事物进行理性判断，故而对短视频这一新鲜事物的认识和理解大多停留在表面，未能对其价值进行正确分析、判别，更无法进行深层次的情感挖掘。当长期接触短视频的不良内容后，大学生很容易被其中隐含的价值观念影响。二是大学生的思维方式较为简单，对文化内容的判别力相对较弱，无法对短视频中的泛娱乐化内容进行理性思考和准确判断，长此以往，部分大学生的价值观将陷入娱乐化泥潭，导致其人生目标逐渐模糊，发展动力逐渐丧失。比如，抖音上的部分娱乐化短视频仅仅是创作者消磨时光、随手拍的生活视频，对人生的意义相对较小，大学生长期沉迷其中，将给其学习动力、学习态度带来严重影响。

第三，自律意识不强。对于绝大多数大学生来说，其自律意识普遍不强，不能很好地约束自我，尤其是在现代生活中，受外界多种因素的影响，大学生无法依靠自我进行学习、生活。对大学生来说，思想道德水平的提升不能仅仅依靠学校的思想政治教育，还应当着力提升自我的自律意识，依靠自我管理来提升自我思想政治素养。而当前大多数高校尽管教育资源较丰富，但未能针对大学生的自律意识开展相应的教学活动，无法有效提升大学生的自律意识，导致大学生很容易沉迷于娱乐化的信息，而无法根据自己的兴趣爱好妥善利用好短视频资源来提升自我。此外，大学生是短视频内容创作的主力军，大多数短视频内容出自大学生，但是大多数大学生缺乏自律意识，无法借助短视频中的知识提升自我。故而很多大学生是在未完全了解具体内容的情况下制作、传播视频内容，无法将视频内容准确地传达给受众，同时也由于自律意识的缺乏，导致大学生面临多元化困境，表现出无从下手的状态，无法结合所学知识对这些内容进行有效整合，其视频所蕴含的文化意义相对不高。

二、对策措施

由此可知，短视频对大学生的价值观产生了严重的消极影响，其原因包括相关主管部门监管乏力、短视频平台过度追求经济效益、高校新媒体教学投入不足及大学生自我管理能力不足等四个方面。针对以上问题可分别从加强政府主管部门的监督、加强短视频行业自律、加强高校的正向引导、提升大学生的自我管理能力等四个方面出发，进一步规范短视频平台的运行，优化其视频内容，传播社会正能量，以达到切实强化大学生思想道德素养的目标，使其形成正确的世界观、价值观等，坚定其理想信念，提高自我社会责任感，以实现自我价值和社会价值为最终目标而砥砺前行。

（一）加强政府主管部门的监督

首先，健全短视频相关法律法规。互联网同现实社会一样不是法外之地，加快互联网有关法律的完善，可以保障网络的有序运行。针对当下短视频行业的发展，政府相关部门应当加快完善法律法规，为短视频行业的发展提供良好的法律保障。当前，我国短视频行业逐渐发展，大学生网民数量逐渐上升，但现有法律条文已跟不上短视频的发展速度，政府相继出台了《网络短视频内容审核标准细则》《网络短视频平台管理规范》等，但这些法规仅仅对短视频的内容传播和内容制作提出了要求，并未对平台用户发表言论等细则作出明确规定。一方面，相关部门应当根据短视频行业的发展现状，对其中存在的诸多问题进行有效处置，不断完善、出台相关法律法规，加大短视频行业的整治力度，尽可能地遏制短视频平台存在的违规、违纪现象，推动短视频行业的长效发展。另一方面，相关部门应当进一步加快视频违规惩罚力度，对一些符合法律法规的平台行为予以一定奖励，对部分违规行为进行处罚，激发创作主体依法创作短视频的积极性，使其更加注意自己的行为规范，将错误思想扼杀在摇篮中，积极传播正能量。

其次，发挥政府相关部门的主导权。在传统媒介时代，政府可以通过制定行业内严密的审查制度来强化自己的话语权。互联网的兴起打破了这一格局，大学生获取信息的渠道得到进一步拓宽，每个人都可以随时在网络上发表自己的所思所感。在此背景下，政府具有的话语权受到影响，难以发挥自己的主导话语权。同时，短视频行业的发展进一步加大了政府对网络的管理难度。基于此，政府应当增强在短视频行业内的主导权，与时俱进，顺应时代发展潮流，提高自己在短视频行业内的话语权。一方面，政府应当顺应时代潮流，积极入驻各大短视频平台，并逐步加强政策宣传，讲解各项政策，以及以短视频的形式向大学生讲解相关政策。例如，共青团中央在抖音平台开设了官方账号，将党的相关政策、路线以短视频的形式呈现出来，同时该账号也对当下社会热点以官方态度进行讲解，做好舆论的引导工作。另一方面，政府相关部门应当坚持公开、公正的原则，同广大网民平等地交流互动。任何机构组织都无法阻止社会事件在短视频平台上的传播，政府作为社会事务管理的第一机关，更应当充分发挥短视频的优势作用，进行新闻传播，同时也应当积极参与网民的交流互动，掌握舆论的主导权，发挥政府官方媒体的表率作用。

最后，加强网络监督与技术把关。为进一步推动短视频行业的健康发展，政府相关部门必须加大对短视频行业的监管力度。一方面，可以进一步完善监督体系，优化监督结构，增强监督力量，实现对短视频行业的全面监督；同时可以设置监督热线，借助大众的力量形成全社会共同监管的局面，提高监督实效。另一方面，应当加快技术建设，研发信息过滤、防火墙等软件，以更加先进的互联网技术对短视频平台中存在的不良信息进行有效筛选和屏蔽，打造清朗的网络短视频运行环境。

（二）加强短视频行业自律

对于企业来说，商业利益的获取不能与社会责任背道而驰。作为一个商业性平台，短视频企业在获取经济利益的同时，应当承担起社会责任，加强行业自律，共同维护短视频的运营空间。

首先，建立积极的舆论导向。最初，短视频平台是由草根群体聚集起来的一个领域，以原创内容为主，因技术门槛较低，其质量参差不齐，故而难以形成自主品牌与特色，且在专业性和价值导向上缺乏一定的引导性。随着近几年的发展，越来越多的名人、"网络达人"带着自己的专业团队入驻抖音等短视频平台，进一步提升了短视频的专业性和规范性。但整体来说，短视频平台打造高质量视频内容的力度还不够，其内容的价值导向也缺乏一定的引导性，这些视频内容质量低下，很容易对大学生尚未成熟的价值观产生一定的舆论导向，这就需要创作者在行业内建立积极的舆论导向。一方面，应当加快对短视频创作者的思想政治教育，筛选出一批具有一定粉丝群体且言论正向、价值观积极向上的视频达人，加强其思想道德素养，引导其制作一批优质且极具正能量的视频，并带动其他创作者参与优质内容的创作，切实提高行业内作品的整体价值水平，将正能量思想渗透进大学生群体，传递正确的价值导向。另一方面，平台应当对弘扬社会优良道德、宣传好人好事的新闻报道内容进行加工、创作，并呈现在短视频平台上，或将社会中的好人打造成短视频中的网络达人，引导广大学生了解和认识社会好人，并带动其学习和实践好人精神。

其次，完善平台视频审核机制。近几年来，快手、抖音等短视频 App 的快速发展，使资本看到了短视频的市场潜力，越来越多的资本开始转移至短视频领域。但在资本逐利思想的引导下，大多数企业重视经济效益，使短视频平台充斥着越来越多的泛娱乐化内容，严重影响大学生的思想道德建设，这就要求平台加快内部视频审核机制建设，实施全方位的监督，打造良好的短视频运行空间。具体来说，一方面，平台要完善创作者审核机制，提高创作者创作门槛，禁止低素质或有重大违法、违纪行为的创作者进入短视频平台，确保创作者的整体高素质。同时，平台还应当加快完善人员审核机制，实行实名制考核，对创作者进行全面、全方位的考核，进行量化评分，一旦其评分低于标准分数，则限制其账号的使用。例如，美拍 App 上 4 岁半的网红小山竹，其账号由小山竹的妈妈使用、操作，随着年龄的增长，小山竹获得了多家电视台的邀约，但其年龄尚小，频繁出演电视节目将在一定程度上影响其身心发展，同时也难免会传递出父母消费孩子获取流量的价值观，故而，平台应当对此类视频的发布进行限制，避免传递出消费至上、娱乐至上等不良的社会思想。另一方面，平台应加快完善用户考核机制，通过提高审核技术、加强人员建设、强化审核力度，进一步提高审核实效，尽可能地将低俗、媚俗、过度娱乐化的内容隔离出去，确保平台推送视频内容的质量。此外，平台还可以增加资金投入，培育 PGC 生产者，致力于更多优质的视频内容的创作，以优秀的视频内容来吸引用户，共同促进短视频行业积极、健康地发展。

最后，提高企业社会责任意识。2016 年 4 月 19 日，习近平总书记在网络安全和信息化工作座谈会上的讲话中指出："一个企业既有经济责任、法律责任，也有社会责任、道德责任。"① 企业做得越大，企业责任、道德责任就越大，公众对企业这方面的要求也就越高。对于一个企业来说，社会给予其蓬勃发展的机遇，也赋予了其神圣的社会责任使命。因此，企业在发展的过程中应当平衡好经济效益同精神文明之间的关系，积极传播社会正能量，推动社会的全面发展。对于短视频平台来说，也应当不断主动承担社会责任，传播社会正能量，具体可以从以下几点展开：其一，提高平台内部人员的道德素养。短视频平台在建设过程中应当严格要求自己，不断提高平台内部人员的思想道德素养。一方面应当加强领导者的思想政治建设，使其正确认识到企业的责任，并积极承

---

① 习近平：在企业家座谈会上的讲话 [EB/OL].（2020-07-21）[2024-10-15].http://www.gov.cn/xinwen/2020-07/21/content_5528791.htm.

担社会责任，创作、传播优质视频内容，传播社会正能量；另一方面应当加快内部员工的思想道德建设，帮助员工树立正确的价值观念和职业操守，培养其责任意识，并将其落实于日常工作中，不断约束自我，规范自身行为。其二，强化平台主体的责任意识。在短视频行业中，企业不能为了争夺消费市场、获取经济利润而偏离发展的初衷，恶意竞争，而应当加强自身内容建设，以优质内容获取用户关注，扩大消费市场，提高自身竞争力。同时，企业应当坚持以人民利益至上的创作导向，积极弘扬社会主义核心价值观。当社会效益同经济利益出现矛盾时，企业应当从长远发展角度妥善处理好二者之间的关系，避免因短期的利润而损害企业的长远发展。其三，企业应当自觉遵守国家相关法律法规，以此来约束自身经营行为，形成严格的运营机制，避免出现为了获取利益而投机倒把。

（三）高校要加强正向引导

作为育人的重要机构，高校应当充分发挥自身的办学优势，不断创新教学模式，加快思想政治建设，切实解决大学生在短视频使用过程中出现的问题。

首先，加强社会主义核心价值观教育。社会主义核心价值观是当下社会的主流思想，也体现了我国人民的价值追求，因此高校应加强对大学生进行社会主义核心价值观教育，切实提高大学生的思想道德素养。具体可以从以下两点展开：其一，高校应当发挥思想政治教育课堂主阵地的积极作用，将社会主义核心价值观纳入教学范畴，借助马克思列宁主义、毛泽东思想、中国特色社会主义理论体系加强学生的理论教育，完善学生的价值体系，使学生正确认识社会主义核心价值观，并将其融入自身思想，以此来指导实践。其二，高校应当发挥短视频的育人功效，将社会主义核心价值观以短视频的形式呈现，进一步提高教学实效。具体来说，一方面，教师应当增进对短视频的了解、认识，充分发挥短视频的优势，解读社会热点问题，吸引大学生的关注。另一方面，教师可以将思想政治理论知识、社会主义核心价值观等融入短视频，进一步提升大学生的思想素养，使大学生坚定理想信念，积极落实社会主义核心价值观。例如，中国人民公安大学将校园文化融入短视频中并发布在抖音 App 上，拉近了学校与学生的情感距离，增强了大学生的学习兴趣。

其次，营造良好的校园网络环境。网络环境已成为大学生日常生活、学习中不可缺少的重要部分，而网络环境也在潜移默化中影响着大学生的思想，故而高校应当充分重视对校园网络环境的建设，通过多种方式营造良好的校园网络环境，给大学生以正向的影响，具体可以从以下几点展开：其一，加强校园网络基础设施建设。高校应当进一步完善校园网络等基础设施，并播放与社会主义核心价值观相关的短视频，吸引大学生关注，引导大学生在潜移默化中提升思想素养，进而达成价值观培育的最终目的。其二，高校应当积极开展相关校园活动。例如，西南航空职业学院以航空常识为主题发起了抖音短视频创作挑战，鼓励大学生积极参与，创作优质的短视频，切实提高了大学生的参与积极性，使其在轻松愉悦的氛围中获取相关专业知识。其三，高校应当加强教学网络监管，强化信息筛选和传播能力，及时发现并处理校园网中的负面信息，优化网络环境；高校还应当加强人才建设，引进高级技术人才，建设校园网络环境，展开全面、有效的环境监管，净化网络环境。

最后，加快推进短视频阵地建设。习近平总书记曾说，宣传思想工作一定"要做到因势而谋、应势而动、顺势而为"。短视频经过短短几年的发展便受到大众的青睐，影响着大学生的思想认知。高校在思想政治建设过程中，应当充分重视短视频的育人功能，将其有效融入思想政治教育，或开展相关文化活动，发挥短视频的育人功能，进一步提高高校思想政治教育质量。具体可以从以下几点展开：其一，高校可以举办一些有关短视频的学术研究或辩论赛等，让大学生在亲身参与活动中充分了解短视频相关知识。例如，重庆邮电大学就围绕"短视频火爆是精神文化丰富还是匮乏的体现"这一主题开展辩论，引导大学生在观点碰撞中深化对短视频的了解，同时也能够帮助前来观赛的师生建立短视频的认知体系，进而利用短视频提升专业技能，发挥积极的推动作用。其二，高校可以举办校园短视频内容制作大赛，鼓励大学生在短视频平台分享自己的学习经验或日常生活，将积极乐观的生活以短视频形式呈现出来，传播正能量，引导大学生受到正确价值观的熏陶。其三，高校还应打造校内短视频教育平台，将校内优质的教育资源及文化特点以短视频的形式展现出来，吸引大学生关注，进一步提升大学生的思想素养。

（四）提高大学生的自我管理能力

当前，我国短视频平台违规行为层出不穷，存在诸多低俗、媚俗、过度娱乐化的内容。大学生应当不断提高自我管理能力，正确认识和判断短视频平台发布的内容，并进一步规范自我行为。

首先，提升大学生的思想境界。青年有信仰，国家就有力量。在当前变化莫测、多元的社会背景下，大学生唯有坚定"四个自信"，不断扩充理论知识，增长见识，才能够正确辨别现有的社会文化。在短视频平台中，若大学生的文化素养不够高，就很容易迷失在虚拟的短视频世界中，因此大学生应当不断加强自身思想建设。具体来说，大学生应当不断扩充理论知识，积极学习我国优秀传统文化，形成稳定的价值观，根据自己的兴趣爱好学习和掌握优秀文化，塑造自身价值观。同时，大学生还应主动接触经典的文学作品，了解和学习高雅文化，不断提高自身的思想境界和审美意识。大学生还应加快对马克思主义理论体系的学习，并将其掌握的专业理论知识作为认识世界、改造世界的重要方法和手段，以便更好地应对复杂多元的社会文化。大学生要能正确地判断文化，避免在过度娱乐化的内容中迷失自我。各类短视频平台为获取经济利益，多倾向于呈现过度娱乐化、低俗、媚俗等内容。因此，大学生应不断提高社会责任感，在短视频内容创作上主动承担社会责任，选择优秀的历史文化，生产高质量的专业视频内容，为受众呈现更高层次的精神财富。

其次，提高大学生的辨别能力。授人以鱼不如授人以渔。教育不仅在于向大学生灌输专业的理论知识、技能，还在于将学习技能、学习方法教授给大学生，树立大学生终身学习的意识。短视频平台中夹杂着不少低俗、媚俗内容，高校既要加强对平台的监督与建设，也需要提高大学生的思想道德水平，使其能够正确辨别不良信息，抵制短视频中的低俗、媚俗内容。对于大多数大学生来说，观看短视频的初衷并非因为兴趣，可能是从众心理或者好奇心理，然而缺乏足够辨别能力的大学生又无法分辨内容的优劣，故而沉迷于其中的一些过度娱乐化的内容。基于此，大学生应当不断提高自身的辨别能力，正确地判断网络信息的优劣，并选择和自身相符的文化内容，不断提升自我、完善自我。与此同时，大学生在浏览短视频时还应当抵制不良信息，当发现低俗、媚俗或违规视频内容时，应当积极举报，净化短视频网络空间。此外，大学生还应当培养健康的兴趣爱好，不断丰富精神世界，满足自我精神需求，合理运用课余时间开展良好的休闲娱乐，进而降低对短视频中过度娱乐化内容的依赖。

最后，大学生还应当不断提高自身自律意识。苏霍姆林斯基曾说："没有自我教育就没有真正的教育。"对于大学生的发展来说，唯有不断发挥自我教育的重要作用，才能实现自我的全面成长。在大学生的价值观塑造过程中，大学生唯有不断提高自律意识，才能更好地塑造自身价值。当代大学生是在平等、自由的社会环境中成长起来的年轻一代，其个性自由，思想活跃，接触外来文化较多，见多识广，思想不受某一类文化的禁锢。同时，大学生群体心理尚不成熟，思想很容易受外界的影响，这就需要大学生充分重视自律意识的建立，从自我需求出发，慎重选择短视频信息内容，摆脱从众心理、娱乐心理、求异心理。与此同时，大学生还应当不断提高自律意识。人的成长过程便是自我约束的过程，而网络短视频正好能够成为大学生自我约束、自我考验的一个新空间。短视频平台的匿名性与公开性使大学生在现实中无法对自己的行为进行实时监督与管束，故而很多大学生不自觉地沉迷其中。大学生应当不断提高自律意识和自我约束能力，避免浏览不良信息，在虚拟的网络世界里遵守基本的道德规范，明确自我发展目标，并积极践行社会主义核心价值观，而不能为了满足自我的娱乐心理或者释放内心压力而随意发表不良言论，或制作低俗、媚俗的视频内容，而应当主动承担社会责任，传播社会正能量。

综上所述，在互联网的加持下，短视频已成为大众生活中不可或缺的重要组成部分，深刻影响着大学生的思想道德和价值观念。当前，我国过快的信息发展速度与相对较慢的网络文化建设之间的矛盾导致短视频在发展中不可避免会出现一些问题，进而给大学生的思想发展带来了较大的消极影响。

人无德不立，育人的根本在于立德。高校是培育人才的重要基地，应当充分重视大学生的思想政治教育，针对当下短视频存在的问题采取相应的解决措施。当代大学生作为国家的未来建设者，高校应当加强对大学生进行思想政治教育，将立德树人作为高校教育的最终目标，并贯彻落实到教学全过程，打造高校思想政治教育新格局，切实提高大学生的思想道德素养。

第六章　短视频对大学生思想政治教育的影响

随着网络技术的不断发展，短视频逐渐兴盛起来，成为人们日常生活中不可分割的一部分，同时也极大地丰富了大学生的校园生活。在大学校园里，短视频更是深刻地影响着大学的思想政治教育，使教育的实效性受到一定程度的削弱。在短视频制作过程中，程序设计是非常简单的，趋向平民化与大众化，即使是没有很高的学历、技术水平一般的人也可以进行短视频的制作与上传。由于短视频制作门槛低，很多作品也会滥竽充数。这些不良作品冲击着大学生的思想与心灵，对高校的思想政治教育产生了一些负面影响。本章将理论与实践充分结合，进行详细调查，获得了大量精准的数据，以说明短视频对大学生思想政治教育的影响。

第一节　短视频对大学生思想政治教育影响的调查分析

随着时代的发展，短视频逐渐走进了人们的生活，成为一种受大众普遍欢迎的新媒介。目前已经出现了很多深入人心的短视频平台与 App，如抖音、快手、腾讯微视、西瓜视频等，它们深深地抓住了当代大学生的心理，让一批大学生整日沉迷其中。第 50 次《中国互联网络发展状况统计报告》显示，截至2022 年 6 月，我国网民人均每周上网时长达 29.5 小时，网络短视频的用户规模达到了 9.62 亿，较 2021 年 12 月增长 2805 万，网络直播用户达到了 7.16 亿。在这些网民中，占据绝大比例的就是在校大学生。由于短视频传播方面缺乏相应的政策法规与机制规范，再加上短视频制作与上传的门槛低，很多偏离主流价值观的内容泛滥。例如，我们平时在刷短视频的过程中，经常会遇到一些"性挑逗""色情""暴力""网络谣言"等，这些都是非常低俗的内容，严重背离了社会主义核心价值观，对当代大学生产生了不良影响，严重毒害了其心理健康，影响了大学生思想政治教育的实效性。

一、调查设计

（一）调查目的

要想得出真实可靠的结论，就必须经过切实可行的调查实践，没有经过详细的调查就不能轻易发表言论。实践是检验真理的唯一标准，只有在长期实践中不断探索，才能有新的发现。本节以"短视频对大学生思想政治教育的影响"为题，采用问卷调查形式、访谈形式进行调查，调查目的在于探究网络短视频的兴起与发展对当代大学生的思想政治教育产生的各种积极影响和消极影响，同时也为提升大学生思想政治教育的有效性搜集一些必要的事实证据，以便更好地提出一些优化方案。

（二）调查对象

主要采用的是线上问卷调查的方式，对全国大学生进行了抽样调查。调查生源来源于全国各个不同地区、不同的高校、不同的院系、不同的专业、不同的年级，同时学生的性别比例也是不同的。本次调查对全国各地区、不同高校发放了在线调查问卷共 600 份，最终实际回收的有效问卷共 563 份，有效回收率达到了 93.8%，这样的数据具有较高的、较合理的可研究性，通过对回收问卷进行整理分析，我们可以得到以下数据。在所回收的 563 份有效问卷中，男生约占 40%，女生约占 60%。与此同时，为了使问卷调查所采集的数据更具代表性与说服性，特地在学历上对调查对象进行了分层，对不同层次的学生进行了抽样调查，调查的样本包括大专学生、本科学生、硕士研究生及更高学历的学生，同时也包含不同的年级，这样就极大地增加了调查数据的代表性。在所回收的调查问卷中，大专学生有 216 人，占比大约 38.4%；本科学生有 244 人，占比大约 43.3%；硕士研究生及以上学历学生有 103 人，占比大约 18.3%。

（三）调查内容

该问卷所调查的内容大致可以分为以下几个部分：一是所调查对象的基本情况，包括所调查对象的性别、年龄、学历层次、年级等信息。通过对这些信息进行综合分析，就可以对当代青年大学生的短视频使用状况有基本了解，其所产生的数据也会更具合理性与有效性。二是对当代大学生的短视频软件的日常使用状况、短视频的观看情况进行调查。对大学生观看短视频的普遍时长、在日常生活中的使用频率、短视频的偏好类型及原因等基本因素进行掌握，这可以为后续的相关对策制定提供一些可行的、有效的、全面的、具有层次性的数据支撑。三是对短视频在大学生思想政治教育中所产生的积极影响、消极影响进行调查。该调查主要倾向于对短视频在思想政治教育中所产生的消极影响进行探索，同时还要对产生消极影响的根源进行追溯，并提出一些切实的、合理的、可行的对策。四是对青年大学生在高校思想政治教育中运用短视频的态度、看法及相关建议进行调查，为高校的思想政治教育提供一些参考。

二、调查数据分析

调查问卷为本书的论证提供了大量有效的数据，通过对这些调查数据进行分析我们得出以下结果。

（一）在观看短视频的主要群体中，大学生占据主体地位

在这次线上问卷调查中，经常观看网络短视频的大学生人数为412人，占比达到73.2%。从该数据中，我们可以得出以下结论：短视频是非常受当代大学生欢迎的，已经成为高校大学生的关注焦点，成为大学生学习、生活中不可或缺的一部分。

（二）大学生对短视频App的使用情况

随着短视频的火爆发展，各种短视频平台相继出现并占领市场。例如，我们日常生活中经常使用的抖音、快手、西瓜视频等在当下短视频发展的风口上乘势而起，为我国的互联网领域增添了一道道充满魅力的色彩，吸引了大量忠实用户。短视频App不仅数量多，而且有着自身独有的特色。因为每个人的兴趣爱好、习惯都是不同的，人们会根据自身的特点来选择最适合自己的短视频App。本次调查的数据显示，在所有常用的短视频App中，抖音App是使用人数最多的，563人中有324人使用的是抖音App，占比达57.5%，今日头条、快手等短视频App也是人们常用的。

（三）大学生观看短视频的主要类型

不同大学生有不同的兴趣爱好，同时也对短视频类型有着不同喜好。在所回收的563份有效调查问卷中，大学生最关注的就是有关才艺展示的短视

频，关注度高达 51.1%；新闻报道类的短视频，占比高达 44.6%；喜爱人文教育类短视频的大学生占比为 36.5%；喜爱美妆类短视频的多数是女生，占比为 34.8%；喜爱明星类短视频的大学生占比约为 24.6%；对户外运动、旅游活动关注的大学生占比约为 26.6%；喜爱商务类短视频的大学生人数最少，占比约为 7.1%；喜欢其他类短视频的大学生占比为 31.1%。

（四）大学生观看短视频的内容非常丰富

线上问卷调查的结果表明，喜欢生活搞笑类短视频的大学生大约占比 71.7%，喜爱观看美食制作的大学生大约占比 56.1%，喜爱观看军事类短视频的大学生占比为 33.3%，喜欢关注明星生活的大学生占比为 22.8%，还有一些大学生喜欢一些豪华品牌的展示、暴露着装主播展示、男女聊天等类型的低俗短视频内容。随着人们的生活逐渐丰富，短视频逐渐变得多元化、专业化，越来越贴合人们的生活。

（五）高校大学生观看短视频的原因多元化

线上问卷调查数据表明，大多数大学生观看网络短视频的首要原因在于娱乐，缓解学习、生活的压力，这部分大学生占比 83.3%。从另一个角度分析，当代大学生普遍存在较大的生活压力、学习压力，要想缓解这些压力，观看短视频成为一种可行的选择。为了打发时间而观看短视频的大学生占比为 63.6%，为了学习技能的大学生占比为 41.5%，为了跟随大众的大学生占比为 19.7%，剩下的一些大学生观看短视频是为了逃避现实、结交朋友。

（六）短视频具有很大的诱惑力

线上问卷调查数据显示，有大约 37.6% 的大学生每天要观看短视频 3~4 次；每次最高的观看时长在 1 小时以内，大约占比 46.6%；每天需要刷短视频 4 次以上的大学生占比达到了 66.2%；每天观看时长超过 1 小时的大学生大约占比 53.4%。通过这些数据，我们可以得出结论，对于大学生来说，短视频充满了极大的诱惑力，吸引了大学生的关注。

（七）大学生在观看短视频过程中的行为习惯

现在所有的视频 App、网站都有弹幕功能，作为后起之秀的短视频 App，当然也少不了这个功能，弹幕在短视频观看过程中发挥着评论功能，可以有效地烘托氛围，同时也存在很多弹幕刷屏现象。有大约 48.2% 的大学生表示在短视频观看过程中几乎不会跟随弹幕刷屏，有 41.2% 的大学生承认在这个过程中存在偶尔刷屏的现象，10.6% 的大学生表示自己经常刷弹幕。

（八）一些大学生存在点击视频下方购物链接的行为

调查结果表明，大多数高校大学生在观看短视频的过程中会保持冷静、理性与客观的态度。对大学生是否会点击视频下方的购物链接的调查中，90% 以上的大学生表示自己不会选择点击，只有非常少的一部分大学生表示自己会因为广告的宣传效果产生强烈的好奇心与信任感而购买商品。

（九）很少一部分大学生会对主播进行打赏

在观看直播的过程中，一些大学生受到主播的影响会对主播进行打赏。调查问卷数据表明，在所抽查的有效样本中有大约 56.3% 的大学生会因为视频内容精彩而产生对主播打赏的行为，有大约 36.6% 的大学生会因为自身心情愉悦的因素产生打赏行为，有 35.2% 的大学生会因为欣赏主播的才艺而进行打赏，有 12.6% 的大学生会因为主播的颜值出色而打赏。

（十）"网红"效应对大学生的价值观产生重要影响

当前，短视频的不断发展逐渐催生出一大批"网红"，这些"网红"对社会产生了一定影响，并影响着当代大学生的校园生活。调查结果显示，有大约 58.4% 的大学生喜欢或者欣赏"网红"、名人，因为"网红"、名人非常有趣，可以为日常的学习、生活提供形式多样的娱乐休闲活动，给自己增添不少乐趣；有大约 54.2% 的大学生觉得短视频中的"网红"会对自己的生活提供有效帮助，例如一些美食、美妆教学类的视频和一些技术干货教学类视频；有 51.4% 的大学生认为"网红"是当下社会潮流与热点的集中反映；有大约 8.8% 的大学生认为"网红"可以引领价值观，起到典范与榜样作用，并且有大约 31.3% 的大学生想体验成为"网红"的感觉。

（十一）短视频影响高校大学生的价值观

调查结果显示，认为通过观看短视频可以激发自身的爱国情怀与社会责任感的大学生占比为 37.7%，认为观看短视频可以使自身个性得到发展的大学生占比为 56.6%，认为短视频会让人变得更加现实化与功利化的大学生占比为

41.1%，认为短视频会激发人的情绪化和非理性消费观的大学生占比为42.4%，认为低俗的短视频会严重影响大众审美观的大学生占比为36.6%，还有一部分大学生认为经常观看短视频会对自身的价值观产生巨大的影响。

（十二）短视频对大学生产生正反两方面的影响

短视频是一把双刃剑，其发展会对大学生产生正反两方面的影响，或积极的，或消极的。线上问卷调查数据显示，有大约47.4%的大学生认为因为对短视频的观看而导致对长影视剧的观看时间大大缩短，这些节约的时间可以被充分利用。有42.3%的大学生认为当代信息传播的主要渠道就是短视频，由于其受众广、门槛低的特点，可以通过短视频获取各种信息。有35.2%的大学生认为自身的情绪可以通过观看短视频得到有效的宣泄，可以充分释放学习、生活中的各种压力。有21.6%的大学生认为短视频是对当下真实的社交行为与状态的表现与还原。有40.6%的大学生认为对短视频依赖程度的增强会使现实社交得到极大的缩减，非常容易缩小自己的社交圈。

（十三）短视频对大学生的网络道德思维有重大影响

根据线上问卷调查数据可知，有大约62.3%的大学生认为当前大学生的网络道德非常一般，只有6.9%的大学生对当前大学生的网络道德比较满意，有大约48.8%的大学生认为短视频会给当代大学生造成一种网络空间不需要遵守道德的错误观念。与此同时，短视频也深刻地冲击着大学生的思维方式。调查数据结果显示，有大约51.1%的大学生认为通过观看短视频可以使自己的思维变得更加活跃、更加灵活，38.23%的大学生认为长期观看短视频会使自身的思维趋向于非理性化，45.6%的大学生认为观看短视频会使其注意力分散，46.6%的大学生认为观看短视频会让自身的思维变得越来越缺乏逻辑性与结构性，26.8%的大学生认为自身的创新思维非常容易受到短视频的冲击而弱化。

（十四）导致网络空间道德规范缺乏的因素

根据调查问卷数据分析网络空间道德规范缺乏的原因，有大约24.6%的大学生认为造成这种现状的原因在于没有完善的网络监管，18.4%的大学生认为主要原因在于缺乏相关法律法规，38.7%的大学生认为主要原因在于当代大学生缺乏自律意识，7.2%的大学生认为是学校缺乏必要的相关教育导致的，3.6%

的大学生认为这与个人的原生家庭因素有关，还有 11.1% 的大学生认为是由其他一些因素导致的。

（十五）在高校思想政治教育中短视频所起到的积极作用与消极作用

调查结果显示，有大约 63.3% 的大学生认为在思想政治教育中运用短视频会使受教育的范围扩大；有 61.2% 的大学生认为短视频会使高校的思想政治教育资源变得更加丰富；有 51.6% 的大学生认为短视频会使高校的思想政治教育空间得到有效拓展；有 44.8% 的大学生认为短视频会使思想政治网络教学体验的真实性得到加强。科学技术是一把双刃剑，有利有弊，短视频也不例外。短视频在对高校的思想政治教育产生积极影响的同时，也会产生一些消极的影响。调查结果显示，在短视频的长期影响下，很多大学生的理想观念会逐渐变得庸俗化，消费观念会逐渐变得情绪化，职业观会变得越来越功利化，审美观也变得越来越低俗，等等。

（十六）短视频如何让思想政治教育变得更具魅力

调查结果显示，大多数大学生认为思想政治教育短视频是非常具有魅力的，其精髓就在于短视频制作人具有风趣的谈吐、灵活多变的网络用语，有这种想法的大学生约占 71.1%；一些大学生则更加喜欢具有渊博知识的短视频制作人；部分大学生属于"外貌协会"，认为良好的气质、颜值、形象也是比较重要的，会大大增加思想政治教育短视频的魅力。

（十七）期望用短视频开展哪些类型的思想政治教育

调查结果显示，期望用短视频开展理想信念教育的大学生约占 67.3%，期望通过短视频开展爱国主义教育的大学生约占 63.2%，期望进行马克思主义理论教育的大学生约占 48.1%，期望进行时政学习的大学生约占 42.2%，期望进行思想道德与社会主义法治基础教育的大学生约占 55.1%，还有 45.5% 的大学生期望通过短视频进行革命道路与传统的学习。

（十八）大学生思想政治教育中如何运用短视频

调查结果显示，有大约 66.3% 的大学生认为为了更好地在思想政治教育中运用短视频，教师与学生需要提升网络媒介素养；有大约 60.1% 的大学生认为进行该工作首先必须有完善的相关法律法规作保障；有大约 59.9% 的大学生认为学校首先应当加强对网络空间的规范管理；有大约 62.6% 的大学生认为首先应当对大学生进行价值观教育，让其学会明辨是非；有大约 48.8% 的大学生认为首先应当积极地对大学生进行引导，让其学会科学合理地使用短视频软件；有 43.7% 的大学生认为应当建立思想政治教育短视频专业平台；有 37.7% 的大学生认为应当合理地设置一些相关议题；有大约 37.6% 的大学生认为首先应当进行专业队伍的建设。

三、调查问卷总结

调查问卷数据显示，高校大学生是短视频平台的主要用户，短视频已经充分融入大学生的日常学习、生活。目前，当代大学生对短视频的态度还是比较理性、客观的，可以做出合理的分析、判断与选择。短视频对高校大学生的人生观、价值观等方面都有很大的影响，需要加强相关思想政治教育，使马克思主义的短视频阵地得到有效巩固。

当前，刷短视频已经成为当代大学生的一种生活方式，其在大学生活中的应用频率越来越高；大学生每天用于刷短视频的时间越来越长，短视频所涉及的领域也越来越广泛，可欣赏性也越来越高。短视频具有碎片化、精简化、生动化及多元化的特点，由于当前大学生的学习压力、生活压力较大，这些简短的视频就成为最适合当代大学生的减压方式，同时通过观看短视频，大学生的知识面与视野还可以得到拓宽，大学生可以用多元化方式结交朋友，拓宽人脉圈。大学生通过短视频可以进行微型学习，各种不同类型、不同功能的短视频平台相继推出，如抖音、快手、抖音火山版等可以充分地满足大学生的不同需求。如今，人们的社交方式变得越来越多元化，网络短视频也在不断开发新的功能，各种新型的社交方式不断出现与更新，短视频相关应用平台变得越来越具有科技含量。短视频存在明显的优势，就是创作门槛非常低，同时又有着极高的传播率，用户参与感非常强，可以实现实时互动。短视频还有着极为丰富的视频内容，可以精准地进行用户定位。高校如果对短视频的这些优势进行合理的应用，就可以成为一种新型的有效的思想政治教育载体，可以有效激发高校大学生对思想政治学习的兴趣，大大增强思想政治教育的实际效果。大多数大学生对多元化的思想政治教育方式与手段还是比较期待的，期望短视频可以使高校思想政治教育更具生动性、趣味性及时效性。

在短视频时代，高校的思想政治教育教学方式改革有了新的突破点，短视频为高校的思想政治教育提供了新的内容表现形式与教育视角，同时也带来了一些负面影响。针对这些情况，高校的思想政治教育者、大学生、短视频官方平台及国家相关部门都应有一定认识，要尽量避免短视频的不良影响，制定相关对策，使思想政治教育可以与时俱进。

第二节　短视频对大学生思想政治教育的积极影响

短视频的发展对大学生是有一定积极影响的，当代高校大学生是互联网的原住民，对与互联网相关的新事物具有较强的接受能力。短视频作为一种网络新事物，一出现就受到了大学生的欢迎。随着短视频的发展，越来越多的大学生开始广泛参与短视频内容的制作与传播，这就给高校思想政治教育方式的创新提供了新的机遇与思路，同时也提供了巨大的生机与活力，使大学生的综合素养得到有效提升，使其进步空间得到极大拓展。在当下快节奏、高压力的生活与学习环境下，短视频的多元性、精简性、趣味性及便捷性使其成为当代大学生的一种精神放松与娱乐形式，同时短视频也成为一种全新的教育改革的突破口。随着互联网时代的到来，短视频可以在大学生面前呈现多元化内容，对大学生的思想造成巨大的冲击。

一、短视频影响下大学生思想政治教育面临的重大机遇

（一）大学生总体价值观呈积极向上趋势

当前高校的思想政治教育中，大学生的价值观教育成果还是比较理想的，虽然个别大学生的价值观出现了些许偏差，但整体上大学生的思想行为表现是比较符合我国社会主义核心价值观所要求的，总体上也表现出一种乐观的积极向上的趋势。第一，大多数大学生是具有坚定的理想信念的，而且对自己的人生进行了规划。当代大学生能够以坚定的理想信念应对自己所面临的困难与挑

战，在学习和工作中积极向上、寻求进步。虽然当前短视频行业缺乏有效的规范，各种信息良莠不齐，但是大多数大学生已经具备了基本的价值判断能力，能够从海量信息中剔除一些负面内容，筛选出对自身有利的内容。同时，大多数大学生也具备了一定的自控能力，在面对一些具有诱惑力的内容时能够有效克制自己，在面对一些自己喜爱的内容时也能够对浏览时间进行有效把控，做到合理分配自己的学习时间与消遣时间，不会因为过度放松而耽误学习。第二，当代大学生具备了坚定的政治方向，从现实情况来看，绝大多数大学生是具有爱国主义精神的，同时也具备一定的集体主义精神，具备个人利益与集体利益相互平衡、相互结合的能力，能够自觉履行自己的政治权利与义务，主动学习党的路线方针和政策。第三，当代大学生能够对是非对错有明确的判断能力，能够对社会的基本道德规范主动地、自觉地遵守，能够对社会上一些违反法律的行为进行斥责与制止。由此可见，当代大学生对网络短视频中所涉及的一些与社会道德相违背的内容是具有一定甄别能力的，同时也具有相应的正义感与社会责任感。

（二）短视频思想政治教育内容具有先进性、广泛性及时代性

随着时代的发展，短视频已经成为网络思想政治教育的一种重要载体，具备开放性、共享性及大众性的特征，利用短视频进行思想政治教育是时代发展的必然趋势，能够有效地实现思想政治教育的目标。首先，从总体上来说，网络短视频虽然内容庞杂，但是根据调查发现，大多数短视频是符合社会主义法治、道德要求的，能够顺应时代和社会发展的要求与趋势。为了顺应社会潮流、现实发展，很多官方媒体已经入驻以抖音、快手等为代表的短视频平台，注册并运营自己的账号。不同于个体用户，官方媒体所发布的内容是具有一定代表性与权威性的，其内容必须经得起大众的检验，其在短视频平台的入驻为短视频内容注入一股清流与正能量。官方媒体发布的内容对整个短视频平台来说有着重要的示范作用、带动作用及规范作用，同时在短视频平台的推荐机制、监管系统的配合下，大量优质的、具有原创性的、富含正能量的内容得到极大范围的传播，这为大学生思想政治教育提供了丰富的、具有前瞻性的优质资源。

其次，由于受众广泛，制作与发布视频的门槛较低，短视频非常贴合大众的日常生活，有着丰富的内容，能够正确反映社会发展现状、当下人们日常生活的真实状况，思想政治教育内容的确立和发展需要与社会多数成员的思想道德要求相符，因此短视频的这些特征使短视频的内容具有丰富性、现实性，可以对思想政治教育内容的选择与确定提供巨大的帮助。最后，思想政治教育内容要不断进行更新以使其跟上时代发展的脚步。虽然短视频是最近几年出现的，但是在短时间内已成为人们生活中的一部分，主要原因就在于其内容的传播符合时代的特征，符合大众的真正需要。短视频采用大众喜闻乐见的形式传播内容，为新时代思想政治教育的发展与改革提供了借鉴。

（三）大学生思想政治教育手段、方式不断创新，具有多样性

首先，短视频依托网络传播，其技术具有先进性，其手段具有丰富性，其内容可以依靠图像、文字、声音等多种渠道传播，其内容的展示相比传统媒介更加生动与直观。其次，短视频具有较高的社交属性和强大的社交互动功能，为思想政治教育提供了更多互动机会，同时还可以有效增强其针对性与时效性。最后，随着短视频的发展，直播也成为一种火热的社交方式，这为思想政治教育方式多样化的实现提供了更多手段与机会。

二、短视频对大学生的积极影响

（一）满足大学生个性化成长需要

1. 可以充分进行自我展示，使自身价值得以实现

短视频具有非常强大的社交属性，同时其创作、使用门槛比较低，这促使其成为一种大众型社交娱乐平台，受到大众的广泛认可与喜爱，逐渐在社会各个群体中得到普及。通过短视频应用，个体用户可以在短时间内学习基本的视频拍摄制作技术与上传发布技巧，并且自己的作品非常容易被他人看到，有时还会成为热门作品，带来巨大的流量。一方面，当前短视频用户的红利时代已经来临，更多个人获得了自我展示的机会。通过短视频平台，高校大学生可以使自身的特长、各种优势展现在大众面前，在作品获得大量点赞与评论之后，可以使自己得到极大的心理满足，有效激发其自信心与创造力，这个过程还可

以潜移默化地提高大学生的社交能力,更好地推动自我价值的实现。另一方面,短视频可以使大学生对自身价值观的认同得到强化。由于开放性,网络世界充斥着大量良莠不齐的内容,短视频内容鱼龙混杂,积极健康的内容与负面消极的内容混杂在一起,一些庸俗的短视频宣传暴力、色情内容以及功利主义、享乐主义的价值观,有些短视频盲目地抄袭、模仿,同样的主题内容一直重复、毫无价值,这些都对大学生的思想价值观造成巨大的冲击,容易形成不良的社会风气,带偏主流价值观。这样复杂的网络环境确实会造成一些负面影响,但是大学生在这样复杂的环境中也可对一些消极的内容进行甄别,对一些不良的内容进行主动剔除,积极遵守网络秩序与道德,主动参与网络秩序的维护,这样就可以在潜移默化中锻炼大学生的自我控制能力,强化对错误价值观的识别,在无形中增强对主流价值观的认同。

2. 自身的个性得到充分发挥,更加崇尚自由平等

随着社会的不断发展,短视频平台越来越具有公平性与开放性,每个人都可以在弹幕区或者评论区发表自身的观点与看法。短视频平台具有强大的交互功能,在短视频平台的人际交往中,大学生可以充分地对自身的个性进行展示,将自身价值观展现给他人,通过这样的方式可以促使大学生在网络人际交往中对自身存在的问题、不足之处加以反思,加强自我约束与自我教育。

(二)个人审美价值观受到影响

在对美的内容与形式的追求过程中,大学生的审美价值观起着重大作用。随着短视频的普及与发展,其对大学生审美价值观的塑造与形成产生潜移默化的影响。短视频的版面设计相对比较简洁,同时还具备强大的美颜功能与滤镜功能,有着丰富的背景音乐作为支撑,视频作品无论是从内容上还是从表现形式上都代表了当代最主流的审美价值观,使大学生的审美体验得到极大的丰富。由此,大学生普遍开始关注生活中的美学设计,建立正确的审美价值观。

1. 可以激发大学生对美的追求,有效提高其审美意识

一方面,随着时代的发展,大学生的思想得到极大的解放。当代大学生具有非常强的好奇心,越来越具有独立的个性,对时尚的生活有着独特的见解与

追求。短视频是目前最普及、最常用的网络视觉与听觉媒介。通过短视频，大学生可以追求理想中的时尚文化、各种时尚的穿搭、各种美妆及各种潮流品牌等，给予大学生最新的、独特的审美享受。弹幕区、私信区及评论区的语言都深刻反映了大学生对时尚与美的理解与追求，这个过程会使大学生的审美价值、审美意识得到潜移默化的提升。另一方面，由于短视频的开放性、包容性，世界各地优秀的、独特的、各具魅力的文化都会通过短视频进行宣传与交流，这些富有魅力的内容通过短视频呈现给大学生，使大学生的审美体验得到极大的丰富与满足，有利于让大学生认识到世界文化的多样性。

2.有利于健康审美的追求，摒弃庸俗审美观

美可以是抽象的，也可以是具象的，美包括外在美与内在美，外在美是一种直观感受，内在美是一种精神世界的美、思想的美。在对大学生进行审美价值培育时，要注重充分地对思想的价值进行发掘，充分地体现出人性的美。众多短视频当中有着很多弘扬正能量的内容，向大学生展示了真正的真善美，大力宣扬社会主义核心价值观；对大学生进行审美教育，可以让其产生更加深刻的感悟，让其审美判断变得更加高雅，让其审美趣味变得更加合理、科学，帮助其尽快树立健康的审美价值观。抖音上有很多发掘"时代楷模"的官方视频号，这些账号创立的目的就在于弘扬社会主义核心价值观，弘扬日常生活中的正能量，发掘人们身边的真善美。例如，徒手救儿童的普通民众、救助跳桥路人的外卖小哥、身残志坚的残疾小哥等，无不体现着中华民族的优良传统与美德，无不感动着人心，传递着无私的爱，传递着社会的正能量，这些都是发生在我们身边的真实而又鲜活的事情，都是引导激发大学生的社会责任感与内心真善美的优秀素材。

（三）促进大学生对信息的接收与视野的开阔

大学生为了使自己始终跟上时代的发展，就需要多接收最新信息，这也是作为新时代的先进青年应当具备的基本觉悟。与此同时，为了更好地发展，当代大学生应当积极地开阔自己的视野。短视频作为互联网发展的产物之一，具有极快的信息传播速度，这可以让大学生更加及时地接收最新信息，由于短视频平台具有多样性，因此大学生可以根据自己的实际需要了解更多领域的优质

内容，有效地拓宽自己的视野。

1. 快速传播能力促进大学生对信息的接收

在新时代，大学生必须具有活跃的思维，能够与时俱进，自觉接收最新信息，这是当代大学生必须具备的素养。随着社会的不断发展，短视频的功能在不断完善，表现形式越来越多样，内容也越来越丰富多彩、鲜活生动，能够将影像、声音、图片及文字等内容表现形式完美、全面地融合，且整体时长比较短，内容精简、制作相对简单，可以实现现拍现传、实时更新。随着入驻短视频平台的用户越来越多，用户的短视频使用频率也越来越高，从而使短视频资源有了更高的更新频率。在互联网技术的加持下，短视频的传播速度更是达到了新的高度，这可以使大学生在飞速变化的世界中始终保持最新的认知，了解世界最新的动态。尤其是最近几年，各大媒体会在第一时间及时报道各种新闻事件，让大众及时了解最新的社会动态，这样不仅可以有效消除民众的内心恐慌，做到对突发情况的及时应对，更好地保护自己与家人，同时还可以帮助大众平复一些负面的情绪，为焦虑的生活增添了一缕安乐。

2. 多样化的平台可以开阔大学生的视野

人的思维如果长期处于停滞状态，那么就无法推动历史的前进与时代的发展；如果视野始终蜷缩在非常狭小的空间之内，长此以往人就非常容易失去对外界的洞察能力，同时也会逐步丧失创新精神与能力。大学生是国家与民族的希望，是社会主义现代化建设的接班人，其要想成为合格的接班人就必须有广阔的视野、活跃的思维。当代大学生不能封闭自己的眼界、思维，应当紧紧地跟随社会发展的步伐，尽自己的努力对社会、世界形成全面的认知。从当前的情况来看，互联网发展速度非常快，逐渐融入人们的日常生活，成为人们日常生活不可分割的一部分，各种各样的短视频平台为大学生提供了更加快捷的信息获取方式，使大学生在学校就可以对世界上的各种新奇事物做到了然于胸，极大地拓宽自己的思维与视野，使自己的眼界与见识得到增长。大学生可以在互联网平台上获取丰富的多元文化。随着社会的不断发展，短视频逐渐成为一种新的网络媒介出现在大众的视野中，其更是将世界各国的文化以更加便捷、更加直观、更加有效的方式展示给人们，这极大地拓宽了大学生获取多元文化信息的途径。一方面，网络短视频因为自身的特性而散发出独特的魅力，这种特性可以对各国的用户形成巨大的吸引力，可以消除语言文化交流传播方面的障碍，这为大学生更加直观、深刻地了解世界各国的风土人情提供了巨大的帮助。大学生可以通过短视频对世界各个地区、各个国家的文化魅力做到尽情领略，充分汲取人类文明精华。另一方面，一些短视频 App 不断发展，已经成为国际性大平台，平台功能也越来越完善，各国大学生可以根据自身的实际需要在这些短视频平台注册自己的私人账号，可以通过自己的账号在短视频平台上发布展示自身价值观的原创性内容，同时在浏览他人短视频的过程中也可以对他人的价值观进行了解。这种国际性短视频平台使当代大学生的思维方式与价值观得到更新，使其视野得到极大的开阔。

三、短视频对大学生思想政治教育的积极影响

（一）使高校的思想政治教育途径得到拓展

随着时代的发展，世界文化变得越来越多元化、丰富化，大学生的思想受到极大冲击，变得越来越活跃、越来越个性化，整体表现出积极向上的特点，产生了更加鲜明的心理需求。当代大学生可以通过短视频增加信息获取渠道，有效拓宽了高校思想政治教育的途径。科学技术发展的脚步从来没有停歇，新媒体也在不断飞速发展，其超越时空限制的特征使高校的思想政治教育发生了巨大变化，从以往的单向性教育逐渐转变为双向性教育、多向性教育。

短视频从开始便具备了便捷性、交互性，这是高校的思想政治教育由传统的单向性教育过渡为双向性教育、多向性教育的重要条件。这使以往的传统课堂上的教师对学生的单向输出方式逐渐得到转变，同时也使学生在学校教育中的主体地位得到巩固。高等教育阶段是大学生思想价值观念逐渐成熟的阶段，也是大学生对客观世界产生独立思考、判断的阶段。短视频的爆发式发展离不开手机、平板电脑等电子终端设备的发展，随着时代的进步，当代大学生对这些电子设备已经形成了深刻的依赖。电子设备是短视频的主要载体，极大地方便了大学生通过短视频的互动功能进行思想交流，使大学生的社交范围得到拓

展。与此同时，由于新媒体技术的渗透与应用，短视频的发展更加贴合大学生的实际需求，有效突破了时间与空间的限制，大学生可以根据自身的需要在任何时间、任何地点接受思想政治教育，在进行学习的过程中也可以通过互动功能发表自己的想法与见解，可以与教师、同学甚至其他高校的学生、一些社会人士进行沟通交流，极大地促进了思想政治教育双向性、多向性的形成。

短视频平台有很多可以充分发掘的有利功能，如直播功能、附近人推荐功能及一些分类展示功能等，有效地提升了当代高校大学生的凝聚力。在学生的学习生涯中，不同专业的学生具有不同的学习需求，同时学习过程也不同，这就导致不同专业的学生的凝聚力难以得到有效提升，难以形成强大的向心力。高校的思想政治教育可以借助短视频，在线对各个专业学术概念的实际需求进行综合化的管理，针对高校学生的实际学习过程与特征进行教育方式、管理方式的创新，大学生可以通过这些新的方式加强互动与交流，也可以提高思想政治教育的针对性。

（二）使思想政治教育资源得到扩充

高校当前的思想政治教育具有很大的局限性，其中之一就是教学素材内容缺乏丰富性，很难激发大学生的共情能力。思想政治教育在价值观及道德的培养方面都是比较抽象的，教学内容与过程比较枯燥乏味。目前高校大学生对思想政治教育的参与率与积极性都不是很高，教师仅仅根据思想政治教育教材很难为大学生提供丰富的内容，使大学生难以对教学内容产生共鸣。传统的思想政治教育会受到各种客观因素的限制，难以与大学生的实际生活产生紧密联系，这就使教师与学生之间的距离很难被拉近。

短视频是符合当下发展现状的一种信息传播方式，其中蕴含着大量已发掘或者待发掘的思想政治教育资源。在传统的思想政治教育中，其内容基本来自课本。短视频的受众广泛、门槛低，非常容易与大众的日常生活产生联系，使得思想政治教育资源的来源变得多元化。之前的问卷调查数据显示，有超过一半的高校大学生认为在思想政治教育中应用短视频会使教育资源得到极大的丰富，这些都非常容易使大学生产生情感共鸣。

随着互联网的发展，短视频可以通过先进的技术为高校的思想政治教育提供非常丰富的内容素材。思想政治教育者若是对这些有利于大学生思想政治教育的短视频内容进行合理利用，就可以使大学生思想政治教育的时效性得到有效提升。

由于受到多元思想文化的影响，当代大学生的思想越来越活跃，个性也越来越突出，逐渐开始具备独立的思考能力，传统的教学信息资源已经很难激发大学生的学习兴趣。在课堂上，教师讲授知识点的过程中，部分大学生很难做到专心听讲，他们或者在课上刷抖音短视频，或者用微信等聊天软件聊天，或者在刷朋友圈，且这种行为已经成为常态。很多高校跟随时代发展的趋势进行了校园网络微文化平台的创建，在这些平台中不定时地发布一些和当下大学生状况有关的思想政治教育内容，包括最近校园内发生的一些热点事件、社会的热点话题等相关内容。这些资源都是非常贴合现实、容易引起大学生共鸣的内容，可以极大地丰富高校的思想政治教育资源，极大地增加思想政治教育的实效性，从而在思想政治教育过程中形成良性互动。在进行在线网络信息内容的推送、互动、交流及评论过程中，思想政治教育工作者就可以深刻了解大学生的真实状态、价值取向，有效地增加对大学生进行引导的机会。

目前来看，短视频已经成为人们获取信息不可缺少的工具，社会各种热点或者非热点内容几乎会在第一时间通过短视频的形式进行传播。例如，以抖音、快手等为主的短视频平台在第一时间向大众生动地展示了我国医护人员保护人民生命安全的无数个惊心动魄、催人泪下、感人肺腑的英雄事迹，钟南山院士、人民子弟兵、最美白衣天使，一个个鲜活的人在危难时刻挺身而出；社会各界爱国人士及各种慈善机构等在危难时刻纷纷有钱出钱、有力出力，万众一心，众志成城。这些故事成为网络当中热度、点赞率极高的视频内容，深刻触动着人民群众的心灵，这些都是进行思想政治教育的鲜活教材，可以有效触动大学生的心灵，帮助其树立正确的价值观。在这次席卷全球的新冠感染疫情面前，通过短视频，大学生可以清晰地了解世界各国在面对重大灾难事件时的应对能力、对待普通民众的态度，有的国家在应对灾难时采取消极态度，对民众的生命安全不屑一顾；有的国家虽然也积极应对灾难，但是受到实力的限制，导致医疗行为难以达到理想的效果。反观我国，在我国政府的号召下，社会各界人士及团体始终将人民的生命安全、国家集体安全放在首位，并取得了令世界各国都震撼的成就，充分展现了我国政府强大的号召力、社会主义政策的优越性。短视频中也有很多关于我国优秀传统文化的作品，充分展现了我国文化的多样性。例如，剪纸、刺绣等短视频作品展示，让大学生充分地领略到传统艺术的精髓，在潜移默化中增加了对中华优秀传统文化的热爱；还有各种游览视频，展示了祖国的大好河山。这些短视频资源可以使我国高校大学生的爱国情怀得到极大的增强，使大学生的文化自信得到极大的提升，有效地激励大学生的社会责任感，树立坚定不移的道路自信，并矢志不渝、坚持不懈地为社会主义现代化事业而奋斗。

（三）使传统思想政治教育的时空限制得到突破

在传统的思想政治教育中，教学场所往往局限于实地教学课堂。从当下来看，互联网逐渐成为人们日常生活中不可缺少的一部分，已经渗透到各行各业，这是一种必然的发展趋势，是任何人都无法改变的，每个个体都不可避免地会与互联网产生各种联系。世界在不断发展，时代在不断进步，当代大学生在互联网中的活跃度越来越高，以抖音为代表的短视频平台成为年轻人社交娱乐的重要阵地，也是大学生接收各种思想观念的重要阵地。当今，思想的多元化趋势越来越明显，当代大学生的思想随着外界的变化而不断变化，短视频平台是当下输出思想政治教育最有效、最直接的场所之一。整体把握马列主义、共产主义思想、习近平新时代中国特色社会主义思想的科学体系、精髓要义、思想脉络和内在逻辑，积极地占领思想主阵地，尽量减少各种非主流思想对主流思想的冲击。在当下的新媒体时代，互联网中大学生的数量在急速扩张，已经形成了一支庞大的短视频用户大军。在这样的背景下，高校的思想政治教育要根据实际情况有所改进，教育方式需要与时代的发展、大学生思想的发展相适应；要有效地突破时间与空间的限制，进行思想政治教育不能局限在有限的实地课堂中，而要将思想政治教育逐渐渗透进每个有大学生参与的角落之中，拓宽思想政治教育的阵地。短视频作为科技发展的时代产物，具有短、平、快的特征，各种内容可以借助短视频快速地在网络传播，所有用户都可以随时随地接收到各种新的内容；短视频可以有效突破在传统的思想政治教育工作中的时间与空间等因素的限制，突破教室、课堂、三尺讲台的限制，突破课程表的限制，使思想政治教育方式更加具有灵活性，同时也使思想政治教育的时效性得到增强。线上问卷调查数据显示，大多数高校的大学生对短视频是非常喜爱的，同时对短视频运用于思想政治教育方面的可行性也是非常认同的。短视频可以从以下两方面突破对传统思想政治教育的时空限制。

第一，由于大学生很少有较长的连续性的空闲时间，所以只能通过碎片化的闲暇时间进行自由活动，短视频由于时长较短、内容比较精简，非常适合当代大学生。同时，短视频由于时长的限制，其内容必定会非常具有针对性，必须重点突出重要内容，这样就可以迅速抓住大学生的眼球，激发大学生的学习兴趣。因此，高校的思想政治教育就可以充分地发掘短视频的相关优势，对精简、直观及多元化的信息加以利用，同时短视频也有思想政治教育所需的时效性的巨大优势。短视频上的内容与国家的最新动态、国际局势基本是同步的，充分体现了强时效性的特点，是大学生学习时政的最好窗口，大学生可以随时随地了解国际大事及学习国家相关政策方针。这样大学生就非常容易接受主流的、正确的价值观引导，树立正确的"三观"。碎片化的学习方式非常符合当下大学生的生活习惯与学习习惯，也非常容易被大学生接受。

第二，通过网络短视频，大学生可以突破实地场所的限制，可以随时随地在任何场所利用手机、平板电脑等电子产品进行学习。当大学的公寓楼距离教学楼有较远的距离时，大学生经常会因为距离远而产生抱怨心理。网络问卷调查显示，有大约53.6%的大学生认为通过网络短视频进行思想政治教学会使教育空间得到拓展，进行网络教学是科技发展的必然结果，也是时代发展的必然趋势；有大约44.3%的大学生认为高校网络教学的真实体验性会因为短视频在思想政治教育开展中的应用而得到极大的增强，可以让大学生更加有效地掌握一些思想政治理论方面的知识，深入学习中国共产党的政治发展历程。

高校的领导和相关教育者要充分挖掘与利用短视频的优势，积极地将其作为思想政治教育的网络宣传阵地，将育人的实地课堂逐渐拓展到虚拟的网络空间之中；坚定马克思主义和社会主义思想与立场，积极传播主流思想与正能量。利用短视频对网络阵地安全的维护具有重要的作用，也可以有效地维护大学生意识形态的安全，使短视频对育人工作造成的不利影响得到减弱。

（四）使新时代育人的主客体关系得到优化

思想政治教育工作者在教学过程中可以对大学生展示一些当下社会正在发生的热点话题及一些经典案例，相对于纯粹性的抽象理论教学来说，这样的教学安排更具生动性，更符合大学生的认知规律，更容易被大学生接受，从而增强大学生对知识的理解。但是从现实情况来看，大多数的思想政治教育工作者在教学过程中并没有对网络上的一些非常适合教学的素材进行了解与搜集，缺乏对相关案例的引用。思想政治教育工作者应当顺应时代发展的潮流，积极地对短视频进行使用和深入了解，这样就可以快速地对当代年轻人的思想有明确、深入的把握，深入了解大学生的动态，对大学生遇到的实际问题有所掌握，同时也可以在浏览短视频的过程中了解更丰富的相关案例，进行更加有效的思想政治教育工作。因此，思想政治教育工作者可以通过短视频的网络直播功能进行线上直播授课，这种授课方式具有较强的互动性，其所营造的氛围也是非常轻松愉悦的。在这样的环境下，大学生可以更加轻松地接受教学内容，更加活跃地发表自己的意见，非常有助于培养大学生的创新精神。

传统的教学活动当中一般是教育者占据主导地位，作为主体的受教育者却处于非主导地位，教育者对被教育者起着绝对的引导作用。随着时代的发展，这种关系在互联网高度发达的时代逐渐发生了改变，主体与客体之间的关系发生了巨大变化，教育者与受教育者在学识方面的界限被打破，师生之间的关系得到很大的改变，不再像以往那样严肃、刻板，而是变得更加缓和、亲切，甚至变得像朋友。在新媒体时代，信息的传播更加快速便捷，更具广泛性。当代大学生是网络的原住民，具有极强的学习能力、更加灵活的思维方式，其行动也更加灵敏迅速，思想政治教育工作者可以在数量庞大的短视频中挖掘出最有价值的内容，将其合理地在课堂中作为论点或者论据进行引用，这样就使大学生对理论知识的理解更到位、更深入。思想政治教育工作者通过对短视频的浏览，可以对大学生的所思所想进行深入理解，这样在实际教学过程当中就会与大学生有共同的话题，可以就当下的热点话题与大学生进行探讨，有针对性地对其进行引导。在这个过程中，大学生可以充分地展现自主思维能力，改变以往的被动接收状态，教师的主导地位也得到改变，处于引导地位，对大学生存在的疑问与困惑进行指点，不会像以往那样对大学生进行过度的干涉，这就使新时代的教师与学生之间的主客体关系得到很好的优化，使思想政治教学效果得到极大的提升。

第三节　短视频对大学生思想政治教育的消极影响

随着社会发展，短视频已经深深地融入人们的日常工作、学习、生活，成为大学生学习、生活中不可缺少的一部分，为大学生带来了方便，但是凡事有利就有弊，短视频是一把双刃剑，在给大学生带来积极影响的同时也带来很多消极影响，这对高校的思想政治教育工作产生了一定的影响。虽然短视频内容整体积极向上，符合社会主流价值观，但是其中也不乏一些泛娱乐化、同质化、低俗化及恶意竞争的内容。

一、思想政治教育信息识别难度增加

随着社会的发展，短视频的内容也在不断丰富与发展，海量的不同类型的短视频共同构成了一种复杂的网络空间环境，这样的环境对人的塑造有重大影响。短视频信息量是非常庞大的，传播速度相当快，使得思想政治教育的信息识别难度大大提升，同时也使思想政治教育工作变得复杂化。短视频具有开放性、普及性、大众性及快速传播的特点，人们可以借助移动终端与平台进行短视频内容的拍摄、制作与上传，但是这些信息的具体内容却无法得到有效的审核，而且大学生的心理和思想处在发展阶段，大学生还未形成稳定的价值观，难以对一些诱惑形成有效的抵制能力，非常容易被一些消极的思想、低俗的内容及一些偏离主流的价值观带偏，对其思想造成不良冲击，使其价值观、道德意识甚至政治立场受到一定的影响。各种爆炸式信息在网络上疯狂传播，深刻地影响并且引导社会潮流、大众的舆论方向，这就可能会造成一定的负面影响。一些信息的正确性与安全性是无法确定的，导致高校思想政治教育的实效性难以得到保证。随着经济全球化的不断发展，西方国家借助互联网的开放性对我国的意识形态领域进行入侵，对我国高校大学生进行思想、意识、文化上的渗透，以削弱我国大学生的文化自信、民族认同感。与此同时，网络短视频中还会经常出现一些故意中伤、恶意诽谤的煽动性内容，这极大地影响了我国当代大学生的主流价值观与意识形态的安全。这些不良信息的大肆传播严重影响了当前高校思想政治教育工作的环境，使得人们对有效信息的识别难度不断增加。

二、不良信息对思想政治教育的影响大大加深

大学生对网络短视频平台是非常熟悉的，相当一部分大学生每天花费大量时间来观看短视频。调查问卷显示，超过 70% 的大学生经常关注短视频，很多大学生已经对短视频形成了一种依赖。也有很多大学生认为当下对网络短视频的管理缺失，存在很多泛娱乐化、非常低俗的内容，这些都是当前短视频平台普遍存在的问题。随着社会的发展与大众思维的开放性增强，不少草根借助短视频平台跟风进行短视频拍摄、制作与上传，很少考虑视频的质量及可能产生的一系列不良的社会影响，总是以自己获取流量与关注度为创作的原则与目标，难免使用一些猎奇、低俗及娱乐刺激的手段、内容博取大众的关注。然而大学生尚未形成稳固的价值观，没有形成对优劣内容的准确辨别能力，也就难以作出准确的价值判断。从目前的情况来看，短视频平台为了抢占市场份额，简化了使用程序，有些平台不需要实名注册就可以直接使用。小部分用户为了增加粉丝量、提高人气，从中获取高额收益，不惜违背道德甚至突破法律底线，恶意传播一些违背公序良俗的作品，对网络环境造成一定程度的污染，也使大学生的身心健康受到一定损害。

三、大数据智能推送功能使信息面变窄

当下的短视频平台都运用了大数据算法，能够根据用户的使用习惯等相关因素精确地了解用户的实际喜好，智能、精准地追踪用户。在新用户对短视频软件进行注册、使用的时候，所有的平台都会提供性别、年龄、爱好等基本选项以便用户选择，然后短视频平台就会根据用户的选择进行相关短视频的初步投放；用户使用一段时间之后，大数据会根据用户的相关使用数据进行新一轮的内容推送，所推送的内容基本迎合了用户的爱好。以当今最火爆的抖音短视

频为例，如果用户经常刷影视剧视频，那么平台就会经常推送相关影视类作品给用户；如果用户经常搜索新闻类视频，那么平台就会为用户推送大量新闻类相关短视频。用户喜欢看哪些视频，平台大数据就会牢牢地抓住用户的实际需求进行精准化的内容投送。在这样的机制之下，短视频平台就会将用户牢牢地掌握在手里，防止用户流失，用户也非常容易对平台产生依赖。但是长此以往，在个性化的信息推送之下，用户的知识面就会变得越来越窄，信息获取渠道就会受到极大的限制，这也会在一定程度上使大学生的心理健康、价值观受到影响。当大学生长时间沉迷于自己所感兴趣的内容时，就会对一些社会热点等内容产生一定的忽视，久而久之就会使大学生对社会主流价值观的认同感逐渐削弱，社会责任感也越来越低。与此同时，大学生在长期较窄的信息面的影响之下，会逐步产生一些错误的价值观，限制自己的视野，产生偏执与盲从，严重影响个人的健康成长。

四、思想政治教育的实效性被削弱

思想政治教育的实效性就是思想政治教育的实际效果。在新时代，高校的思想政治教育要想取得切实的效果，就必须综合考量各种有利的因素。在思想政治教育过程中，最关键的因素就在于教育的内容全面、正确，恰当的教育内容对思想政治教育目标的实现有着非常重要的影响。教育内容不仅来自教材，还应当来自社会及当下的网络，这些地方都隐含着恰当、有效的教学素材等内容。互联网时代，各种信息传播速度有了极大的提升，传播范围也得到了前所未有的扩展，这对当下的互联网居民尤其是当代的大学生来说就会形成强大的影响力。大学生的思想具有不稳定性，非常容易受外界的影响而发生一定变化。思想政治教育是一个长期的过程，具有一定的复杂性、曲折性及艰巨性，育人的实效性不仅要关注大学生的精神层面，还要关注大学生的行为层面。教育要内化于思想、外化于行为才可以算是取得了切实的效果，不过，取得这种效果也并非意味着终极任务的完成，可以一劳永逸了。人的思想具有复杂性、多变性，思想政治育人工作取得阶段性成就的同时，应当对成果进行及时巩固，否则之前所取得的成果非常有可能付之一炬。新时代的大学生对互联网有极强的依赖性，有较强的猎奇心理，对网络中出现的新事物、新内容有着强大的探索欲望，总是可以在第一时间接触到最新内容，但网络空间是复杂的，网络用户的年龄、学历及职业等存在差别，良莠不齐的内容所产生的影响也不尽相同，不同群体对一些社会新闻热点的关注与评论角度也有所差异。一些优质的内容可以对大学生产生积极影响，巩固思想政治育人的效果，但是不良内容则会产生消极效果。

随着社会发展，短视频内容也在不断丰富与更新，各种各样的短视频层出不穷，让人眼花缭乱。这些短视频看似庞杂，实际上分类十分明确，对各个阶层、不同年龄段及不同职业的人都进行了有针对性的分类。短视频平台对各类群体的实际爱好有着精准的把控能力，让大学生始终可以沉迷在视觉感官的快感之中。短视频之所以被称为短视频，就是因为其内容精简短小、形式丰富多彩、题材新颖多样，这些特点会有效地吸引大学生的眼球，让其在短期内就可以养成对短视频平台依赖的习惯，并且逐步陷入其中不能自拔，牢牢地依附于短视频平台。第一，很多错误的价值观及谣言会对大学生的政治观点形成侵扰。从当前的情况来看，随着我国综合国力的不断提升，西方很多国家利用意识形态领域的渗透，以散布虚假言论、进行虚假报道等形式抹黑我国，企图让我国的大学生在意识形态领域与政治观点上产生动摇。第二，错误的思想和观点会对大学生造成冲击，使大学生积极向上的进取心受到一定程度的弱化。目前，很多视频拍摄者与制作者通过短视频平台一举成为网络达人，受到大众的广泛关注。这些网络达人在出名之后，借着自己的流量与粉丝一夜暴富，过上了奢侈的生活，对大学生的心态造成巨大的冲击，这些网络达人也成为大学生羡慕追捧的对象。通过制作网络短视频的形式，很多普通人在短期内就实现了财富自由，名利双收，相对于传统大学生通过艰苦奋斗、激烈竞争的学习才有可能获得成功的方式，制作短视频简直就是一条捷径，人们可以通过非常简单、舒适及愉悦的方式获得成功，这就使二者之间形成一种鲜明的对比。这种对比会使大学生产生一种巨大的心理落差，对大学生的职业规划形成一种错误暗示，让大学生逐步抛弃勤俭节约、艰苦奋斗的优良传统。第三，使大学生道德品质的养成受到一定的影响。网络中充斥着挑逗引诱、江湖义气、校园霸凌、流氓耍赖、打架斗殴等传播不良价值观与风气的短视频，例如香港古惑仔、根据小说改编的网剧等通过剪辑后在短视频平台进行展示，刻意对某些不良情节进行渲染，吸引大学生的关注，严重影响了大学生道德品质的培养。大学生在课堂上接受的思想政治教育的效果往往在这些违反道德的短视频的影响下化为泡影。

五、新时代思想政治教育的针对性与育人自觉性程度降低

新时代的思想政治教育应当具有针对性与自觉性，针对大学生应当具备的基本素质进行有计划、有目标的教育，同时在当前复杂多变的网络环境中，教育者与被教育者在教育过程中都应当具备自觉性。但是短视频选择上的自由性使思想政治教育的针对性非常容易受到影响，短视频平台的用户吸引模式同样对人才培养的自觉性造成影响。

（一）思想政治教育的针对性受到信息自由选择的影响

当今时代，思想政治教育需要具有针对性，主要体现在两方面，一方面是教育对象的针对性，另一方面是教育内容的针对性。简单来说，思想政治教育内容要针对当代大学生应当具备的基本素质进行选择、设置。随着互联网的发展，短视频逐渐成为一种具有重要作用的互联网产品。目前，短视频内容丰富多彩、包罗万象，在思想政治教育过程中，只有一些特定内容可以作为教学内容。一些优质的短视频内容在类型上具有不一致性，而且不同短视频在对大学生的基本能力、素质培养方面具有的作用也是不同的，如有些短视频对大学生的爱国主义教育效果非常明显，有些短视频有利于培养大学生的社会责任感，有些短视频能够有效地坚定当代大学生的理想信念，有些短视频可以激发大学生艰苦奋斗、顽强拼搏的精神。

从当前情况来看，各种信息呈爆炸式发展，信息呈现方式多种多样，这些信息来自不同的网络平台，很多信息是用户被动接收的，只要用户打开手机，这些信息就会自动进入用户的视线。在信息的接收上，大学生处于被动地位，但是在信息的深入了解上，大学生是有主动权的。对于教育者来说，这种在信息选择上的自由权有助于大学生在思想政治教育过程中对有利的资源进行挖掘与利用，使课堂效果大幅度增强。但是从大学生的角度来说，信息的自由选择会带来两方面的影响：一方面，在网络中，大学生可以对各种网络产品进行自

主选择,针对自身的需求自由选择内容,对自身的特定技能进行培养;另一方面,由于一些不良内容具有更强的吸引力,部分大学生会优先选择不良的视频内容进行观看,这非常容易使受教育者受到不良的影响,破坏其必备素质的培育与形成。与此同时,大学生会优先观看自己喜爱的内容,而很少关注自己不感兴趣的内容,这非常容易导致某些必要素质的缺失。如果大学生对一些有价值的、健康的内容进行浏览、观看,那么就不会有很大影响。如果大学生没有健康的价值判断,经常选择一些偏离主流价值观的视频进行浏览,就非常容易使其思想受到严重的影响,带来一定的心理问题,使思想政治育人的针对性受到影响。

(二)平台大数据推送使思想政治育人的自觉性减弱

随着人类文明的发展,学习方式逐渐由单一化向多元化发展。在当前的新媒体时代,短视频逐渐成为一种新型学习方式,虽然很多人认为自己的思路非常容易受到短视频内容的影响,但值得肯定的是,这种通过短视频进行信息接收与学习的方式是不可逆转的趋势,会突破更多教学限制,使教学变得更加便捷。教育要培养大学生理性地面对新事物,要让大学生具备理性心态。自我教育是当今时代育人的最终指向。大学生只有具备了自我控制、自我管理及自我教育的能力,才可以使自己更好地成长,更好地完善自我,更好地成为祖国的栋梁。然而,短视频平台在大数据的加持下,对用户进行内容的精准投放,这种对用户的吸引模式会导致大学生逐渐缺乏自我教育意识,甚至会降低整个社会的人才培养的自觉性。

当前短视频平台会通过各种手段来吸引用户的注意力,留住用户。短视频中的很多内容直接来源于人们的社会生活,与人们的生活息息相关,包含人们的衣食住行等各个维度的生活需求,可以全方位地满足用户的需求。除此以外,一些短视频平台还会利用广告及会员服务等各种方式吸引用户,诱导用户购买产品,从中获益,还有部分短视频平台没有探索出适合自己的道路,为了吸引用户的关注而不择手段,甚至违背道德规范,利用一些低俗内容激发用户的浏览欲望。尽管一些具有自控能力与识别能力的用户可以抵制这些内容,但对于一些意志不坚定、思想不成熟的用户来说却非常容易受到误导,使自身的价值观受到冲击,沉溺其中不能自拔,逐渐消磨自己的意志,失去正确的人生目标,最终丧失主动性。这些不良的氛围会使网民尤其是大学生受到消极影响，在长期的沉溺之中，人才培养的自觉性就会被逐渐减弱。

六、动摇大学生的意志与理想信念

坚定的意志与理想信念对当代大学生来说是非常重要的，是大学生坚持正确道路与价值观的关键动力，是大学生自控能力的重要保障，能使大学生在浏览到不良内容时保持一定的抵抗能力。但是从目前来看，短视频中的内容有很多碎片化的肤浅的信息，使大学生的意志受到了一定程度的削减。短视频平台有很多低俗内容，这些内容的广泛传播会使大学生的理想信念受到冲击，这在无形中使思想政治育人的难度增加。

（一）浅层次、碎片化的信息使大学生的意志品格消减

在个人成长过程中，意志品格起着重要的作用。从一定程度来说，相比于智商与情商，意志品格甚至处于更加重要的地位。新时代大学生在成长过程中，要想不被任何外部不良因素影响，在正确的道路上专心致志地走下去，就必须具备良好的意志品格，这是大学生必须具备的基本品质。大学生是祖国未来的希望，是社会主义现代化建设的接班人，肩负着伟大的使命，只有对自身的意志品格进行不断磨炼，才能更好地在前进道路上抵御各种低俗文化的侵袭，在正确道路上坚定不移地前行。随着互联网的普及，各种信息呈爆炸式增长，新的技术不断更新迭代，短视频成为主要的信息传播方式。在短视频快速发展的时代，各种碎片化内容铺天盖地地席卷网络空间，各种"网红""段子手"疯狂霸屏，这些信息极大地影响着大众的视野与心灵，很大一部分大学生利用闲暇时间观看这些碎片化的短视频内容，长期在这样的状态之下，大学生的意志品格就会受到削弱，逐渐使自身的专注力、自制力受到分散与消解，从而极大降低大学生的自觉性。

短视频强烈地冲击着人类的视觉感官，碎片化的信息呈现方式可以有效地抓住用户的眼球，可以让用户在短时间内快速体验到刺激性快感，加之短视频平台对用户的使用习惯"了如指掌"，这样就可以更加有效地为用户推送精准的内容，牢牢地吸引用户的注意力，让用户沉迷在舒适的快感当中，对短视频

平台产生更加强烈的依赖性。这样"快乐的时光"让大学生难以感知到时间的流逝，很多大学生往往有这样的感觉——"明明自己只刷了一会儿抖音，但是居然过去了大半天"。这已经成为一种普遍的现象。这种现象的加剧意味着大学生的自控能力普遍下降，意志力逐渐受到侵蚀，对大学生的长期发展造成严重的不良影响。很多大学生长期刷短视频，逐渐发展成网瘾，越来越难以自控，心绪会变得越来越浮躁，注意力会变得越来越涣散，逐渐丧失深入思考的能力，对文字失去兴趣，阅读会变得越来越困难。相关被采访者表示，其使用短视频的最初目的在于防止自己熬夜追剧，自己经常熬夜追剧到凌晨两三点，每天早上起床的时候无精打采，导致第二天的节奏全部被打乱，因此想通过观看短视频代替观看长影视剧，但是，随着长时间地进行这种快餐式的信息摄入，自己对时间流逝的感知能力明显降低。比如，在刷短视频之前会给自己规定刷几个短视频，但往往在刷了两三个小时以后才意识到已经超时了，自己的自控能力被进一步削弱。而且，大学生往往只愿意刷一些时间长度低于一分钟的视频，时长稍微长一点的视频就没有心思深入观看，第一反应就是划走。在大学阶段，大多数学生还没有形成完整的认知能力，在这些碎片化信息的长期渗透与侵蚀下，其进行独立思考的能力会逐渐下降，同时这些信息大多是没有营养的垃圾信息，在这些信息的长时间裹挟下，大学生会丧失辨别与判断能力，会变得越来越麻木。很多大学生甚至将一些搞笑类段子当作正经视频内容，对一些断章取义的视频内容妄加评论、疯狂跟风。另外，短视频碎片化的形式逐渐让部分大学生形成视觉惰性，使学习的自觉性大大降低。新时代的青年需要具备有效的判断能力、强大的专注能力及自控能力，然而当下随着短视频的发展与大学生对短视频的依赖程度加深，这些大学生必备的意志品格难以有效形成。

（二）大学生的理想信念会被低俗文化动摇

有灵魂的文化一定包含着真、善、美，同时这也是文化的精华，是文化所包含的价值。而低俗文化恰恰是相反的，是对真、善、美等积极方面的否定。当前的短视频中有很多宣传真、善、美的积极内容，同样也充斥着大量传播假、恶、丑的低俗内容，这些低俗的文化形态主要依托于互联网信息技术而诞生与存在，包含一些审丑文化、色情文化、暴力文化、恶搞文化等。最近几年，进行自我炒作、炫耀财富及进行网络诈骗的主播层出不穷，使大学生的理想信念受到极大的冲击。在现实生活中，一部分大学生在短视频的影响下，理想信念受到一定的冲击而出现动摇，这就与新时代的人才培养要求相违背。

第一，现代很多人由于受到社会的影响变得越来越功利，这些具有功利想法的人对短视频的流量规则有着深刻的把握，为了博取大众的关注，收获粉丝及流量，根据平台规则对各种低俗甚至违背道德良知的短视频内容进行恶意炒作。例如，在汽车行业快速发展过程中，为了拍摄一段刺激性短视频，有些创作者会将自己的头与手机伸出车窗外进行短视频的拍摄，有些创作者徒步在车来车往的高速公路上进行拍摄，甚至有些创作者为了追求更加刺激的效果居然在地铁站台上进行劈叉表演；还有一些吃播视频，为了博取大众的关注，大肆浪费粮食；有些短视频创作者制作的视频内容往往是涉及暴力、追求名利与钱财的"爽剧"，虽然可以立刻吸引他人的关注，快速积累粉丝，但视频的价值观是扭曲的。一些大学生在这些内容的影响下，价值观可能会受到巨大的冲击而发生扭曲，理想信念受到动摇，沉迷在灯红酒绿、纸醉金迷的物质世界中，逐渐丧失理智，变得麻木不仁，甚至妄想通过一些投机取巧的手段不劳而获。

第二，一些别有用心的人经常通过恶意剪辑，断章取义地进行一些短视频的二次制作。一些人为了获取高流量及高点赞量对一些历史资料和英雄人物进行恶搞或者戏说，这就导致了一些思想还未成熟的大学生价值观受到严重的影响，也会误导大学生，让其逐渐滋生历史虚无主义、文化虚无主义及民族虚无主义，理想信念逐渐丧失。

第三，短视频平台上展示的主角人物在大众的眼中几乎有完美的人设，有近乎完美的外表、幸福的家庭、和谐的爱情和婚姻、完美的身材及良好的生活习惯等，但实际上存在学历造假、财富造假及炫富的现象，这些人为了满足自己的虚荣心，大肆利用网络短视频进行炫耀，导致很大一部分人产生巨大的心理落差与不平衡心态，理想信念受到极大的影响。某短视频平台上的一名主播为了获得更多粉丝的支持，说自己高考时通过一些特殊的手段将自己往届生的身份改成了应届生。众所周知，高考是我国非常严格、非常公平的考试，但是那位主播却在直播平台中说自己通过特殊手段修改了信息，这是一种非常严重的作弊行为，这种问题在公共平台上宣传就是在挑战社会的道德与法律底线，会对社会造成严重的不良影响。

七、大学生的身心健康、价值观受到危害

当代大学生价值观的正确性与其身心健康程度有直接关系，如果大学生没有健康的身体、心理作为支撑，其价值观就非常容易发生扭曲。从目前来看，短视频中出现了很多虚假、不良的内容，这些内容对大学生造成了巨大的危害，严重损害了大学生的身心健康，很多素质低下的不良主播进行不良内容的输出，严重扭曲了当代大学生的价值观，加大了思想政治育人工作的难度。

（一）虚假营销信息对大学生的身心健康造成威胁

当代大学生要想成为有用的人才，健康的身心是必备基础，健康的身心也是支持其工作与学习的重要前提，必须对此予以充分的重视。随着自媒体时代的到来，内容营销已经成为一种常态，因此用一些正当的手段与方式进行内容的输出与营销及流量变现也是合情合理的，但是，一些毫无道德底线的平台为了一点经济利益而允许各种与虚假营销有关的内容大行其道，对平台上的内容缺乏有效的管理，非常容易使大学生的身心健康受到严重的影响，使思想政治育人的基础遭到动摇。

第一，短视频平台上充斥着大量"挂羊头，卖狗肉"的短视频，妥妥的"标题党"，内容与标题有极大偏差甚至完全不符。有些短视频封面标题非常好，实际上其内容是大力营销假冒伪劣产品及传播一些错误观点。一些劣质短视频的点赞量、评论量及转发量经常是几万甚至几十万地增长，其实背地里用了很多不能公开的特殊手段才得以实现。例如，花钱雇用水军刷屏、使用群控软件的支持，一些看似非常"给力"的数据背后其实隐藏着大量水分，但是大部分大学生缺乏理性的观察与认识，非常容易被这些虚假的点赞、转发、评论等误导，进而跟风选择点击观看，长此以往，大学生的心理健康就会受到这些虚假营销信息的损害。

第二，在新闻资讯等内容的传播上，短视频发挥着积极的、重要的作用。但是，有些营销类内容与现实生活严重脱节，毫无逻辑可言，无味且夸张，只

是对一些内容进行恶意拼凑与改编，甚至故意捏造虚假事实，所传达的一些内容断章取义，缺乏完整性、真实性，完全可以列为虚假内容，这就非常容易造成谣言的泛滥。

第三，短视频平台有很多教授动作类的视频内容，但这些短视频往往是通过一些剪辑技术与电脑特效制作而成的，大多数普通人是难以做出这样的动作的，贸然模仿非常危险，然而这些短视频却被贴上了"教学"的标签，很容易让涉事不深的大学生上当。

（二）大学生的价值观被不良视频扭曲

随着短视频的发展，当代大学生的追星对象也有了拓展，除了传统的影视剧明星，很多网络达人也加入了被追捧的行列。当前短视频平台确实造就了一大批网络达人，在对大学生的价值观引导方面，这些网络达人确实有极大的影响，一些正能量的优质网络达人会对大学生起到正向的、积极的引导作用，可以有效地激励大学生形成正确的价值观。但是，有优质的就有劣质的，有高雅的就有低俗的，一些素质较差的网络达人为了获取大众的关注，故意用一些粗陋、低俗的语言与行为，向大众传播一些错误的价值观。价值观的形成建立在一定的认识上，当代大学生还没有过多接触社会，对于一些社会道德规范还没有较好的理解，对于善恶、优劣的辨别能力与认知能力还不是很高，难以对负面的、错误的信息进行筛选与判断。在这些低俗网红的影响下，大学生很快就会被带偏，使价值观扭曲，产生错误的是非观、审美观。

第一，随着社会的发展，一部分大学生的审美观逐渐低俗化，认为"颜值就是正义"，极大地助长了社会的不良风气。一些网络主播没有什么技能，单单依靠自己的外表就受到无数人的追捧，有些人为了有良好的外貌甚至不择手段去整容；短视频平台设置了强大的美颜功能，在镜头前个个是美女，个个是帅哥，个个都是豪气的榜一榜二大哥，让很多粉丝产生"颜值就是正义"的错误认知。还有一些瘦身"励志"博主，宣扬不健康的减肥观念，鼓吹年轻人一定要为了自己的青春而奋斗、为了自己的身材美而奋斗，扬言为了瘦身每天只吃一片青菜叶，鼓励广大网友组团打卡、相互监督，很多大学生在这样的"妖言惑众"下，纷纷跟风，最终对自己的健康造成极大的危害。

第二，部分大学生的劳动观被扭曲。当今，网络短视频的发展确实造就了一大批网络达人，这些网络达人的成就很多不是通过自己踏踏实实努力而获得的，大部分是通过炒作、花钱买热搜提升自己的曝光度而达到"出名"的目的。新时代要求大学生德、智、体、美、劳全面发展，劳动也是全面发展的一部分，但是由于受到一些低俗网络达人的影响，很多大学生不再踏踏实实地学习，为了自己的人生理想而努力奋斗，反而逐渐变得享受安逸、厌恶劳动，妄想通过投机取巧一夜成名。新时代的人才培养对大学生的劳动观有新要求，然而部分短视频传递的价值观与新时代的人才培养要求背道而驰，轻者会使大学生的学业受到影响，严重的会使大学生违背社会的公序良俗，甚至触犯法律。根据相关采访，某位受访者表示：网络达人已经成为大学生现在的主要职业追求目标，每天花费大量时间研究如何进行热门短视频的拍摄，想象自己将来有一天可以获得大量粉丝来追捧自己、支持自己，这样就可以轻轻松松地挣钱了。

第三，大学生法治观念的养成出现困难。有些素质低下的网络达人有时为了达到目标会做出一些出格的行为，利用自己的"号召力"煽动部分粉丝群体对他人进行攻击，这是一种违反道德底线甚至触碰法律底线的行为，会使大学生的是非观严重扭曲，使网暴风气助长甚至进一步发展为现实暴力。很多网络达人没有正确的法治观念，私自盗用他人的作品，有的甚至不承认自己盗用，厚颜无耻地认为自己是原创，导致盗版与抄袭猖獗。长此以往，大学生将会变得越来越没有版权意识，法治观念也将会受到冲击而逐渐淡化。

第四节　短视频对大学生思想政治教育产生消极影响的原因

网络短视频逐渐成为大学生日常生活、学习中的一部分，为高校思想政治教育工作带来前所未有的机遇，同时也带来一定消极影响。产生这些消极影响的原因主要在于短视频平台具有制作门槛低、自由开放、传播速度快的特点；而当代大学生的价值观还处于发展阶段，尚未稳定成形，难以抵制不良诱惑；

与此同时，相关网络平台的监管机制还是不太健全的，这就导致短视频的消极影响难以避免。

一、短视频制作门槛低、自由开放、传播速度快

短视频拥有非常强的开放性，自由度高、信息传播速度非常快，同时其制作门槛也是非常低的，任何人只要会基本的手机操作便可以进行短视频的拍摄与上传，这就可以满足更多大学生的实际需求。当前大学生富有激情，有强烈的表达欲望，同时价值观变得越来越多元化，思想也变得越来越活跃。对于短视频观看者与消费者来说，只要打开 App，无须过多操作就可以直接观看内容，满足一些社交需求。通过短视频平台，大学生有了更多自我展示的机会与空间，既不会受到家里长辈的干涉，也不会被教师批评。部分大学生为了获得流量、博取关注，围绕自身的兴趣爱好，无视基本伦理道德，不考虑创作和上传的内容优劣。短视频的开放性决定了用户的复杂性，鱼龙混杂的用户混迹在网络空间中，一些只为了谋取经济利益或者别有用心的人，为了达到私人目的，不择手段地对一些短视频进行加工处理与故意炒作，混淆人们的视听。视频具有连续性，本来某些视频表达的是一种意思，但是通过特殊的剪辑之后，就会使视频内容变得与原来的表达大相径庭，完全颠覆原有视频想要表达的意思，对一些不明真相的人造成极大的误导。

二、当代大学生普遍心理发展不成熟与网络媒介素养不高

当代大学生的网络媒介综合素养总体是比较低的，对网络媒介相关信息缺乏有效的认知能力、理解与判断能力，这是大学生容易受到短视频不良影响的重要原因之一。大部分大学生对网络短视频相关问题很少进行深入研究与探索，很少深入思考为什么是这样的、如何才可以用好网络媒介、如何更准确地判断网络媒介信息、如何才可以将其更好地与自己的学习和生活融合在一起。心理不成熟及对诱惑的抵制能力低等因素在很大程度上导致当代大学生沉迷于短视频。随着社会的发展，大学生对新事物的好奇心越来越强烈，同时其思想比较单纯，对事物的看法比较浅，非常容易受到一些劣质视频的误导，如果对一些有风险的视频进行模仿，那么其身心将受到损伤。由于当代大学生在生活、学

习及感情方面存在着较大的压力，通过短视频娱乐消遣成为逃避现实压力的一种有效方式，长此以往，大学生的社交圈就会变得越来越小，社交意愿与社交能力变得越来越差，最终变得孤独与自闭。

大学生希望在短视频中找到属于自己的价值认同，用那些不需要进行深度思考直接就可以造成强烈的视觉感官刺激的低俗化、娱乐化短视频进行自我麻痹。当今时代，"95后"与"00后"大学生是互联网的原住民，互联网环境成为影响大学生身心健康不可忽视的环境，但互联网环境基本是轻松的氛围，现实生活却往往比较复杂。随着互联网的娱乐化倾向越来越明显，很多非常严肃的事经过互联网的渲染就失去了其原本的面貌，变成一种娱乐性展示方式，很多具有深刻意义的事物变得娱乐化。为了博取大众的关注，提高曝光率，迎合大众的口味，创作者和平台大力将各种短视频内容往娱乐化方向发展，甚至连宗教、政治、军事及教育领域都在朝着娱乐化方向发展，搞笑成为一种常态。当大学生长期浸染在这种氛围中，思想就会逐渐被同化，变得越来越肤浅，甚至会产生错觉，将这种错觉带到现实生活的各个场景中，忽视很多极为重要的事情，模糊严肃与娱乐的界限，久而久之就会失去自我思考与判断的能力，变得越来越浮躁、越来越缺乏理性思考能力与判断能力，大学生的精神家园逐渐受到侵蚀，极大地加剧了新时代高校育人的难度。

三、没有健全、完善的相关法律法规

随着短视频的发展，其逐渐融入人们的日常生活，成为人们日常生活不可分割的一部分，但短视频在发展中也存在各种不良问题。为了解决这些问题，国家相关部门制定了相关规定、措施。这些规定、措施在一定程度上保障了对短视频平台的监管。但是从整体上来说，这些规章制度还不太完善，存在一些漏洞，短视频市场出现了很大问题，非常容易使一些不良短视频创作者与不法分子钻法律的空子，造成难以挽回的严重后果。总而言之，对短视频进行约束的法律法规、政策及制度的不完善，以及个人进行网络违法行为的成本也不是很高，这些问题导致了短视频中不良内容肆意横行，对当前的网络环境安全造成了一定威胁，也使人才培养受到严重的影响。

（一）相关规范性文件存在一定的漏洞

短视频是时代发展的产物，新事物的出现必定需要与之相适应的法律法规进行约束与规范，但上层建筑的发展是有一定滞后性的。目前，相关法律法规发展还不太完善、不够健全，同时可操作性也不是很大。

1.审核监督规定不太全面

一些部门在制定相关审核与监督规则时，对于各种可能出现的问题、突发情况的考虑不够全面，相关文件存在一定程度的漏洞，面对一些特殊问题时难以有效应对，极大地增加了思想政治育人的难度。在一些对短视频平台进行规范的相关文件当中，虽然已经提出了一系列详细的管理规范，但是对不同的短视频的具体审核方式并没有作出更加明确的规定。如果没有更加详细、明确的规定，就难以有效应对各种突发问题，而且在审核过程中由于技术等现实因素的限制难以有效地按规定的审核条件进行落实，例如有些特殊敏感词，平台根据审核规则进行审核的时候利用技术手段进行筛选，但是很多用户明白规则以后便利用规则的漏洞对这些特殊词汇进行特殊处理，利用缩写、谐音及同义词替换等手段导致平台筛选机制失效，这是一种常见的漏洞，针对此必须制定更加详细的审核规则。

2.多平台共同监督的规定缺失

现如今很多平台已经进行了信息联通，这就意味着同一个用户可以在一个或者多个平台上注册账号，展示自己的作品，同样的视频也可以在多个平台上传。不同的平台有不同的审核机制与标准，所以同样的视频在前一个平台上可以上传成功，但是在另一个平台进行上传的时候却可能难以通过审核。因此，各个平台应当加强包括审核机制在内的信息联通，这样就可以有效地防止一些不良短视频钻空子而扩大不良影响的范围。然而在现实生活中，对于此类规定是缺失的。不同平台的运营方向、风格及主营业务是不同的，这就造成了审核、监督机制的不一致性。但是对于一些低俗的、恶意的不良内容，各个平台应当保持一致的态度。由于相关规定不是特别明确，各个平台之间难以进行有效沟通而了解相互之间的审核细则，这样就会给劣质短视频博主发出一种错误信号，博主在一个平台发布失败后，不会对自己的作品进行反思、改进，反而认为平台有错，认为总有其他平台会接纳自己。

（二）缺乏增强平台自律性的行政法规

在约束平台行为方面，完善的法律法规确实发挥着强大的作用，但是总有部分平台缺乏必要的社会责任意识，将经济利益放在首要考虑的位置，甚至为了获取经济利益直接忽视相关道德与法律规范。要想实现有效规范，必须将内在的自我规范意识与外在的法律法规的强制手段相结合，如此才可以使短视频市场秩序更加规范。但是在现实中，相关的法律法规仍不太完善，主要表现在以下两个方面。

1. 缺乏平台自律守则规定

当前，多数短视频平台没有制定相关的自我约束守则，这就说明短视频平台不会自主地进行严格的自我约束。在经营活动方面，短视频平台首先关注的是自身的实际利益而非用户；在内容传播方面，以流量与点击量为导向，不会优先考虑内容价值观的正确性，以及是否与社会主义主流思想契合。一些短视频平台为了营利而经常推出一些应用，上线之后就迫不及待地想赚钱，对于应用的功能会进行详细介绍，但是对于平台应当遵循的规则与义务很少提及，这就很难让平台进行真正的自我约束。相反，如果平台推出了相关自律守则，那么其在运营时是会有一定权衡意识的，不会漫无边际、无所顾忌。此外，一个平台如果推出明确的自律守则规定，那么其他类似平台也会有所顾忌，产生一定的敬畏与底线意识。如果某些平台长期缺乏明确的自律守则规定，那么自我约束能力就会逐渐丧失，会给其他平台带来不良的示范，进一步恶化网络环境，从而增加相关部门的审核与监督管理工作。

2. 缺乏完整的惩处措施与规定

短视频中存在很多不良现象，严重地污染了网络环境，败坏了网络风气。针对这些现象，相关部门已经制定了一系列管理措施，但是有一部分措施和办法缺乏细化，没有完善的惩处措施，平台简单、粗暴地采用"禁言""封号"等方式来解决处理，这些被禁言、封号的博主通常有多个备用账号，而且可以通过很多渠道获得新账号，一个账号出现问题以后，立刻可以另起炉灶。还有很多违规内容仅仅做下线处理，没有其他惩罚措施。与此同时，虽然规定中明确要对违规者进行处罚，但是对违规的程度、惩罚的力度都没有进行详细阐述。有法可依，有法必依，但是缺乏完善的法律规章也就无从依循了，正是这些原因导致很多短视频平台对内容的管理变得更加困难，对于传播不良内容的博主往往只是舆论谴责，惩罚力度根本难以达到威慑效果。

四、短视频平台没有强烈的社会责任意识

短视频是互联网发展的时代产物，支撑其运营的是背后的企业。目前很多企业开发出了属于自己的短视频 App，但是一些企业却没有强大的社会责任意识，始终谋求的是商业利益，很多平台的监管功能不够完善，入驻平台的门槛较低，缺乏有效监管，这些是非常现实、直观的问题，这些问题会对高校的思想政治教育产生很多负面影响。

（一）部分企业存在社会责任感缺失的问题

部分企业在经营过程中一切朝经济利益看齐，与社会主义核心价值观严重背离；一切为流量服务，价值观要服从于流量，严重违背道德底线。

1. 追求商业化而传播不良内容

从当前情况来看，短视频领域已经有大量用户了，有着巨大的消费潜力。互联网企业如果脱离正确的价值观，将商业利益放在首位，那么在这种错误价值观的引导下，平台将会放松对短视频的监督，甚至纵容一些不良内容的传播来获取最大收益。在当前的网络环境中，短视频平台占据着重要地位，其要充分发挥自身的积极作用，进行正能量的宣传。短视频平台一般处于引导地位，平台本身并不生产内容，而是引导用户进行短视频生产，这个过程中如果引导到位，就可使短视频的发展变得积极向上，形成良好的网络氛围。在用户进行内容输出时，平台可以对其进行良好引导。如果平台对短视频的传播缺乏审核与监管，就非常容易使平台环境被各种不良内容污染。由于平台的审核与监管不到位，各种违反公序良俗、进行夸张与虚假宣传、篡改历史与抹黑英雄人物、故意带节奏的短视频就会肆意横行，对新时代人才的培养就会造成严重的危害。

2. 准入门槛低导致劣质短视频泛滥

随着时代发展，科技不断进步，互联网技术也在不断更新迭代，各种应用功能不断开发与完善，各种剪辑软件的功能越来越强大，智能移动终端也在不断创新，会用手机的人在短时间内就能轻而易举地创作出一个短视频。以往短视频创作的主体基本是一些经过包装的艺人或者明星、网络达人，现在创作主体是普通大众，短视频的创作变得普及化与平民化，创作门槛越来越低，每个人都可以进行短视频的创作，进行知识和技能的分享。但是准入门槛低会导致很多问题，素质各异的博主会进入短视频创作行列。一些创作者没有过硬的创作技能，也无法生产出优质内容，这些素质低下的创作者没有真才实学，为了吸引人的关注只能制作一些夸张作秀的短视频，如生吞活虾、用盆吃饭、生吃猪肉等；有些博主故意制作一些不良诱导内容刺激大众的欲望；有些创作者故意跟风以谣传谣；等等。这些因门槛低而出现的不良短视频，使短视频行业的健康发展受到严重的影响，对人才的培养非常不利。

（二）平台建设工作懈怠

很多短视频平台为了迎合用户的实际需求，出台了很多实用性强的优质功能，但其中很多功能是不完善的，很多有价值的新型功能还没有进行研发，这使大学生的一些合理需求难以得到满足，导致人才培养质量下降。

1. 现有的应用功能存在一定不足之处

大数据算法机制可以根据用户的使用习惯较精确地分析出用户的喜好，进而为其投放更多特定内容，导致用户的"口味"在一定程度上被束缚了，严重影响了用户对短视频的自由选择权。例如，一些大学生只是无意间点击了某视频，但是平台迅速对这一行为进行捕捉，并不断地向这些大学生推送类似内容，极大地封闭了大学生的视野。

2. 还没有充分开发新的育人功能

不同短视频平台都开通了评论功能，用于用户发表对作品的感悟与评价，最常见的就是弹幕与评论区功能。不同的平台有不同的评论内容展现形式，有些在评论区显示，有些除了在评论区展示还会在屏幕上进行同步显示，大多数大学生查看弹幕一般是为了满足自己的好奇心。除此以外，评论区也是用户进行互动交流的主要场所，但从目前来看，大多数短视频平台不太重视弹幕评论内容的过滤，相关功能也不太健全。很多评论区充斥着诽谤、谩骂、挑逗、恶意传播谣言的现象，这些非常负面的信息，严重污染了网络空间，使诸多大学生无形中陷入这种负能量且不能自拔。如果不积极地采取相应的措施对这种现象加以改进，那么造成的影响将会越来越大。

3. 缺乏剔除"标题党"与"封面党"的功能

在信息时代，一条内容想要爆火往往可能只需要一个醒目的标题或者关键词。与此同时，用户在观看短视频时，首先映入眼帘的就是标题与封面。如果标题与封面足够醒目，足够吸引人，那么被点击的概率就非常大；如果标题、封面非常迎合普通大众的口味，那么一般人看见后几乎会不假思索地点击。因而，无论视频内容优劣，都会产生巨大的播放量。很多进行自媒体教学的课程在提升流量方面就明确指出，"标题党""封面党"是必不可少的通用技能。有些短视频虽然标题与封面看起来很高级，但是内容展示往往非常低俗、劣质，甚至有些博主故意采用低级趣味的不良图片及文字，故意通过引发大众的邪念、低级欲望获取点击量，这种现象不加以制止就会越来越泛滥，各种大量虚假信息会充斥在网络，严重污染网络环境，严重危害大学生的身心健康。

第七章 短视频在大学生思想政治教育中的应用现状——以抖音短视频为例

第一节 大学生对抖音短视频的认识及使用情况

随着新媒体和互联网技术的高速发展，媒介形态也在不断地更新变化，短视频成为人们获取信息、传递信息、展示自我、休闲娱乐的重要平台，深刻影响着当代人的生活习惯和思维方式。其中，抖音短视频作为我国当前短视频行业中的佼佼者，在大学生中有着巨大的影响力，并在大学生中不断渗透和下沉，对大学生的思想政治教育产生了深远的影响。抖音短视频依托互联网和新媒体发展的强势性和快速性，再加上传播速度快、时效性强、覆盖面广、碎片化等特点，已经成为许多大学生学习和生活中不可或缺的一部分。在大学生眼中，抖音短视频是一个可以分享自己日常生活、展示自我的平台，深受大学生的追捧和青睐。

一、大学生对抖音短视频的认知

抖音短视频是一款专注于年轻人的短视频社交 App，于 2016 年 9 月正式上线。用户可以根据自己的喜好对拍摄的照片或视频进行加工处理，如加入特效、开启美颜、添加滤镜、更换背景音乐等，让视频更具趣味性和创意性。事实表明，抖音短视频搭载音乐、文字、图片等形式传播信息，比传统单纯的文字稿更能吸引大学生的注意，极大地提高了信息传播效率。抖音短视频平台上的大部分视频是以节奏感很强的电子音乐、舞曲为背景音乐，抖音短视频兼具潮流与炫酷的风格特点，在商业化和大众化的市场背景下，不断地迎合市场的需求，满足受众的诉求，从而营造文化狂欢的景象。

（一）开启新世界的大门

抖音短视频搭上了新媒体和网络技术高速发展的快车，突破了传统网络主体信息传播的时间限制和空间限制，凭借自身独特的传播功能和超强的感染力，在短时间内迅速崛起。近年来，随着抖音短视频的热度不断攀升，越来越多的专业团队进驻抖音平台，使短视频平台的内容更加丰富多彩，包含新闻类、美食类、搞笑类、短剧类、明星类等内容，这些五花八门的短视频内容能够满足大学生的不同需求。再加上大学校园具有一定的封闭性，而大学生正处于求知欲旺盛、对社会上的新鲜事物有着超强求知欲的时期，抖音短视频更像是一把开启新世界大门的钥匙，能够赋予大学生更多信息资源。抖音短视频拓宽了大学生的视野，让大学生的目光不只是停留在专业课、选修课、食堂、宿舍等地方。大学生能够通过抖音短视频看到世界上各种各样的人文风情、景观地貌等，既可以欣赏大自然的美景，也能够领略不同地区的文化，聆听不一样的声音。大学生尽管身处校园内，却能够通过抖音短视频看到不一样的世界。抖音短视频对很多大学生来说是其接触新鲜事物的重要途径，是大学生心目中的诗和远方，给他们平淡的生活增添了许多色彩和乐趣，提高了大学生的幸福感，增强了大学生对平常生活的热爱和对美好生活的无限向往。因此，高校大学生成为抖音平台的忠实粉丝，抖音短视频中发布的内容也在潜移默化中对大学生的价值观念和行为方式产生了影响。

（二）拍摄音乐短视频

"年轻人的音乐短视频社区"是抖音短视频最初的市场定位，事实证明它的定位很成功，短短几年内，抖音短视频全球每月活跃用户数量就超过 5 亿，全网用户的渗透率超过 50%。由于短视频拍摄简单、制作简易，再加上网络上"傻瓜式"的教学指南和操作模式指导，极大地简化了短视频的制作、上传流程，用户在创作完成短视频之后可以选择及时发布或者定时发布等操作。视频一经发布就可以实现在网络世界中的传播，且传播速度很快。很多大学生会在学习之余拍摄短视频，将自己的日常生活或者喜欢的事物等内容制作成简短的视频，再配上节奏感较强的电子音乐、舞曲等作为背景音乐发布在抖音平台上。由于抖音短视频的时长一般在 15 秒左右，制作周期比较短，较大程度上避免了大学生注意力长时间集中在同一件事情上所产生的厌倦、烦躁的感觉，也让大学生在学习之余有事可做。此外，大学生活对于很多人来说是多姿多彩的，很多上班族也很喜欢观看大学生拍摄的校园生活短视频，当大学生制作的短视频一经发出，就会收到很多关注和好评，在一定程度上满足了大学生的虚荣心，增加了大学生拍摄音乐短视频的动力。

（三）展示自我的舞台

移动互联网和多媒体技术的发展推动了短视频时代的到来。在如今的网络背景下，人人都是新闻传播者、制作者和发言人，每个人都可以发表自己的看法。抖音短视频是一种自主化、平民化的新型传播平台，具有音乐属性、创意属性和社交属性。只要有才华、有想法、有能力，就可以通过抖音这个平台将自己最美好的东西展示给更多人看，让大学生在繁忙的学习生活中，能够短暂地在网络上做最真实的自己。抖音短视频的观众还可以与视频制作者进行良好的互动，进行点赞、评论等一系列活动，创作者也可以进行回复。抖音成了一个互动交友平台，大学生可以通过抖音短视频结交志同道合的朋友。很多大学生喜欢拍摄视频并上传到自己的抖音账号中，从单纯的信息接收者转变为情感表达者。抖音为大学生这一庞大的群体设置了相应的活动，比如开学季、直播节、音乐大赛、宿舍生活、校园风采、温情故事等，丰富多彩的活动能吸引不同的大学生，嗨翻现场的唱跳健将、温婉可人的小家碧玉、浑身"抖包袱"的演技派都可以通过抖音发出自己的声音，讲好属于大学生的青春故事。因此，抖音短视频正在被越来越多的年轻人喜爱，它不仅能够吸引大学生的参与和表达，还能够成为大学生展示自我的舞台。

二、大学生对抖音短视频的使用情况

大学生作为使用抖音短视频的主力军，了解他们对抖音短视频的使用情况，对高校以抖音短视频为媒介开展思想政治教育活动具有至关重要的作用。大学生使用抖音短视频，一是为了消遣娱乐，丰富自己的学习生活；二是为了获取信息。通过抖音短视频，大学生很容易接触到社会上各式各样的信息，大学生将抖音短视频作为自己开启新世界大门的钥匙。抖音短视频以图文并茂、音频与视频相结合的方式为大学生展示社会上的新鲜事物，然后大学生利用抖音短视频分享自己的日常生活、展示自我。

（一）大学生习惯利用碎片化时间观看抖音短视频

抖音短视频本身就具有视频内容简短、题材丰富、幽默搞笑、范围广等特点，打开 App 就会直接播放视频，上划就可以观看下一个视频，对于自己不喜欢的内容可以选择屏蔽，刷抖音是大学生课下、排队、休息时的娱乐首选项目。从抖音短视频的观看时间来看，大部分大学生每次刷抖音的时间集中在 10~30 分钟，在这个短暂的时段内，大学生得到了放松。同时大学生使用抖音短视频的频次较高，大部分大学生 1 小时之内就会打开一次抖音，即使没有自己想看的内容，也会胡乱地观看几分钟，甚至在课堂上，大学生也会点开抖音短视频，导致其注意力难以集中。由于大学生的使用频次较高，大学生每天花费在抖音短视频上的时间甚至超过了 4 小时，如果是假期，时间就可能更长。由于经济的飞速发展，人们的生活节奏变得越来越快，大学生也承受着很大压力，需要通过抖音短视频来放松自己。大学生相较于中学生时间比较自由，有很多碎片化时间，这时大学生就会通过观看抖音短视频进行娱乐消遣，以轻松愉悦的方式了解社会上各类信息和各方奇闻轶事。

（二）大学生对短视频的内容和质量有较高的要求

大学生本身就是文化素质、综合层次较高的群体，对于一些粗制滥造、色情暴力、恶搞、低俗浅薄及博关注的"标题党""图片党"等短视频内容会产生一种强烈的厌烦心理，大学生更偏向内容和质量较高的短视频。对于大多数大学生来说，抖音短视频并不是单纯的娱乐消遣工具，他们不希望接收到的内容仅仅是毫无营养的快餐式视频，而是希望在休闲娱乐时也能够收获一些小知识，掌握生活中的小技巧或者锻炼自己的一些能力，比如学习技巧、美食制作、旧物改造、妆发技巧、拍照技巧等，他们会对有用的知识仔细地多学习几遍，然后收藏此类视频。如果抖音短视频能够满足大学生的学习需求，帮助大学生掌握更多技能，就会让大学生在收获快乐的同时增加对抖音短视频平台的依赖感，增加大学生的沉浸感，让大学生发自内心地认同该平台。

（三）大学生对抖音短视频的使用动机呈多元化趋势

抖音短视频是一个以"记录美好生活"为口号的娱乐社交平台，具有新闻传播、休闲娱乐、情感疏导、信息记录与保存等功能，拓宽了大学生获取信息的渠道。随着我国融媒体的不断发展，以短视频为媒介的信息传播渠道的优势日益凸显。目前，大学生使用抖音短视频的动机复杂多样，呈多元化趋势，主要集中在消遣娱乐、展示自我、记录生活、获取信息、人际交往等方面。但大部分大学生使用抖音短视频的目的是打发时间、调节情绪等，因此大学生经常观看的视频内容是幽默搞笑类短视频。大学生博主的评论区就像是校园论坛，所谈论的内容多是英语四六级、校园网卡不卡、食堂打饭等校园生活细节，这些事情就像是发生在自己身边一样，大学生能够从视频中看到自己的影子。但和校园生活的不同之处在于，这些视频能够将五湖四海的大学生汇集到一起，博主运用高效、幽默的视频拉近了大学生之间的距离。

（四）大学生在抖音短视频上花的时间总体偏多

抖音短视频虽然开阔了大学生的视野，丰富了大学生的日常生活，也给大学生提供了展示自我的舞台，但抖音短视频所带来的精神刺激仿佛是"精神鸦片"似的。大学生沉浸在这短暂的快乐之中，很容易丧失斗志。抖音短视频背靠今日头条，先天具备先进的算法分析技术优势，能够准确地把握用户的需求，所推荐的内容大多是用户喜欢的内容。很多大学生表示抖音短视频仿佛有一种魔力，打开就停不下来，本来想着就放松五分钟，结果一不留神半小时就过去了，想着看完这个视频就去学习，结果又玩了一小时。大学生原本想用碎片化时间来放松心情、转换一下思路，但是由于抖音平台推荐的内容太符合自己的口味，不知不觉就沉浸其中，导致大学生实际花在抖音短视频上的时间很多。由于大学生花在抖音短视频上的时间总体偏多，导致算法对大学生的了解程度更高，现在抖音短视频可以在满足大学生基本需求的同时创造出新欲望，导致大学生对抖音短视频的依赖程度加深。例如，针对喜欢看化妆短视频的女大学生，抖音就会向她们推荐美妆购物链接，让大学生在休闲和学习之余购买一些相应产品，使抖音短视频渗透在大学生学习和生活的方方面面。

（五）大学生对抖音短视频的依赖程度在性别和年龄上存在差异

大学生对抖音短视频的依赖程度是不同的，在性别和年龄上存在差异。实际上，男大学生对抖音短视频的依赖程度明显高于女大学生，因为女大学生的校园生活要比男大学生丰富得多，她们在现实生活中可以获得情感上的依赖、精神上的鼓励和好友之间的相互扶持。我们发现女大学生在校园内总是三五成群的，她们会聊一些生活和学习上发生的趣事，渴望在现实生活中锻炼自己、表现自己，社团和学生会中的主要负责人和干事以女性居多，而男性的表现欲望明显低于女性。对于同一件糟心事，女大学生会找好友倾诉或者大哭一场或者去购物等，但男大学生往往会把事情埋在心里，不愿意表达自己。但是，人总要有一个情感发泄的地方，抖音短视频就是一个比较好的修复情感的工具，可以使人沉浸在短暂的快乐和精神刺激之中，男大学生从中可以获得一些情感慰藉。

从年龄方面分析，大二学生对抖音短视频的依赖程度明显高于其他年级的学生。因为大一学生刚步入大学校园，对一切事物都是既陌生又好奇的，喜欢参与校园的各种活动，周末还会去学校周边的景点旅游、去商场里购物、去小吃街品尝当地的美食等。但到了大二，这些新鲜感就会变得习以为常，原本美味的餐厅也吃腻了，周边的景区也看过了，上课还觉得没什么价值，甚至有的大学生会逃课，选择在宿舍睡觉、刷抖音、打游戏。到了大三、大四时，大学生在这个时期会对自己的未来有一定规划，时间和精力都没有低年级的学生充裕。在这个时候，选择考研的大学生就开始择校、准备资料、安排学习进度；选择就业的大学生就会好好准备实习、考证等，提高自己的实践经验和综合能力，增强自身的社会竞争力。大二时期可以说是整个大学生活中最惬意、最轻松的阶段，而且大二学生在思想和心理上相对成熟，有很多空闲时间，也没有考证、考研和实习的压力。综上所述，大二学生对抖音短视频的依赖程度明显高于其他年级的学生。

第二节　抖音短视频应用于大学生思想政治教育的情况

随着互联网和多媒体技术的蓬勃发展，以及网络媒介平台的不断繁荣，社会进入自媒体时代，短视频平台给了普通人发表看法的机会。由于大学生对抖音短视频的高度认可和青睐，刷抖音短视频已经成为他们日常生活中重要的一部分。高校紧跟时代步伐，在多家短视频平台上开通了官方账号，学习短视频平台的运营模式和发展理念，积极探索以短视频为媒介对大学生开展思想政治教育，以增强高校相关教育工作的互动性和实效性。目前，高校纷纷开通官方抖音号，完善了思想政治教育内容，发起了思想政治教育活动，以期形成全方位、多渠道、高质量的思想政治教育体系，更好地发挥思想政治教育的深层内涵和重要意义，从而帮助大学生树立正确的价值观。

一、高校官方抖音账号的建立

随着社会的发展和移动终端的普及，近年来短视频行业发展十分迅速，抖音短视频作为其中的龙头企业发展得更是风生水起。目前，抖音短视频已经成为人们学习和生活中不可或缺的一部分。伴随短视频的热潮，抖音短视频的影响力也在不断扩大，社会上的知名企业和专业人士也认识到抖音短视频的巨大潜力，纷纷入驻抖音平台，开通官方账号，在抖音短视频平台中开展新项目。高校看到了抖音短视频的巨大教育价值，纷纷建立了高校官方抖音账号，而且高校内部会根据不同的教学内容开发相应功能，如思想政治课堂、智慧思想政治、网络思想政治中心等。在抖音短视频高速发展的背景下，抖音平台成为高校思想政治教育的新兴载体，既能适应思想政治教育创新的内在要求，也满足了思想政治教育延伸和发展的未来需求。

二、高校官方抖音账号设置思想政治教育内容

抖音短视频作为一种新的传播媒介，与传统以文字为主要呈现方式的传播媒介不同，能够以声音、图片等形式更真实、更直接地展现校园特色。目前，抖音短视频已经成为大学生交流的主要平台，也成为思想政治教育的新空间。高校需要结合时代背景，融合抖音短视频平台的运营和传播优势，不断地延伸大学生思想政治教育的模式和理念。比如，高校可以以短视频形式设置思想政治教学内容，以高校官方抖音账号作为开展思想政治教育工作的主阵地，大力宣传思想政治教育的深层理念和内涵，丰富校园文化，让大学生在潜移默化中接受正确的思想理念。一方面，高校可以以短视频的形式拍摄相应的思想政治教育内容，给大学生提供自由讨论的空间，提高大学生的参与感和体验感，并鼓励大学生进行评论、点赞和转发，以此来扩大高校思想政治教育的影响力。另一方面，高校可以依托短视频传递的强势性和快速性，吸引大学生和社会其

他人群的关注和认可，创新自身的思想政治教育工作方式，延伸自身的教育理念。

目前，我国大部分高校在抖音短视频平台设立了思想政治教育专栏，将原本复杂、深奥、学习时间又长的思想政治教育内容整合为幽默风趣的短视频形式，改变大学生对思想政治教育枯燥、古板的传统印象，激发大学生对思想政治教育学习的主观性。由于短视频本身具有短小精悍的特点，难以使大学生进行系统又深入的学习，极大地影响了高校思想政治教育的效果。因此，高校的思想政治教育工作者可以先对短视频内容做初步安排，采用循序渐进的原则，强化思想政治教育的深度和广度，将相关视频整合为一个教育专栏，定期更新内容，让大学生像看电视一样学习思想政治教育的相关知识。同时，高校的思想政治教育工作者可以集思广益，发挥大学生的优势，激发大学生的积极性，不断地完善抖音短视频中思想政治教育的内容和形式，从而实现抖音短视频思想政治教育活动的良性循环。高校的思想政治教育工作者也可以以话题形式鼓励大学生拍摄相应的短视频，加深大学生对思想政治教育知识的理解，提高大学生的参与感。

三、高校通过官方抖音账号发起思想政治教育活动

高校开通抖音官方账号，一方面增加了高校对外宣传的渠道，提高了思想政治教育内容传播的效率；另一方面强化了高校思想政治教育的效果和质量。高校将校园文化建设与抖音短视频平台相结合，丰富了大学生的校园活动，同时利用抖音平台将思想政治教育内容快速传播出去，在网络上引发了激烈的交流和讨论。此外，高校思想政治教育工作者应充分挖掘网络上有价值、有意义的事情，将其与现实结合起来，有序地引导大学生参与活动，强化大学生的体验感，提高本校的知名度。例如，对于传统节日被冷落的现象，高校可以组织大学生开展盛大的节日活动，让大学生亲身参与其中，感受传统节日的文化魅力，同时可以在抖音平台上进行直播活动，不定时地发一些小礼物和福袋等，让短视频用户一同感受传统节日的热闹氛围。

短视频和直播的蓬勃发展激发了人们的学习动力，越来越多的抖音用户喜欢在抖音上"搞学习"。于2022年1月5日发布的《2021抖音数据报告》显示，

2021 年，网友爱上了在抖音"旁听"高校的公开课，其观看总时长超过了 145 万小时，以一天上 8 节课、每堂课 45 分钟计算，相当于 24 万人在抖音短视频平台上了一天课。因此，高校完全可以利用抖音平台积极地弘扬主旋律，传播正能量。高校要坚持内容为王，用生动、积极、丰富的内容打动大学生，影响社会大众。高校要在短视频内容上下功夫，实现思想政治教育的优质化、网络化和视频化。抖音短视频平台作为虚拟的网络平台，延伸了高校思想政治教育的空间，给了大学生实践和行动的机会，同时也弥补了传统课堂上思想政治教育的局限，让大学生积极行动起来，成为优秀的思想政治内容的传播者，实现了思想政治知识的理解、内化、迁移和运用。

目前，大部分高校积极利用抖音短视频平台开展思想政治教育活动，在特定的节日引导大学生在平台发布相关言论，给抖音短视频平台增添了更多正能量内容。比如，高校在世界读书日发起每日读书的活动，让大学生将自己阅读的内容、感受等上传至抖音平台，帮助大学生养成读书的好习惯，同时也在抖音短视频平台营造爱读书、好读书、读好书的氛围，从而强化高校抖音短视频思想政治教育的效果。某些高校联合发布健康学习、快乐生活的打卡活动，让大学生通过抖音短视频平台将自己充实而又美好的校园生活"晒"出来，利用平台寻找自己学习上的搭档，互相交流、共同进步，从而培养良好的学习习惯和生活习惯。

第三节　抖音短视频应用于大学生思想政治教育中存在的问题

抖音短视频作为一种新的思想政治教育媒介，既适应了时代的发展需求，也满足了思想政治教育的内在创新和外在发展的需要。如今，大部分大学生接受了抖音短视频这一新兴媒介，"刷抖音"已经成为他们日常生活中不可或缺的一部分。再加上抖音本身就集热点与人气、互动性强、精准定位等优势于一体，具有接地气的内容、多样化的表达方式、快速的传播方式等，能够给用户提供沉浸式的体验，既创新了思想政治教育的内容和方式，也提升了思想政治教育的互动性和实效性。但由于抖音短视频平台所涉及的内容和人员过于复杂和庞大，目前高校以短视频为载体开展思想政治教育还存在一系列问题，如缺乏创新精神、教育观念落后、缺乏优质题材、缺乏顶层设计等。

一、缺乏创新精神，存在盲目跟风的情况

在抖音短视频平台上，最令人诟病的一点就是随大流、简单模仿、盲目跟风，高校思想政治教育短视频也存在这样的情况。目前，各个高校所发布的思想政治教育视频质量参差不齐，很多视频就是模仿他人的内容，结合本校特色进行删改，导致思想政治教育的实际效果并不好。比如，在开学季，高校为了招生，会高频率地发布视频，有时甚至会直接借鉴其他学校的内容。抖音短视频制作流程简单，只要设置好背景音乐和图片就可以发布，在高校纷纷模仿之后，即使是再优质的创意也会变得了无新意，给大学生造成严重的审美疲劳。高校利用抖音短视频平台进行思想政治教育时普遍缺乏创新精神，并没有突出本校的特色和相关优势，使思想政治教育陷入同质化的泥潭之中。部分高校盲目地迎合大学生的审美，以幽默搞笑为出发点制作思想政治教育短视频，尽管在一定程度上吸引了大学生的注意力，却没有对大学生的价值观念和行为方式产生正面的影响，导致高校的思想政治教育工作者尽管耗费了大量时间和精力，实际上对大学生进行的思想政治教育效果却并不好。

二、教育观念落后，形式化严重

在高校思想政治教育与抖音短视频平台融合的背景下，课堂不再是唯一的思想政治教育阵地，教师也不再是思想政治教育的唯一主体，大学生获得思想政治教育资源的渠道变得更加多元和丰富，也使高校的思想政治教育环境更加复杂。目前，随着短视频行业的蓬勃发展，大学生的世界观、人生观和价值观也在潜移默化中发生了变化。一方面，大学生在接触到更多新鲜事物后，视野变得开阔，思想变得多元，能够从不同的角度思考问题，变得更加沉着、冷静。另一方面，大学生观看太多短视频，在听过太多博主的建议后，其人生目标反而变得模糊，渐渐地不清楚学习和生活的意义，甚至觉得努力学习、奋力拼搏没有意义，反而弃学做短视频博主。再加上高校在抖音短视频平台开展思想政

治教育处于起步阶段，受传统教育理念的影响较深，错误地认为只要对思想政治教育内容进行简单规划和整合，然后上传至抖音短视频平台就完成了思想政治教育短视频化的任务。高校没能根据大学生的实际需求进行思想政治教育，及时地引导大学生的思想，导致大学生要么在错误的道路上越走越远，要么停滞不前，沉浸在抖音短视频带来的虚假快乐之中。目前，高校发布的思想政治教育内容的吸引力不强，教育观念落后于时代，抖音短视频思想政治教育模式形式化严重。目前，高校在抖音短视频平台上开展的思想政治教育工作普遍存在形式化和边缘化的情况，在大学生中普遍缺乏吸引力和影响力。

随着短视频行业的发展壮大，高校逐渐认识到短视频在信息传播和交流中的突出优势，也明确了短视频在开展思想政治教育方面的意义，但是由于高校在建设抖音短视频和思想政治教育的融合机制时形式化严重，后续的运营和管理工作不深入，导致高校和抖音短视频平台之间缺少相互配合、相互协调、相互补充的有机联系，抖音短视频与高校各部门、大学生之间的交流和互动缺失，高校对抖音短视频的利用率较低，导致平台的资源优势没有发挥出来。由于高校在利用短视频开展思想政治教育时存在"轻内容、重形式"的错误理念，没有深挖思想政治教育的内涵和意义，最终导致实际的教育效果并不好。

三、缺乏优质题材，影响思想政治教育效果

抖音短视频是备受大学生青睐的 App，大学生习惯利用碎片时间进行消遣娱乐、获取信息等，由于抖音短视频内的信息丰富多彩、互动性强，再加上独特的算法会给大学生推荐符合其喜好的内容，所以大学生每天花在抖音短视频上的时间很多。目前，高校察觉到抖音短视频信息传播的高效性和互动性，纷纷进驻平台，开通了抖音官方账号，开始在抖音短视频平台对大学生开展思想政治教育，但是由于缺乏优质的题材，无法调动大学生的积极性和参与性，导致思想政治教育的实际效果并不好。高校在抖音短视频平台上开展思想政治教育时，受传统课堂教学的影响较大，以教材中的内容为主，选材不够新颖，内容过于空洞和抽象，脱离了大学生的实际生活和学习情况，无法有效地传递思想政治教育信息。由于高校应用抖音短视频平台开展思想政治教育正处于初步探索时期，难免存在热点把握不准确、信息传递不及时、资源挖掘不透彻、传

递内容脱离实际情况等缺陷，严重阻碍了大学生对思想政治教育内容的内化和吸收，导致大学生提及抖音短视频思想政治教育时难免会产生消极应对、反感抵触的心理，影响了抖音短视频原有的吸引力。

四、缺乏顶层设计，思想政治教育资源难以整合

抖音短视频平台无论是在创作内容上还是在表现形式上，都与传统的传播方式有很大的区别，抖音短视频作为一个新兴短视频平台，与高校严谨、探索、求知的专业形象难以吻合。高校由于不太熟悉抖音的表现风格，在顶层设计方面存在很多问题，导致思想政治教育资源难以整合。高校在抖音平台上的思想政治教育工作本身就是一项系统的、长期的工程，需要大量的人力、物力和财力进行内容、质量等方面的严格把关和管理，更需要精细化的管理制度和健全的管理机制才能完成。思想政治教育工作者必须及时地对抖音短视频的内容进行监管，对大学生进行积极引导，防止抖音平台上的不良信息在大学生内部发酵，进而升级为大学生的群体情绪。

高校将思想政治教育与抖音短视频平台相融合，除了需要以完善的制度体系为保障，还需要一批经验丰富的运营管理队伍。他们需要对抖音短视频平台的规则和思想政治教育的内容进行系统的学习，有效地将抖音短视频的优势和思想政治教育工作相结合，从而发布高质量的与思想政治教育相关的视频，实现知识传授和价值引领的有机融合。但是，目前高校内部普遍存在抖音短视频思想政治教育队伍不合理、相应的管理制度和配套设施欠缺等问题，高校的思想政治教育工作者是由少数思想政治教师和部分大学生组成的，他们对抖音短视频平台缺乏系统的认知，管理和策划工作效率不高，对相关资源难以进行有效整合和利用。再加上大多数高校并没有安排专门的教师管理抖音平台账号的思想政治教育工作，大学生本身也有学习、考证、实习等压力，导致抖音短视频思想政治教育运营团队的流动性较大，实际的思想政治教育效果难以尽如人意。

五、大部分高校官方抖音账号影响力不够

高校由于刚刚接触抖音短视频，对其内部的运营手法、传播渠道、引流方

式都不太了解，相关的管理制度和监管制度不够完善，在一定程度上制约了高校官方抖音平台的影响力。再加上高校的思想政治教师有一定的教学压力，他们也不会花大量的时间和精力在抖音短视频平台的研究上，大部分教师只是将思想政治教育短视频化看作一项附加工作，在制作视频的过程中缺乏主动性和积极性，导致制作的短视频要么内容过于简单、缺乏思想政治教育的深度和广度，要么故作深奥、过于晦涩难懂，严重打击了大学生学习思想政治理论知识的积极性。还有部分教师仅仅将抖音短视频看作一个思想政治教育内容的宣传平台，既没有将抖音短视频融入日常的教学过程，也没有在该平台上积极发布思想政治教育相关内容，更没有鼓励大学生参与高校抖音短视频的制作、发布、传播等过程，大学生就像场外的观众一样，只是被动地接收思想政治教师所传递的知识和内容，最终导致高校的抖音账号在大学生中的影响力和曝光度不够，而高校在抖音短视频平台上进行的思想政治教育也处于停滞不前的状态。

第四节　抖音短视频应用于大学生思想政治教育中存在问题的分析

抖音短视频平台作为高校在信息化时代思想政治教育的重要载体，给大学生带来了全新的思想政治教育方式，不仅拓宽了大学生的视野，让大学生在平等民主、轻松自由的环境中进行思想政治相关知识和理论的学习，还丰富了思想政治教育形式，高校可以选择高冷严肃、轻松欢快或者搞笑幽默的教育方式，丰富思想政治教育的内容，强化教育效果。但是，高校的思想政治教育工作者由于对抖音短视频平台缺乏足够的认识，难免会出现盲目跟风的情况。高校着急地进驻抖音，花费了大量的精力和时间对思想政治教育内容进行规划和整合，定期发布教育视频，却没有达到预期的教学效果。关于高校利用抖音短视频平台对大学生进行思想政治教育过程中存在的一系列问题，可以从社会、高校、抖音短视频平台和大学生自身情况进行系统分析，从而及时地解决问题。

一、从社会角度来分析

抖音短视频依托互联网发展的强势性和快速性，再加上其正确的营销方式和强大的核心算法，如今已成为继QQ、微博、微信之后的又一现象级社交平台。抖音短视频平台如今已经成为文化传播、思想交锋、价值碰撞的重要场域，同时也是大学生休闲娱乐、表达思想、展现个性的社交场所，对大学生的价值理念和思维方式造成了很大的影响。《2021抖音数据报告》显示抖音短视频的日活跃用户数量超过6亿，自媒体人平均每天上传的视频数量约为6000万条，其中包含主旋律和正能量的主流文化，同时也包含低级、消极、萎靡的社会不正之风。以抖音App为代表的短视频平台对大学生的思想政治教育和价值观引领也有一些负面影响。对于大学生来说，短视频行业的飞速发展是一把双刃剑，尽管目前短视频行业呈现出积极向上、欣欣向荣的发展态势，但新生事物蓬勃发展的背后却隐藏着诸多不足，比如有待完善的法律法规、欠缺的平台建设、用户素质不高、社会风气不良等，这些因素导致短视频平台呈现出复杂多变的情况，一些博主会利用平台漏洞发布不道德的言论，甚至会进行非法交易，这些错误的思想行为会严重影响大学生价值观的塑造。

（一）社会不良风气的影响

在社会主义市场经济体制不断完善的社会背景下，我国经济实力日益提升，社会呈现出一派欣欣向荣的景象，但是在经济飞速发展的背后，社会不良风气也随之增长，大部分人盲目地追求利益，忽视了自身思想价值和道德品质的培养，这种不良风气经过部分抖音短视频博主的渲染和错误引导，严重影响了大学生的心理健康，让他们的人生理想和追求变得功利和模糊。抖音短视频作为当下最火热的短视频平台，既丰富了大学生的学习和生活，给他们营造了充满新鲜和新奇内容的虚拟世界，也满足了大学生在学习、娱乐等方面的需求，开阔了大学生的眼界，给大学生带来了不同的生活体验。与此同时，一些社会不良风气也随着抖音短视频的传播而影响了大学生的思想和行为。短视频中有真实反映现实生活的内容，也有美化和丑化生活的内容，但由于大学生社会经验少，还不能正确辨别真实内容和虚假内容，当他们发现自己的实际生活与视频中所描绘的情况不同时，很容易将现实生活和视频内容混为一谈，盲目地逃避现实。当大学生观看的内容过于繁杂、沉迷于虚拟空间时，他们往往分不清现实和理想，导致人生目标更加模糊。

抖音短视频平台上的内容十分丰富，涉及的主体也非常复杂。而当代大学生作为网络时代的原住民，他们本身就处于世界政治、经济、文化的交流、碰撞和融合的社会背景之中，很容易受到社会不良风气的影响。随着抖音短视频的快速传播，社会上的功利主义、拜金主义等不良风气经过营销号的包装和美化也在不断地扩散，对大学生价值观的形成和发展造成了极其不利的影响，也给高校利用抖音短视频开展思想政治教育工作带来了巨大挑战。其中，对大学生影响最大的就是搞怪无下限、好逸恶劳的"网红"风气。"网红"最需要的就是流量和关注度，很多"网红"为了博关注而录制一些低俗视频，发布一些不实言论，他们的日常生活就是晒豪车、别墅、奢侈品等，美其名曰享受生活，实际上却暴露了其被物质主义、金钱主义和享乐主义等扭曲的价值观。这些"网红"充斥在抖音短视频平台中，助长了社会不良风气，让本应该刻苦学习、艰苦奋斗、脚踏实地的大学生变得浮躁起来，甚至有部分大学生认为知识不能改变命运，不能获得财富，反而是在网络上唱唱歌、跳跳舞、低俗搞怪无下限的生活轻松又自在，还来钱快。

（二）家庭思想政治教育缺失

家庭是孩子成长的摇篮，大学生的健康成长离不开家庭，家长用怎样的教育观念教育子女，在很大程度上决定了子女将来会成为什么样的人。家庭教育作为孩子成长路上的基石，是一门培养人的学问，更是学校教育的基础，理应受到社会各主体的重视。但调查发现，我国的家庭教育存在一系列问题，比如重智力教育、轻德育教育，家长在孩子成长的过程中缺位和越位现象频频发生，家长溺爱孩子，等等。在青少年阶段，家庭教育大多存在越位现象，家长以保护孩子为由延伸了家庭教育的范围，涉及孩子学习、交友、娱乐等各个方面，而忽视了孩子的素质教育、感恩教育、情感教育等，导致如今的孩子家庭意识淡薄、以自我为中心、遇事比较冷漠无情。还有的家长在教育方式上存在问题，缺乏对孩子权利的尊重，以为了孩子为由，盲目地干涉孩子的生活，从自己的想法出发给孩子制定人生规划，给孩子制定学习、生活时间表，不仅禁锢了孩子的思想和行为，还打击了孩子对学习和生活的激情，让孩子就像是机器人一样循规蹈矩地生活。但是到了大学阶段，家庭教育则普遍存在缺位现象，由于孩子和家长之间的距离较远，家长主要是以后勤人员的身份出现在孩子的大学生活中，他们不会再过多地干涉孩子的学习和生活。在这样的转变下，大学生一时间无法适应这样的生活，心里存在极大的落差和空虚感，这样会对大学生的全面、健康发展起到消极作用。在步入大学校园之后，大学生摆脱了家庭的禁锢，再加上大学本身就是自由而开放的，教师不会过多地干涉大学生的学习和生活，导致大学生很容易在这样的环境中迷失自我，丧失努力拼搏、积极上进等优良品德。这时，大学生就会寻找新的精神寄托，以寻求心理安慰和精神满足感。而抖音短视频以五花八门的内容、丰富的功能、方便快捷的使用模式及优质的核心算法很容易赢得大学生的青睐。因此，大学生会将自己在现实生活中遇到的不愉快、心灵的空虚感和改变现状的无力感全部寄托在抖音短视频上，很容易出现逃避现实、萎靡不振、娱乐至上等错误思想。

（三）规范短视频平台的法律法规尚未完善

在互联网经济下，抖音短视频已经成为新的信息传播和讨论的平台。大学生作为网络时代的原住民，对新兴媒介的适应能力和运用能力很强，不仅能接受新兴媒介的传播和运营模式，还能熟练地将该媒介融入自己的日常生活，使其成为表达观点、展示自我、社交娱乐、交友聚会的重要场所。但是由于短视频作为网络新兴媒体，规范短视频平台的相关法律法规尚不完善，如内容不够细化、制度不够明晰、政策不够完善，使抖音短视频管理存在无法可依的被动状况。目前，短视频平台存在很多法律法规没有涉及的部分，在这一领域，短视频运营方和用户的权益无法得到保障，很多不法分子会钻法律的空子，在灰色地带传播不实消息、进行违法交易等，既助长了社会不良风气，危害了公序良俗，也对抖音短视频的长远发展造成了极其不利的影响。

现阶段，我国关于短视频的规制大部分是"通知""条例"等，并不具备法律的权威性，相对来说影响力较小，在落实方面存在一定困难。以网络上热议的抄袭现象来说，人们并不清楚"抄袭"的界限在哪里，相关法律也没有很好地保护原创者的权益。即使当法律认定"抄袭"时，也只是简单地罚款，惩治措施不完善，导致抄袭者的违法成本太低，使网络抄袭现象丛生。再者，即使被认定为"抄袭"，原创者维权的难度也较大，需要提供完整的抄袭证据，还需要等待开庭、一审、二审等，在这期间会花费原创者大量的时间和精力，到最后也只是获得一定的赔偿和道歉公示等。抖音短视频的制作成本低，很容易进行二次创作，抄袭的界限很难把握。因此，平台上抄袭、模仿之风盛行，很多视频内容"换汤不换药"，只是换一个故事主人公、改几个数据、调换背景音乐，就成了一个"新"视频。针对这种情况，抖音短视频平台和政府都进行了整治，但是由于相关法规不够完善，惩处力度不足，而且由于各部门的管理边界不清晰，实际管理效果不佳。

（四）短视频审核监督制度不完善

在信息化时代，人人都是新闻的发布者、传播者和发言者，用户只需要一部手机就可以完成抖音账号注册，然后就可以在自己的账号上发布各种各样的视频。短视频行业的迅速发展推动了信息革命的到来。2022年的抖音官方报告显示，截至2022年10月，抖音平台上注册的用户已经高达10亿，其中日活跃用户高达8亿。抖音短视频进入、制作、传播的门槛很低，方便了信息交流和共享，也拉近了人与人之间的距离。但是庞大的抖音用户、数以亿计的信息传播加大了平台自身内容审核监督工作的难度，再加上抖音短视频本身发展时间较短，各方面的制度和监督体系还不够完善，对短视频内容和质量的审核机制不成熟，无法及时地发现并处理触及道德和法律底线的内容，导致这些不良信息夹杂在短视频中对大学生的价值观造成了不良影响。近年来，抖音短视频中出现的违法犯罪现象频发，不法分子将软色情、软暴力、拜金主义、功利主义等内容隐藏在短视频中，在道德和法律的边界反复横跳。但是，这些不良博主最终并没有承担法律责任，主要原因就在于短视频审核工作不到位、平台惩处力度不够，以及政府相关部门权责不清、监管措施不科学，导致对抖音平台上这种不良现象的遏制效果不明显。

与传统传媒方式不同，短视频传媒不需要审核部门层层把关，只需要经过平台的初步审核就能发布；再加上短视频依托于互联网传播的强势性和快速性，采用传统的智能审核难以判断出视频中的软色情、软暴力、功利、炫富、文化侵略等内容，而且短视频传播速度较快，传播面积较大，传播限制较少，信息一经发布就可以迅速传播到各地，增加了人工审核和监督的难度。一方面，抖音短视频内在的算法机制根据用户的播放时间、点赞、转发、访问、搜索次数决定用户的喜好，在此基础上进行精准推荐，但是并不能判断用户喜欢的内容是否健康和具有正能量。因此，即使用户喜欢暴力、色情等内容，平台的内在算法也会给用户推荐相关内容，反而让用户在不正确的道路上越走越远。另一方面，平台本身具有营利性质，需要在短时间内迅速"收割"市场，并锁定相关用户；若提高用户准入门槛、限制用户的行为，就会流失大部分用户，使平台在商业竞争中处于不利地位。因此，平台管理者对审核和监督工作往往采取较宽松的态度，只要不过多地触及法律的边界、道德的准绳，平台就不会过多地干涉用户的行为。

二、从高校角度来分析

每所高校都汇聚着来自全国各地的大学生，不同地方的文化背景、社会风俗、价值理念等不尽相同，每个大学生的思想素质、道德水平、个人爱好、生活习惯、理想信念也不同，这些大学生聚集在一起交流，数量庞大且差异性显著，给高校的思想政治教育工作带来了巨大困难。多媒体技术的迅速发展既帮助用户打开了了解世界的窗口，也为用户提供了展现自我的平台。短视频作为一种新型传播方式，会潜移默化地影响和改变大学生的价值理念和生活观念，在高校的思想政治教育过程中起到了重要的作用。对于大学生来说，高校与多媒体技术的互动与融合为校园建设提供了新渠道，增加了高校教育的民主性，有效提升了高校教育的效果，这对高校的整体发展和形象塑造有重要意义。但是，抖音短视频平台的开放性和传播内容的不可控性会给高校带来舆论风险，平台上海量的信息、资讯和内容增加了高校对大学生进行思想政治教育的难度。同时，抖音短视频质量参差不齐，很容易分散大学生的注意力，影响高校思想政治教育的效果，也给高校的思想政治教育带来了不小的挑战。

（一）高校对利用短视频开展思想政治教育的形式不够重视

在高等教育模式下，高校根据国家要求和自身实际情况已经形成了完整的思想政治教育体系，配备了相应的教师和教学内容，对思想政治教育环境进行了严格把控。但是在抖音短视频平台中，大学生接触到的消息、资源、人员等过于繁杂，影响了高校思想政治教育工作者对大学生单向的知识传播路径，使高校的思想政治教育变得不可控，增加了高校思想政治教育的难度。因此，高校始终将思想政治教育的重心放在校园内，以教师为主体、以课堂为媒介对大学生进行相关知识传授，对利用短视频开展思想政治教育的形式不够重视。再加上高校教师长期处于相对封闭的环境中，他们的教育思想和理念难免会固化，对抖音短视频的重要性和影响力认识不足。高校教师也不习惯以短视频为媒介开展思想政治教育，无法适应新的教学形式和教学内容，甚至有部分教师认为抖音短视频平台上的娱乐化内容过多，与思想政治教育格调不符。他们也不愿意将原本完整的思想政治体系切割成分散内容以短视频的形式进行传播，认为这样会弱化实际教育效果。因此，部分教师对思想政治教育短视频化持怀疑和反对态度。

（二）高校对大学生的媒介素养教育不到位

大学生的媒介素养指的是对各种媒体信息的认知、理解和批判的能力，以及如何使用媒体信息为个人、社会、国家发展服务的能力。大学生生存于经济、科技、文化和社会高速发展的网络时代，价值观难免会受到社会上的拜金主义、功利主义、享乐主义等不良风气的影响，高校作为为社会培育现代化人才的摇篮，以立德树人为育人目标，应该对大学生进行全方位教育，要关注大学生的价值观教育，加强对大学生的媒介素养教育，实现知识传授和价值引领的有机统一，让大学生在面对多元文化的冲击时，能够有正确的甄别能力和判断能力。但部分高校过于重视对大学生专业知识和专业技能的教学，忽视了媒介素养教育，导致大学生在面对抖音短视频中五花八门的信息时很容易沉迷其中，被一些不良博主的视频内容影响。当大学生没有判断的意识和能力时，他们就会变得思想空虚和精神萎靡，对自己的未来丧失希望。与此同时，目前我国大部分高校对大学生的媒介素养教育缺乏足够认识，对新兴媒介的宣传力度不够，在开展思想政治教育时还停留在传统教育模式下，没有深挖身边的信息资源和多媒体教学技术的优势。高校并没有让大学生意识到抖音短视频等媒体对大学生成长和发展的潜在危害，导致大学生沉浸在新奇的世界中不能自拔，思想被抖音短视频里的内容影响，最终丧失理性判断的能力。

（三）高校官方抖音账号运营队伍专业素养欠缺

高校利用抖音短视频平台开展思想政治教育需要有一批专业能力强、素质高的运营团队为支撑，才能根据本校的办学特色和教学实际情况，借助抖音短视频的各项优势，丰富思想政治教育内容，让大学生通过抖音短视频更加深入地学习和了解思想政治知识，从而增强大学生思想政治教育效果，进一步帮助大学生树立正确的价值观，使他们积极进取、努力奋进、传播社会正能量。在抖音短视频浪潮的冲击下，高校必须结合时代背景，更新原有的教育理念，优化思想政治教育的内容和模式，从而完善原有的思想政治教育体系，让高校思想政治教育以抖音短视频为宣传窗口，强化思想政治教育的效果和影响力。但是从高校抖音账号的运营情况来看，运营队伍专业素养欠缺的问题普遍存在，高校抖音短视频思想政治教育的内容质量并不高，思想政治教育工作者对抖音短视频平台的运用能力不足。高校的官方抖音账号发布的每条视频都代表着学校，应具有一定的权威性，需要专业的运营团队对所发布的内容进行设计，对内容进行规范和整理，因此，高校的官方抖音账号不能和个人账号一样随意地发布内容。但是，目前大部分高校会将官方抖音账号的运营交给由部分教师和学生组成的社团，由他们负责抖音短视频内容的收集、整理、制作和宣传，但他们实际的运营素养不足，很容易出现简单复制、随意模仿、内容单一、形式简单、亮点不足等情况，最终导致高校抖音短视频思想政治教育内容质量不高，缺乏创新意识和深度内涵。

（四）拟态化的平台增加了高校思想政治教育的难度

抖音短视频平台所呈现的拟态化环境，让自身成为多元文化和思想交流碰撞的重要场域，海量的信息和内容经过自媒体的选择、加工、更新、发布，呈裂变式扩散状态，一方面为大学生的思想政治教育营造了开放、自由、宽松的环境，另一方面增加了高校思想政治教育的难度。首先，抖音短视频上的信息和人员太过复杂，高校在以抖音短视频为媒介开展思想政治教育时会受到其他信息的冲击。其次，思想政治教育作为对大学生内在思维和理念的培育方式，与抖音短视频平台上具有极强娱乐性的内容相比，缺乏吸引力。大学生即使在抖音短视频平台上看到了思想政治教育的相关内容，自己的思想受到了一丝冲击，但这些冲击就像是在池塘中丢下的一颗石子，大学生心中的那点触动很快地就被抖音短视频平台上的娱乐性信息淹没。最后，除了一些有价值的教育资源外，高校不可能屏蔽抖音短视频平台上不良的文化内容和价值观，高校只能尽量地增加思想政治教育相关内容，丰富思想政治教育形式，让大学生的注意力尽可能地停留在高校所制作的视频中。由于大学生辨别是非的能力较弱，他们更容易被抖音短视频上的其他视频内容吸引，这极大地削弱了高校思想政治教育的效果。

三、从抖音短视频平台角度来分析

随着新媒体时代的来临，以抖音短视频为代表的各类短视频 App 如雨后春笋般涌现出来，备受大学生的关注与喜爱。抖音短视频平台上有海量的信息和内容，既有展示美好生活的内容，也有专业技巧、名人资讯、社会生活、政治经济、文化风俗等内容，涉及面广、种类齐全，能够满足大学生的多样性需求。在信息时代，抖音短视频创建了"爆炸式"的信息传播与供应平台，让大学生足不出户也能知晓"天下事"。抖音短视频平台无论是在内部算法还是在播放模式上都完美地符合人们的心理需求。从内部算法来看，抖音短视频能够根据用户的喜好和搜索习惯推荐符合用户审美的视频；从播放模式来看，打开抖音 App 就能够播放视频，让用户一开始就置身于短视频所营造的轻松、愉悦的氛围之中，相当于替用户选择，既节省了用户的时间，也降低了用户的信息选择成本。当用户不喜欢该视频时，只需要向上滑动屏幕就可以播放下一条视频，方便了用户操作。但由于抖音短视频发展时间较短，相应的建设较落后，再加上平台本身以营利为主，管理方面倾向于经济效益，社会责任感不足，高校在抖音短视频平台上开展思想政治教育时难免会遇到各种各样的问题。

（一）短视频具有碎片化特征，难以进行深刻教育

在信息技术高度发达的社会背景下，抖音短视频包罗世间万物，既有科教文卫、国际新闻、社会热点、民俗风情，也有家长里短、情感慰藉、美食鉴赏、好友聚会等发生在人们生活中的小事情。抖音短视频一方面给大学生创造了极

其丰富的精神世界，让他们即使身处校园之中，也能知晓世界各地发生的事情；另一方面使大学生的内心变得空虚，当他们在网络上"指点江山"、侃侃而谈时，放下手机却只能过着教室、宿舍、食堂三点一线的生活。因为虚拟世界展示的都是他人的精彩生活，打开手机，"诗和远方"近在咫尺；放下手机，迎接自己的只是现实生活中的一地鸡毛，这巨大的心理落差让部分大学生的心理变得扭曲。再加上短视频本身具有碎片化特征，当教师把思想政治教育内容划分为一个个小单元时，就已经将思想政治教育的效果分散开来，很难保证大学生在刷到思想政治教育视频之后，后续推荐的还是相关内容。在多元信息的冲击下，思想政治教育效果大打折扣。

（二）平台以营利为主，社会责任感不足

随着信息技术和移动互联网的发展，社会已经进入了信息爆炸时代，利用新媒体获取信息已经成为当代人必备的能力。大学生作为网络时代的原住民，网络已经成了他们生存和发展的重要环境，他们能够利用媒介获取信息、传递信息并发布信息。目前，抖音短视频中的内容形态各异、丰富多彩，其中既有积极向上、弘扬社会正能量的内容，比如尊敬老人的青少年、服务社会的环卫工人、默默付出的教师、冲进火场救人的消防英雄等，也有低俗拜金、娱乐至上、软暴力、软色情等内容。由于短视频平台以营利为主，视频资源足够丰富才能满足用户的多样性需求，不会过多约束用户的行为，而是尽可能地给用户营造宽松、自由的环境，这导致短视频平台上一些不良博主为了求关注、博眼球发布一些触碰道德底线的内容。还有一些博主为了追流量、追热点，在未对新闻事件进行深入调查的情况下就盲目地发表言论，这样难免对用户造成错误的价值引导，导致人们离真相越来越远。最重要的是，短视频平台上模仿、抄袭之风盛行。以手势舞来说，一样的背景音乐、一样的动作、一样的滤镜，有成千上万的制作者模仿，久而久之会让人产生审美疲劳。

目前，短视频平台上普遍存在优质视频资源不足的情况，不良博主和不良商家利用抖音短视频平台进行虚假宣传，导致平台上贪图享受、追名逐利之风盛行，严重危害了大学生的价值判断和人生选择。现在短视频平台上充斥着毫无价值、盲目模仿、宣扬拜金主义和享乐主义等粗制滥造的视频，这些视频不

仅污染了平台的内在环境，还容易对用户的价值观造成负面影响。大学生作为高素质、高层次的群体，对优质内容有更多需求，笔者在此呼吁社会各主体采取新的手段弥补目前短视频平台存在的不足，优化短视频内容。抖音短视频平台作为互联网时代的龙头企业，更加需要强化社会责任感。在当前社会盛行的"网红"经济下，"网红"既帮助实体行业拓展了销售渠道，提升了销售业绩，也让消费者获得了更为合适的商品，平台赢得了良好的口碑，三方共赢，皆大欢喜。

（三）抖音短视频平台建设相对落后

在经济和科技高度发达的社会背景下，新兴媒介发展迅速，短视频行业也获得了蓬勃发展的机会。目前，我国短视频行业呈现井喷式发展趋势，形形色色的短视频平台出现，吸引了大学生的广泛关注。抖音短视频作为新兴传播媒介，其相关功能和平台建设都处于不断丰富与完善的阶段。我国短视频发展主要经过了以下三个重要阶段：起步阶段为2013—2015年，这一时期短视频得到了初步发展，有了一定的粉丝基础，也积累了一些制作和运营经验，这一时期的代表平台有小咖秀、秒拍等。第二阶段是2015—2017年，这一时期短视频受到了互联网企业的青睐，资本入驻短视频平台，短视频这一形式逐渐从小众狂欢走向大众视野，也受到了广大观众的喜爱。第三阶段是2018年至今，短视频处于蓬勃发展时期，互联网经济的迅速发展、智能手机的普及和流量费用的下降使短视频用户呈指数型爆炸式增长，每个人都具备成为短视频用户的条件，越来越多的人加入短视频狂欢的时代潮流。抖音短视频是在第二阶段发展起来的，发展时间相对较短，运营经验不足，平台建设也不够完善，无法解决庞大的社会需求与自身建设不完善之间的矛盾，具体表现为视频审核过程不严谨、实时监控难度大，会因为播放侵权等问题和其他平台产生不必要的矛盾。面对激烈的市场竞争，抖音短视频平台的管理人员为了抢占市场先机，会将大部分人力、物力、财力投入营销方面，而忽视了自身的基础设施建设。再加上目前抖音短视频内部主要是依据自身的核心算法，再根据用户的喜好进行内容推送，但人工智能技术的发展并不成熟，只能根据用户的点击量确定用户的喜好，然后机械地推送相关内容。

（四）准入门槛太低，导致短视频的质量参差不齐

抖音短视频凭借自身极强的核心算法、极快的传播速度、良好的互动模式及便捷的运作模式等成为当代大学生表达观点、娱乐社交、交友聚会的主要场所，使大学生能够接触到社会上的多元思想和各国文化，但也很容易让大学生迷失在信息的潮流之中。随着互联网技术的发展和移动终端的普及，我国社会进入了自媒体时代，每个人都可以创作视频、发表看法、评论新闻，但是由于抖音短视频平台的准入门槛太低，视频制作、发表、转发几乎零成本，传播方式呈现去中心化趋势，导致短视频内容质量参差不齐。目前，短视频内容普遍呈现出形式单一、质量不高、传播负能量过多等情况，这些问题在一定程度上影响了大学生正常的生活和学习。一部分"网红"为了吸引流量、增加自己的曝光度，会选择低俗、色情、虚假等信息进行传播，不仅冲击了大学生的人生观，还可能使大学生的心理变得扭曲。也正是这些五花八门的短视频内容模糊了大学生的理想追求和人生规划，使自制力不强的大学生沉浸在虚拟世界中，盲目地追求自我娱乐，忽视了自身的价值和社会层面的自我追求，造成大学生重利益而轻理想的错误理念。抖音短视频平台在身份认证方面也存在漏洞，随便一个博主都可以自称专家，还经常发布一些"人生格言"误导用户。还有一些情感博主会以自己的人生经历教育现在的年轻人，用极端的话语博关注、赚取流量，导致抖音短视频平台中充斥着太多所谓的专家、学者，既污染了互联网环境，也影响了大学生正确价值观的塑造。因此，高校必须重视大学生的思想政治教育工作，积极与社会实际情况接轨，了解大学生的真正需求，让大学生正确认识新兴媒介的利弊，从而帮助大学生规划好自己的学习和生活，树立正确的人生观和价值观，让大学生成为积极向上、善良乐观的群体。

四、从大学生自身情况来分析

随着互联网技术的发展和移动终端的普及，当代大学生享受着非常丰富的信息资源。抖音短视频作为一种新兴互联网媒介，包含着各种各样的信息，比如积极向上的正能量信息，以及过度娱乐、色情、低俗、虚假等信息。大学生思想不成熟、对信息的辨别能力不高、对抖音短视频的认知功能模糊等问题严

重影响了高校以抖音短视频为媒介开展思想政治教育的效果。目前，大部分大学生沉浸在抖音短视频平台营造出的"短、平、快"的娱乐陷阱中，他们的价值观念和行为方式都发生了变化。一方面，大学生由于过早地受到社会上的功利、低俗、奢靡等不良风气的影响，他们的价值观被腐蚀。他们丢掉了吃苦耐劳、努力奋进的优良品德，反而一味想着走捷径、挣大钱，普遍出现了重利益而轻理想的理念。另一方面，抖音短视频平台的准入门槛较低，里面充斥着太多思想观念不正的信息传播者，而大学生的猎奇心理强，很容易受到信息传播者的影响。

（一）大学生的思想还不成熟

我国高等教育背负着立德树人的重要使命，除了教授专业知识、核心技能之外，还需要帮助大学生明确人生目标，认真规划未来的生活，让他们顺利实现从校园到社会的过渡。随着抖音短视频的优势逐渐凸显，再加上大学生自身精力充沛、学习能力强、猎奇心理强，很容易被新兴事物吸引，从而成为使用抖音短视频的主力军。由于大部分大学生对新兴事物充满好奇，他们很难抵御外界的诱惑，更容易沉浸在短视频中，盲目地寻求快乐，而忽视了视频内含的思想。比如，不良博主以抖音短视频劲爆的背景音乐和富有节奏感的舞曲传播一些软色情内容，大学生会觉得好玩、有趣并纷纷进行模仿，反而忽视了视频内容的不良影响。还有一部分博主会利用大学生的正义感和同情心进行虚假宣传，将自己包装为弱势的一方赚取大学生的眼泪，引导大学生捐款、捐物等。他们不仅欺骗了大学生的感情，还使大学生变得敏感，不愿意再向陌生人伸出援助之手，从而使整个社会变得虚假和冷漠。

大学生正处于世界观、人生观、价值观养成的重要时期，社会经验不丰富，对多元文化和五花八门的信息缺乏甄别能力，很容易受到社会上低俗、消极、萎靡的社会不正之风的影响。当大学生在抖音短视频平台上浏览到负面信息时，出于猎奇心理会不由自主地多看几遍，也会仔细地翻看评论内容。而抖音短视频平台极强的算法就会认为该用户对这类新闻感兴趣，就会频繁地推荐类似视频，导致大学生刷短视频时会时不时地出现有关社会不良风气的内容。长此以往，大学生的价值观念和思维模式就会受到荼毒，很容易引发一系列心理问题。抖音短视频依据自身的核心算法，能够根据不同大学生的喜好推荐相应内容，从而让思想不太成熟的大学生对其产生强烈的依赖心理，大学生更倾向于沉浸在抖音短视频为其造就的光怪陆离的世界之中，对社会热点问题和现实生活中的问题缺少关注，让大学生脱离社会，更习惯独处和自我封闭，从而影响大学生与现实世界中各类人群的交流，造成大学生自我认知错位，最终造成大学生和社会脱节的情况。也正是由于思想不成熟，大学生才会错误地将短视频视作自己生活中的必需品，盲目地沉浸在虚假又繁荣的短视频世界中不能自拔。

（二）大学生自我教育意识淡薄

目前，抖音短视频平台上知识型视频内容已经大量上线。抖音短视频内容丰富多彩，各大高校、专业讲师、培训机构、名家名人等纷纷在抖音平台"上课"，当代大学生享有非常丰富的学习资源。大学生正处于价值观形成的重要时期，很容易被社会上的新兴思潮影响，从而对自身的全面发展造成十分不利的影响。但是抖音短视频涉及的内容和人员过于复杂，充斥着贪图名利、追求享受、奢靡虚荣等社会不良风气，大学生正处于思维极度活跃、猎奇心理强烈、社会经验不足的重要阶段，他们对新兴媒体的认知不足、对社会上多元信息的辨别能力不足，很容易受到这些不良风气的影响，从而给自己的"三观"带来极其不利的影响。高中三年忙碌又烦琐的学习之后，大学生会对大学生活的轻松和自由充满向往，他们的自我教育和自我完善的意识较为淡薄。再加上高等教育和高中教育有很大区别，大学生活中没有了教师和家长的耳提面命，没有了严格而又系统的应试模式，大学生的自律意识不够强，不能很好地约束自我，一时难以适应大学学习和生活的节奏，很容易在大学校园环境中迷失自我。当迷茫、空虚的大学生遇到内容丰富的抖音短视频时，就好像鱼儿遇到了水，他们会将现实生活中的无奈、愤慨、悲伤、喜悦等转移到虚拟的网络空间，以短暂的快乐弥补自己内心的空虚。一开始，大学生将抖音短视频视为生活的调剂品，只是为了消磨时间才会打开，但当其沉浸其中时就会忘记时间的流逝。因此，放松十分钟变成了虚耗两小时，再玩一会儿变成了虚度一下午，久而久之，大学生会适应这样的生活，在抖音短视频中消磨时光、转移目标、逃离现实生活。

（三）大学生对娱乐性内容的渴望度高

进入陌生的大学校园之后，大学生会出现身体和心理上的不适应。比如，上大学之前，高中教师会用上课和考试占满学生的时间，让学生没有其他精力去思考其他事情；还会过度强调高考的重要性和大学生活的轻松快乐，仿佛人一生中最重要的事情就是高考，考完之后的人生之旅就会光亮而明媚，并且还会一路顺畅，导致学生步入大学之后首先想的就是放松和娱乐。在这样错误的教育理念下，大学生自然比较倾向于观看娱乐性内容。

抖音短视频的初衷就是给生活节奏快、社会压力大的年轻人提供快速获取信息、缓解压力的渠道。但是随着抖音短视频发展得越来越快，年轻人更倾向于沉浸在这场"娱乐盛宴"中享受片刻的轻松与快乐，一些大学生更是将原本用于学习知识、提升能力的时间花在观看抖音短视频上，主要的学习任务反而是利用碎片化时间完成的。不少大学生调侃自己的学习情况，学习十分钟，打开抖音放松一小时。在这样的学习氛围下，大学生的学习注意力被分散。抖音短视频尽管内容丰富，少数大学生能从中学习很多新的知识、开阔自己的眼界、拓宽自己的知识面，大部分大学生却在使用抖音短视频时以消遣娱乐为主。大学生更倾向于观看幽默搞笑、明星八卦、娱乐新闻等内容，而且大学生自律意识不强、社会经验不足、思维方式较为简单，对自我和外界的认知尚不充分，对抖音短视频中五花八门的信息缺乏甄别能力，对新鲜事物的理解往往停留在表面，很容易被抖音短视频所传递的错误信息影响，更容易沉浸在娱乐化浪潮之中，产生逃避现实的错误思想。当代大学生作为网络时代的原住民，他们能够熟练地运用互联网技术，寻找自己想要的信息，再加上抖音短视频平台自身强大的算法会根据大学生的喜好和搜索的内容推荐视频，导致大学生很容易就能获得精神快乐和内心满足。

（四）大学生对抖音短视频的功能认知较为模糊

抖音短视频作为一种新兴信息传播媒介，其内容覆盖面广，包含多种多样的信息，能够满足大学生的个性化学习需求。在抖音平台，大学生可以接触各式各样的人、世界各地的异域风情、丰富多彩的世界文化，以及多种学习资料和学习渠道。抖音短视频中除了搞笑娱乐、明星"网红"等价值不高的内容，还有很多丰富的新闻资讯、历史名家、知识百科、人文风情、地理地貌等有价值、有内涵的资源。大学生有较为充足的时间、活跃的思维，对新鲜事物也充满了好奇心，他们完全可以利用这些优质视频资源学习知识、完善自身，从而更好地发挥抖音短视频的作用，让抖音短视频为自己服务，而不是被抖音短视频"牵着鼻子走"。大学生正处于精力旺盛、思维活跃、情感充沛的黄金阶段，他们应该利用抖音短视频开阔自己的眼界、拓展自己的知识面，花时间和精力探讨一些有内涵的知识，从而更好地为自己、社会和国家服务。目前，大学生是抖音短视频用户的主要群体之一，他们甚至将刷短视频看作自己学习和生活中必不可少的一部分，对其依赖性十分强烈。比如，大学生在空闲时间会打开抖音打发时间，在学习间隙会利用抖音短视频放松心情、转换思想，在走路时会为了避免遇到熟人而感到尴尬也会打开抖音装作自己很忙碌的样子，甚至部分大学生在睡觉前会留出固定刷抖音短视频的时间。

目前，抖音短视频已经成为大学生关注的热点平台，抖音短视频不仅可以帮助大学生拓宽视野，展示自我，表达内在的情感，还能够让他们了解更多热点新闻和时事政治，让大学生在学习专业知识的同时接收新知识和新理念，加强大学生和社会之间的联系，强化大学生的社会责任感。大学生在使用抖音短视频的过程中不仅增强了自身的参与感，加强了自己对短视频平台的功能认知，还进一步提高了短视频平台的影响力。但是研究表明，大学生使用抖音短视频的主要目的是消遣娱乐、放松心情、与他人交流等，他们使用短视频的时间较为随意，甚至会将大部分休息时间和学习时间花费在刷抖音短视频上，因此，大学生使用抖音 App 的时间较长。但是大学生的媒介素养不足，对抖音短视频的功能认知较为模糊，很容易沉迷于虚拟的网络世界中，造成与现实生活的交流减少，从而造成面对面沟通困难的情况。大学生使用抖音短视频一般是为了放松心情、消遣娱乐等，并没有真正地将其教育价值和学习价值发挥出来。

第八章　短视频视域下大学生思想政治教育工作创新发展路径

第一节　短视频视域下大学生思想政治教育工作创新发展的基本目标

一、短视频视域下大学生思想政治教育的目标

（一）思想政治教育应当"有灵魂"

当代大学生思想政治教育应当"有灵魂"，从精神、良知及思想层面提出更高要求。一方面，引导大学生凝聚精神。在设定思想政治教育目标时，高校应当以"有灵魂"为核心，使大学生磨炼自身的精神意志，结合民族精神与时代精神，引导大学生养成强烈的爱国精神、创新精神和民族气节。在新媒体时代下，大学生思想政治教育工作必须依托社会主体理论体系，秉持积极向上的精神。另一方面，引导大学生树立正确的理想信念。具体内容如下：第一，大学生应当对中国梦的内涵及要求有所了解，将中国梦与个人奋斗结合，在中国梦的正确指引下积极投入工作与学习。大学生应当熟知中国发展历程，能够用发展的眼光看待国家的发展。第二，树立正确的历史观。大学生应当能够从中国发展历程中寻求经验，从伟人事迹中挖掘思想政治学习材料，以伟人为榜样，不断磨砺、丰富自身的精神品质，成为对国家和社会有用的实干型人才。高校应当为大学生构建良好的沟通平台，将历史学科与政治学科进行结合教学，寻求二者之间的共同之处，并以此为切入点，引起大学生对历史学科和政治学科的学习兴趣，提升大学生的历史文学素养、政治思想素养，在正确把握历史规律的基础上，正视思想政治理论体系，遵循正确的立场、原则及方法，分析与处理实际问题。第三，高校在帮助大学生树立正确的理想信念过程中，必须搞清楚个人理想与社会理想之间的关系，端正态度，使大学生将个人理想与社会

理想相联系，为祖国建设和社会发展贡献自己的一份力量，在社会建设中作出自己的贡献。

（二）思想政治教育应当"有理性"

理性是指当人们处于问题情景时，能够以稳定的情绪和清醒的头脑严格按照事物的行进轨迹和发展规律对其进行分析与处理的调控能力。随着我国步入新的历史发展阶段，日新月异的技术变革与经济发展使社会生产架构与利益分配更为复杂，而文化大融合视域下的思想困顿、价值矛盾及情感迷失现象也更加凸显。在此背景下，大学生所面临的社会压力和社会问题种类更为丰富、数量更多。高校应当基于以上问题，将大学生个人发展与时代进步、社会发展并行研究，正确处理二者之间的内在矛盾，这既是思想政治教育的必然要求与创设初衷，也是社会稳定发展的核心。

一方面，引导大学生积极升华思想、提升思想境界。中国社会发生了极大的改变，社会矛盾对大学生的心理、思想及情感产生了较大的冲击，大学生的心理层面面临较大的矛盾与冲突。为了进一步帮助大学生解决这些矛盾与冲突，使其理性地、正确地认识自己，提升自身的思想水平，高校必须将思想政治教育作为主要推手，发挥思想政治教育的指导作用。马克思主义理论中的世界观、历史观及方法论能够为大学生提供思想指引，使大学生按照理论内涵构建思维模式，更好地认识社会和把握社会发展趋势。社会主义核心价值观可以帮助大学生从国家、社会及个人角度进行自我约束和严格要求，使大学生以崇高的理想信念和道德品质投身祖国的伟大事业。以思想政治教育目标作为承载国家育人理念及根本性教育目标的重要介质，帮助高校将科学思想和先进理念传递给大学生，帮助大学生进一步升华思想，以辩证思维看待挫折与困境，处理好生活中遇到的问题。

另一方面，帮助大学生塑造良好的人格。人格是大学生在长期生活学习中形成的稳定的情绪、心性和品格。除了生活、学习中遇到的困难和问题，大学生还面临着人际交往、社会关系的多种挑战。相比以往来说，短视频时代下大学生的交际圈及交往形式得到进一步扩散，意味着大学生所面临的人际关系更为复杂。大学生在与他人交往和沟通过程中产生的情感困惑及人际关系不协调等问题会对其情感产生较大影响，冲击大学生已有的价值观念。思想政治教育目标的制定应当综合考量以上因素，以良好的人格培养作为目标，使大学生养成完善的人格品性。新时代大学生思想政治教育能够提升大学生的人格塑造能力、价值评价能力、道德辨识能力及价值内化能力。

（三）思想政治教育应当"有本事"

大学生思想政治教育目标是满足现阶段社会主义社会下大部分人思想要求的秩序规则，也是大学生发展的需要。思想政治教育"有本事"是指在道德素质与文化修养方面对大学生提出要求。

一方面，培养大学生的道德素质。道德素质是大学生意志品格、思想道德中最为核心的内容，也是思想政治教育教学目标的具体形式。现代社会道德素质的内涵及理念发生了较大改变，不再是战争年代需要大学生抛头颅、洒热血，而是要求大学生从每件小事做起，严于律己，宽以待人，严格按照道德准则行事，培养较高的道德素养，形成良好的社会习气。大学生在大学期间习得的道德素养和精神品质将会在步入社会之后成为其精神引领，对其一生的发展产生重要影响。

另一方面，提升大学生的文化修养。高校的思想政治教育目标应当将大学生学习中华优秀传统文化作为重中之重，进一步强调中华优秀传统文化在思想政治教育目标体系中的重要作用。中华优秀传统文化是中华民族发展至今的"根系"所在，是社会主义理论体系得以产生与发展的坚实基础，大学生只有熟知中国历史和中华优秀传统文化，才能对中华民族产生依赖感与认同感，进一步提升民族自信心。

（四）思想政治教育应当"有觉悟"

觉悟是指人们基于客观事物、客观思想形成的突破性和创新性认知。一个人的思想觉悟高低将会对其参与社会活动、思想政治学习的意愿和积极性产生直接影响，大学生的思想觉悟将对其未来的职业选择、人生方向产生重要影响。一个有觉悟的大学生往往拥有较高的社会责任感及竞争意识，能够将社会利益与国家利益放到更高层面加以考虑。

一方面，应增强大学生的竞争意识。新时代的竞争意识并不是一味地竞争与超越，而是一种基于合作上的竞争，要求大学生在合作交流中良性竞争，在竞争中获得自我成长与能力提升，使大学生在竞争日益激烈的社会环境中生存下来，并得到长久发展。同时，高校应当采用科学合理的方式开展思想政治教育，将竞争理念融入思想政治教学工作，激发大学生思想政治学习的兴趣和热情，为原本较为平静的思想政治课堂注入新的动力和能量。

另一方面，树立大学生的责任意识。所谓大学生的责任意识，是指在思想政治教学中帮助大学生树立负责任的理念，使大学生首先对自我负责，而后进一步对家庭负责，不断向外扩展，在工作中对岗位及被服务人员负责，在社会中对自身的行为负责，进而对国家负责，并拥有社会责任感。大学生责任意识的形成与自身的家庭教育和家庭结构有重要关系，也与高校的校园文化和教育机制有密切关系，因此，在目标设立时，必须厘清三者之间的关系，逐渐完善大学生的责任意识培养目标体系。

二、大学生思想政治教育目标

（一）培养大学生的道德能力和是非判断能力

道德能力是指人们在理解与掌握道德规范的基础上，面对现实案例和真实事件时能够鉴别是非对错和善恶优劣，做出正确的道德选择和道德判断，从而付诸行动的能力。从内容上看，道德能力由道德认知能力、道德选择能力、道德判断能力、道德实践能力、道德创造能力和道德自觉能力共同组成。这些要素彼此之间相互影响、相辅相成，缺一不可，共同对人类的道德评判发挥作用。道德能力是良好道德品质的基础，一个人如果没有道德能力，便很难具备良好的道德品质。因此，大学生道德能力的培养与提升是短视频视域下大学生思想政治教育的主要目标和重要内容。

培养大学生对不同事件的分辨能力和道德判断能力是大学生发展的过程性要求，也是对大学生现实生活能力的首要验证。从现有情况看，大学生拥有了越来越多的学习与娱乐空间，选择更为自由，会面对不同诱惑，因此需要强化自身分辨是非的能力，能够独立做出基本的道德选择和判断。培养大学生的道德辨识能力有助于引导大学生形成正确的价值观。短视频视域下，高校必须不断强调社会主义核心价值观在目标体系中的重要作用，积极践行社会主义核心价值观，使其成为大学生思想政治教育目标确立的重要价值导向。社会主义核心价值体系是决定中国特色社会主义发展方向的关键因素。培育大学生拥有社会主义核心价值观，能够按照其中的要求规范自身行为，是新时期中国共产党和国家意识形态层面的重要任务。大学生思想政治教育是实现高校意识形态良性发展的重要途径，因而必须将社会主义核心价值观作为工作要务，使其成为短视频视域下大学生思想政治教育目标的重要补充。具体来看，高校应当将社会主义核心价值观体系与道德能力培养相结合，培养大学生的道德意志和道德能力，使大学生在面对思想矛盾和现实冲突时能够进行自我审视，按照道德规则的要求做出正确的选择，从而更好地践行社会准则。

（二）巩固大学生的法律意识和文明礼貌习惯

文明礼貌是社会交往中必然的道德要求，是调整和规范人际关系的行为准则，体现在日常生活中的细微之处。随着中国社会建设步入新阶段，文明礼貌成为衡量现代人思想品性的主要因素，大学生应当具备较高的文明礼貌行为和法律意识。大学生应当对宪法、基本法律（包括《中华人民共和国合同法》《中华人民共和国民法典》《中华人民共和国刑法》等）有所了解，在涉及自身利益问题时，能够按照法律要求寻求法律援助，从而避免自身利益受到侵害。文明礼貌和良好习惯涉及的范围较广，包括公务礼仪、课堂礼仪、就餐礼仪、接听电话礼仪等不同场合下大学生应当养成的良好习惯。大学生在校期间应当严格遵守校园的规章制度，确保自身行为不会损害他人利益，并且不会对他人的生活造成负面影响。

（三）培育并提升大学生的自我教育意识

自我教育是指个体将自我作为教育对象，依照一定的社会规则，自觉主动地自我审判、自我调控，实现不断提升的过程。在社会主义市场经济背景下，传统观念、文化逐渐与新文化体系实现交融发展，整个市场经济呈现出文化多元、价值多元及利益多元的现象。对于即将步入社会的大学生来说，他们肩负着时代重任，必须具备自我选择、自我教育及自我调控的基本能力，从而保证他们能够尽快融入新时代。大学生只有时刻保持清醒的头脑，可以独立地判断是非，才能在未来的学习、生活中走得更远。加强大学生自我教育能够从大学生层面出发，缓解当前思想政治教育所面临的压力，进一步提升思想政治教育的质量及效率，从根本层面转变大学生的思想观念，促进大学生实现个人价值。

大学生自我教育意识培育与能力培养应遵循外部教育与自我教育相结合、思想教育与行为约束相结合、自我教育目的性与工具性相统一原则。首先，高校的思想政治教育应当以外部教育与自我教育并轨发展为目标开展教学工作，应当牢牢把握大学生中心这一主线要求，从理解、尊重与关心大学生出发，使大学生感受到其可敬、可亲与可信，从而愿意自觉汲取和学习思想政治教育内容。思想政治教育课程应当尽可能地激发大学生的学习能动性及自主性，使其自觉地调动理性因素与情感因素，全身心地投入学习任务，养成自我教育的良好习惯。其次，高校的思想政治教育应当以思想教育与行为约束的融合发展为目标开展教学工作。人的现实行为是人与客观世界相互作用后的产物，与思想意识及其活动是一种双向互通的关系。因此，高校应当注重理论与实践、思想与行为之间的并轨发展，为大学生提供更为优质的思想政治教育内容，使大学生得到全面成长。最后，自我教育是一种内含目的性的活动。目的性表现为人的主观动机，是推动人的活动、实现人的发展的内在主要动因。目的性总是对应地指向某一客体，旨在实现客体相对于人的价值。高校应该明确短视频新媒介与思想政治教育的主次关系，避免出现头重脚轻和主次不清的问题，更好地发挥工具性教育手段的辅助作用和创造性作用，凸显自我教育在教学过程中的主要地位。

意识是一切行动的先导，培育大学生自我教育能力的前提是使其形成自我教育意识，能够从内部层面进行自我约束和自我学习。由于现阶段大部分大学生的自我意识较强，过分肯定自身的认知能力与思想觉悟，对思想政治新理念及新知识有一种"想当然"的学习心态，在自我定位中容易出现偏差，从而在面对挫折与困惑时容易遭受心理层面的深度打击，陷入自我怀疑的怪圈。同时，大学生在对某一社会性事件形成自我认知后，很难再被其他人影响，接受与之不同的观点与看法。在此基础上，大学生往往很难产生自我教育的意识及行动。

对新媒体时代的思想政治教育工作来说，最为关键的目标之一便是转变大学生的固有思维，使大学生成为正确思想的"接收器"，而不是一味地墨守成规。大学生应当摒弃先入为主的错误理念，防止被不法分子和恶性势力"牵着鼻子走"；应当站在客观、理性的立场看待自我，对自己进行合理定位，时刻保持谦虚上进的态度，抓住一切能够进行自我教育与自我提升的机会。在学习过程中，大学生要善于发现自己的不足，而后及时进行补充与更正。除此之外，大学生应当经常关注和观看正向积极的内容，接受更多正面思想的熏陶，从而始终处于积极的精神状态，以面对生活与学习中的挫折与困难，在长久坚持之下，就会形成自我教育的优良习惯。

三、高校大学生思想政治教育目标的影响因素

（一）政治制度

阶级利益、政治目标与组织架构在思想政治教育目标的构建与形成过程中具有决定性作用。从某种层面讲，学校的教育体制与教育目标是政治制度在教育领域的具象化表现。因此，高校在设定思想政治教育目标时，必须结合当前的政治制度，以使思想政治教育目标更符合国家利益需求。思想政治教育的目标应该围绕当前的政治理念、政治制度展开。通过思想政治教育，大学生应该对现行的政治体制有深入了解，形成认同感和尊重感。思想政治教育目标与国家政治制度之间是一种相互反哺、相互推动的关系。一方面，好的政治体系与政治理念能够为思想政治教育指明方向，使其健康发展；另一方面，思想政治教育目标的实现能够进一步反哺国家建设，维护政治稳定，促使社会和谐发展。

（二）经济关系

经济基础决定上层建筑，经济的快速发展、科学技术的进步也会为教育发展带来新的机遇。经济关系是依托生产、分配、交换、消费等过程形成相互影响的关系，是思想政治教育的本质之一。生产力能否与现阶段的社会关系相适应，直接决定着人类与社会发展适应程度的高低。基于人类社会发展的内涵和基本特征，实施思想教育、法治教育及道德教育正是符合当前社会发展阶段和生产力发展水平的意识形态教化形式。因此，经济关系变革会影响思想政治目

标的制定形态与发展过程。思想政治目标基于政治与经济的双重框定，从政治需要、经济建设需要出发，制定更加符合社会发展要求的相应人才培养标准，从而进一步平衡个体利益与社会利益，促进大学生的诚信意识、合作意识、创新意识及自由意识的发展。同时，经济关系会对目标实现形式及实现途径产生一定的影响。在科学技术的支撑下，教育模式发生了变化，思想政治教育目标的实现有了更多选择和路径。

四、短视频视域下大学生思想政治教育工作创新发展的基本目标

教育目标是教学工作的重要指向标。短视频视域下的大学生思想政治教育工作有了新的变化，相应地，其教育目标也应当及时转变，以便更好地指导教学工作。

（一）正确看待教育主体之间关系的新变化

随着短视频等新媒体的渗入，高校的思想政治教育环境受到影响，教师的施教过程和大学生的学习过程都很难避开新媒体单独进行。社会生产力的发展水平、科学技术的发展水平对人们的交往关系、交往形式有直接影响。在短视频文化环境下，人们的沟通方式及交往方式发生了重大改变。对大学的思想政治教育工作来说，教育模式及教育主客体之间的固有形态也受到了较大冲击，发生了翻天覆地的变化。对此，高校的思想政治教育应当充分利用和加强管理双方沟通的中介平台，不断挖掘并实时关注大学生喜爱的交往媒介和沟通方式，进一步扩大师生的互动空间，鼓励思想政治教师积极参与，以沟通媒介高交互性的优势为依托，让无时不在、无处不在的交流沟通成为可能。

大数据世界中的数字化传播与符号化形式构建了与真实世界不同的虚拟空间环境，使思想政治教育中师生的生存形态发生了改变，原有的"身体在场"变为"信息化在场"。传统思想政治理论课程是"身体在场"的唯一途径，其他教育活动则都以符号现象呈现，本质上属于虚拟在场。这种交往方式和形态的变化，一方面对缩短教育的实际距离有着一定益处，能够缩短教育双方在空间与时间上的距离，使二者能够不受时空限制随时随地进入教学状态，减少二者之间的疏离感和距离感；另一方面，此交往形态会拉开师生之间心理层面的

距离，不利于教师及时了解和全面掌握学生的真情实感。思想政治教育不是简单的知识传授过程，而是一种更深层次对人的思想及态度产生重要影响的社会实践活动。为此，高校的教育工作者应当正视短视频传播形态和教育形态的优劣，趋利避害。

在传统的思想政治教育活动中，教师往往会被"师道尊严"的固有理念束缚，在教学活动中营造一种自上而下的不平等关系，使思想政治教学成为一种单箭头式的信息传播活动，受教育者的主动性和积极性很难被调动。在以短视频为主要传播媒介的新媒体时代，高校应当将"充分尊重每个人的自主选择和独立个性"的文化理念作为教育指导原则，构建新型的师生关系和教育关系，强化二者之间的双向沟通与交流。一方面，在短视频视域下，高校应当以构建交互作用和多向互动教育关系作为目标之一，改善现有师生关系，形成多形态教育模式，促进思想政治教育过程中不同要素的良性流动。另一方面，高校的教育工作者与大学生应当缔结一种交互主体关系，即建立在和谐、平等、民主基础上的相互包容、相互体谅、相互尊重和相互理解的交往对话关系。

（二）辩证地看待短视频传播产生的影响

短视频是新时代下思想政治教育工作中的一把双刃剑。对于教育者、受教育者来说，有积极影响也有消极影响，因此，相关研究者、学者及一线教育工作人员都应当以辩证思维看待短视频视域下的思想政治教育工作。

一方面，高校应当把握机遇，不断优化思想政治教育工作模式和管理体系。短视频的出现与快速发展为高校的思想政治教育工作机制的创新发展带来了福音。短视频能够在一定程度上对现有的教育模式产生深刻影响，推动教育模式转型。传统的思想政治教育模式基于统一规范和同步化发展目标，教学模式存在"笼统"和"粗放"的问题，教育者很容易忽视学生的个性化需求和个性化成长。而短视频视域下，大数据能够更科学、精准和全面地向教师推送学生的发展情况，助力教师搭建个性化思想政治课堂，促使教育目标、评价方式及教学形式向多元化方向发展。

另一方面，高校应该直面挑战，推进大学生思想政治教育工作"与时俱进""因时而进"。对于受教育者来说，信息传播媒介的出现和变更，使大学生所处的社会环境更趋复杂化，也给思想政治教育工作带来了挑战。信息大爆炸带来的参差不齐、鱼龙混杂的信息加大了大学生选择和接收信息的压力，也使大学生的思维发展更具不确定性。在此背景下，教育者应当将短视频信息传输中呈现的碎片化特点与大学生的碎片化时间相结合，进行信息推送，进一步提升信息传播效率和思想政治教育实效。同时，高校的思想政治教育工作者应当正视新媒介的优势和益处，合理开发与使用新媒介，适应在此背景下衍生出的混合教学新模式，发挥短视频媒介的教育价值。

（三）引导主体形成对短视频传播的理性认知

大学生思想政治教育团队由思想政治理论课程教师、辅导员及受教育者等群体共同组成。大学生是短视频传播的重要参与者，提升大学生的媒介素养是实现短视频高质量参与信息传播的必要条件。同时，高校的思想政治教育工作者应当与大学生的现实生活接轨，对大学生做到及时关注、充分关心，成为大学生思想品德发展的"引路人"。

从思想政治教育团队和教育工作者来看，应当增强"把关人"意识。"把关人"是短视频时代下不同文化及信息传播的"阀门"和"开关"，对信息流通和传播起到筛选和控制的作用。"把关人"的主要任务在于判断信息是否符合社会规则和价值标准，信息只有满足筛选条件，才能进入传播渠道和学生视野。相反，如果信息不符合相关规定和道德标准，则不能成功进入传播渠道。"把关人"并不是某一类群体或者几个人，在大数据时代，每个网络用户都应当具有"把关人"意识。高校的思想政治教育工作者也应当加入"把关人"团队，充分发挥对信息的筛选、传导和加工作用。同时，教师应该通过主动了解快手、抖音等短视频软件，从中获取大学生的思想动态，使这些软件成为教师掌握大学生现状的重要工具，从而更好地进行思想政治教育，开展符合大学生心理预期的思想政治课堂。

从受教育者层面看，应当加强对大学生的媒介素养教育，使其成为理性的信息传播者。媒介素养能力的培育有助于个体掌握短视频内容处理的基本技能，使媒介工具更好地服务人们的工作与生活。新时代下，大学生通过短视频等新媒介获取信息，很容易被平台中的价值观念影响，因此高校必须将大学生的媒介素养培育与提升纳入思想政治教育目标体系。一方面，提高大学生对信息的判断能力，确保大学生能够从众多信息中快速获取所需的有用信息，避免出现信息过度或者信息不足的问题。信息是连接个体的重要桥梁，与人们的生活息息相关，信息的质量对和谐社会的构建有着重要影响。因此，必须提升大学生对新媒介环境下不同信息的甄别能力，增强其媒介素养及媒介能力。另一方面，提高大学生对媒介信息的分析和处理能力。高校教师应当结合马克思主义方法论进行教学，帮助大学生树立正确的批判性思维，使大学生能够辩证地看待不同事物，而不是各执己见，偏执地发表极端论断。高校应当引导大学生时刻保持理性态度，不被信息洪流影响，产生错误判断；高校应该引导学生拨开层层迷雾，清晰地辨别信息中的支流与主流、真实与虚假、显露与隐含，成为短视频视域下信息的理性传播者。

（四）实现短视频传播优势与大学生思想政治教育的协同发展

"协，众之同和也。同，合会也。""协"富有协调、同步、协作、和谐之意。高校应当将大学生思想政治教育工作和短视频的传播优势紧密结合，实现二者并轨发展，实行双向联动，从而形成发展合力，助推德育目标的实现，为祖国建设和社会进步培育时代新人。

短视频的出现进一步丰富了现有信息的传播载体与传播形式，拓展了思想政治教育的传播空间。同时，短视频能够消除传统信息传播复杂冗长的缺陷，以简短和凝练的话语迎合当代大学生碎片式的阅读习惯。思想政治教育工作应当积极以短视频形式为依托开展，做好价值引导、思想传播。目前，短视频所创造的信息传播链模糊了信息传播者及制造者之间的界限，与当下的大思想政治格局观相吻合，与课程思想政治理念也具有内在互通性。因此，高校应当进一步提倡"扁平化"传播思维，鼓励和邀请更多非专业人员加入思想政治教学工作，实现思想政治知识传播的大众化和扁平化。

实现短视频传播优势与大学生思想政治教育协同发展的第二大优势在于依托短视频传播理念，进一步激发大学生思想政治学习的能动性。虽然当前短视频平台众多，但是开设的主旨都在于服务用户，这种理念本质上是一种网络"人文精神"，也就是"高度传颂人的价值，维护人的尊严，注重人的思想发展"。网络"人文精神"要求高校应当将视线由"关注知识传授"转向"关注学生发展"。教育者参与短视频文化传播能够缩短现实层面师生之间的身份差距，从而拉近彼此之间的距离，激发大学生主动与教师进行交流。与此同时，高校教师应当切实关注和全面了解大学生的情感需要。大学生正处于情感转变和价值观构建的关键时期，其情感是否得到充分满足也会间接影响思想政治学习的效果。所谓"感人心者，莫先乎情"，正是此教育原理的真实反映。高校教师应当情理统一，在理论讲授中融入情感疏通，在情感交流中插入理论原理，从而引导大学生进一步贯通知识，由内向外地认同与接受思想政治内容，提升学习效率。

第二节　短视频视域下大学生思想政治教育工作创新发展的基本原则

一、及时性原则

及时性原则是与短视频传播的快速性特征相对应的概念。基于当前短视频传播速度较快、信息交流与互动变得更广泛这一现实情况，高校在开展大学生思想政治教育工作时，应当秉持及时性原则，主动发现问题，在问题发生初期就解决问题。及时性原则是在新时代下信息传播规律及学校思想政治教育方法的本质特征的共同催化下得出的指导性原则，能否按照及时性原则开展思想政治教育将会直接影响最终的思想政治教育成效。

首先，只有遵循及时性原则，方能真正筛选出解决问题的具体方式，并按照事物发展规律进行及时性处理。与传统媒介下的思想政治教育工作不同，新媒体时代下，高校的思想政治教育工作是包容性及开放性较强的庞大系统，这一系统在源源不断地吸收新的物质及理念，且这一系统的边界并不严格，限制较小，允许各种文学思潮及政治观念进入其中，其由多种子系统共同构成。不同于其他教学系统，思想政治教育体系的内部结构更复杂，其中充斥着互不相通的具体方法，这些具体方法的针对性较强，通常只会对特定情景中的特定环节的某一方面产生影响。大学生在学习与生活中遇到的问题随着时间的推移无时无刻不在发生着变化，这一现象在短视频视域下更为凸显。因此，只有遵循及时性原则，教育工作者在发现问题时采取针对性方法予以解决，才能将问题产生的不良影响降到最低；否则，在瞬息万变的网络时代，很可能因为问题得不到及时处理或者拖而不决，导致问题愈演愈烈，产生更大范围的不良影响。

其次，及时性原则是指解决问题时将问题扼杀在发展初期。在开展思想政治教育工作时，教师往往会面对大学生在学习、人际交往中遇到的思想性问题。借助心理学知识进行分析可知，影响大学生身心健康发展和思想变化的因素包括三个方面：一是时代背景下的历史文化、社会风气等宏观层面的影响因素；二是基于奖励和惩罚以及升学和就业等涉及个人利益的实际因素；三是生活中一些意外挫折、天灾人祸和学习问题等突发性因素。当以上三个方面中的一项发生时，大学生的心理及思想便会受到严重影响，产生困惑、疑惧，出现悲观、厌世等消极态度，以及不同的心理诉求。例如，当大学生在生活中遭遇不顺心或者有违常理的事件时，他们会产生苦闷、烦躁等情绪，急于通过向他人倾诉来得到情感慰藉及思想上的认同。由于短视频搭建的虚拟网络世界具有隐蔽性优势，大学生大多倾向于选择在自媒体平台进行情绪发泄或者吐槽。如果高校教师能够根据平台中的舆论方向和相关信息及时地发现大学生的常见情绪性问题和思想性问题，在问题产生初期做好针对性方案和采取措施，进一步开展思想政治教育工作，以更高的匹配度迎合大学生的心理需求，往往能够引发大学生更深层次的情感共鸣，推动思想政治教育工作顺利进行，取得事半功倍的效果。由于大学生的心理瞬息万变、时机把控较难等原因，高校必须遵循及时性原则，使思想政治教育工作得以发挥最大的教育价值和教育功效。

最后，及时性原则是预防问题向外扩散的最佳原则。唯物辩证法认为，世界上的物质处于运动之中，其存在与变化皆有一个发生、发展与消亡的过程。从普遍意义上来说，事物在初期产生阶段时最为脆弱，能够以最小的代价将其扼杀；而在发展壮大阶段，事物会逐渐强大，受到外界因素影响的可能性逐渐减小，不会在短期内被制约与控制。与此类似，大学生的思想问题也是如此。

当一些对大学生的思想及价值观产生不利影响的事件开始发生时，高校采取较为简单的方式、用较短时间与较少精力便能够得到理想结果。新媒体时代下，短视频传播速度极快，一旦热点事件乃至社会性事件在网络中愈演愈烈，突破初期产生阶段，顺利进入发展壮大阶段，引起大学生的普遍关注，就可能对其产生不可预估的影响，往往需要花费与之前相比更多的时间和精力，采用更复杂的方法和手段才能顺利解决。由此可见，为了更有效地解决问题，高校必须严格遵循及时性原则，否则很容易产生积重难返的问题，加重思想政治教育的负担和难度，对当前的思想政治教育体系产生不良影响。在遵循及时性原则的过程中，教育者必须具备一定的政治敏锐性，能够对当下发生的社会事件有整体性了解，从而及时发现问题，对问题进行剖析并采取应对举措。然而，及时性原则并不是要求教育者在不了解事情原委和真实情况的情形下进行随意处理和随意发挥，也不是指不论方式方法的极端性摒弃。在运用此原则指导思想政治教育工作时，高校的相关教育者应当按照理论联系实际、具体问题具体分析的方法论，灵活地选用合适的工作方式去解决大学生的思想问题，真正做到既要积极主动，又要灵活变通。

二、择优性原则

通过对实践层面思想政治工作方法的运用情况进行认真分析后可以发现，当选用不同的单一工作方法时，有时会取得相似的效果，得到同样的结论。例如，当大学生遭遇某种挫折及打击时，情绪会处于低迷状态。这时，教育工作者可以选用显性教育与隐性教育两种不同的方式进行处理。若运用隐性教育方式，对大学生进行心理疏导和劝解，就能够逐渐扭转大学生的不良情绪，使其心理恢复平衡状态。隐性教育可以在大学生的无意识状态下对其产生内在影响以保护大学生的自尊心，使其调整心绪，以积极的心态投入未来的工作。若运用显性教育方式，如通过媒体宣传法，将相关教育内容直接呈现于大学生面前，也能够将其从无知和迷茫的状态中抽离出来，使其心灵受到冲击，思维逐渐归于正常。同时，高校的相关教育者还可以通过视线转移法、全环境育人方式，将大学生的注意力转向正向、积极的层面，使大学生在社会氛围转化下摆脱消极情绪。从以上事例可以发现，思想政治教育工作不受方法的限制，取得的教育结果也不只是单一因素在起作用,而是综合性因素共同起作用得到的,这一"异曲同工"的现象也为思想政治教育工作的进一步发展提供了思路指引。这一原理使思想政治教育工作者在消除与解决大学生的思想问题、提供正确指引的问题上拥有了更多解读和选择。正如数学运算过程一般,当一道数学题有多种计算方法时,其难度就会适当降低。因为人们能够选用不同的方法、采用不同的解题思路得到最终答案,所以题目的难度被适当稀释,更易得出答案。大学生思想政治教育工作也是一样的原理,当解决方法增加时,问题就更容易得到解决。

当然,我们应当以辩证的眼光看待这一原理。虽然不同方法所得到的结果较为相似,但这并不等于不同方法在施行过程中所造成的影响是毫无差别、完全相同的。唯物辩证法认为,一切事物的发生与变化皆是有迹可循的,需要具备一定条件方可发展。短视频视域下大学生的思想政治教育工作同样如此。基于矛盾的普遍性与特殊性原理,思想政治教育工作也复杂多变。因此,教师需要灵活地调整应对措施,在多种途径中选取最为恰当的一种,从而更好地匹配问题情景。需要注意的是,虽然通向最终目的的途径不止一种,但是也不等同于必须选择这几种方式。正所谓"条条大路通罗马",方式及手段只是实现目标的中介,从中选取一种即可。如果偏离轨道或者将所有方法用尽,只会导致时间和精力的浪费。具体来看,择优性原则主要是要求思想政治教育工作者能够抽丝剥茧地根据主客观的发展现状及现实需求,运用多种方法进行分析与对比,选择最佳优化方案,采用思想政治教育方法解决实践性问题。择优性原则是短视频视域下思想政治教育工作的重要指示明灯,能够帮助思想政治教育工作朝着正确的方向前进。

三、坚持主导性和主体性相统一原则

短视频创作对创作主体的限制逐渐变小,信息传播者与受众之间架构出良性互动关系,在此基础之上,重新审视与建构高校思想政治教育体系十分必要。古往今来,教育者与受教育者之间的关系一直都是热点议题之一,二者的关系定位对新时代大学生思想政治教育工作的创新发展具有重要作用。习近平总书记在主持召开学校思想政治理论课教师座谈会时指出,"思政课教学离不开教

师的主导，同时要坚持以学生为中心，加大对学生的认知规律和接受特点的研究，发挥学生主体性作用"。① 由此可见，明确教师与学生在思想政治教学工作中的地位及角色，坚持主导性和主体性相统一是思想政治教育工作中必须遵循的基本原则之一。

专业的思想政治课程是实现根本性教育目标、为学生提供基础性教学材料的主要途径，思想政治理论课堂是高校大学生进行思想政治学习的主阵地。思想政治理论课教学顺利开展的启动者和把控者皆为教师，搭建优质思想政治课堂的关键在于教师。教师作为思想政治课程的引导者、组织者和实施者，对思想政治教育的效果起着决定性作用。伴随短视频文化对高校教学体系的逐渐渗入，教育者在思想政治教育工作中原有的主导地位正在逐渐被削弱，思想政治教育中的教师及学生的角色发生了一定转变，教师的教育效能也在其影响之下出现一定程度的降低。基于此，高校的思想政治教育工作者必须及时转变教学方式，革新教学理念，综合考量短视频对学生的影响，摆正自身在教学体系中的位置，转变受教育者的被动地位为主体地位，将教育者由原先课堂的主体地位变为主导角色，从而形成相互合作、互相理解、共享共创的和谐师生关系。一方面，教师应当充分发挥主导性作用，从良莠不齐的短视频及其所携带的信息中把握正确的舆论方向，控制正向思想的传播，引导学生形成正确的理想信念。另一方面，教师应当熟练掌握短视频等新媒体的操作技能，能够灵活运用新科技手段搭建智慧思想政治课堂，进一步调动学生学习的积极性。

从学生的主体性层面看，学生作为思想政治课程学习的主体，其参与学习的主动性和积极性将会直接决定最终教学成效的高低。学生参与学习的主体性是指学生应当不断提升自身的行为规范，以更高的创新性及积极性投入学习任务。教师与学生应当合作完成教学任务，提升教学质量。教师应当从学生的实际需求入手对其思想特点以及情感变化有基本了解，按照心理发展规律、认知特点因材施教。在传统的思想政治教育模式下，学生长期处于被动位置，教育者与受教育者之间是"强制与执行"的不对等关系。在这种关系体系下，学生学习的积极性被抑制，不能主动地进行思想政治知识的学习，与教学相长理念

① 仲音.老师要用心教，学生要用心悟 [N].人民日报，2022-06-17（04）.

相背离。短视频传播媒介的出现使大学生获得同等水平的教学资源，教师与学生的固定角色也发生了动摇。在此良好态势下，大学生的主体地位得到进一步强化与提升。高校在今后的思想政治教育工作中应当依照坚持主导性与主体性相统一的原则开展实践教学，实现真正意义上的教学相长。

四、坚持统一性和多样性相结合原则

习近平总书记曾经强调，"要坚持统一性和多样性相统一，落实教学目标、课程设置、教材使用、教学管理等方面的统一要求，又因地制宜、因时制宜、因材施教。"这是从国家层面和地方学校层面对这一理念进行说明与阐述。从国家层面看，各级各类院校应当严格遵循根本性教育目标，在总体规划下统一教学。从地方学校层面看，高校应当结合地方教育政策和教学资源储备情况、学校建设情况、学生情况进行"具体问题具体分析"，灵活设置，多样化发展。

首先，大学生思想政治教育工作必须统一于立德树人的根本任务之中。"立德"强调的是道德养成，"树人"强调的是能力培养；"立德"是"树人"的前提，"树人"是"立德"的目标。立德树人就是将视线集中于学生的健康成才，以德为先，培养和塑造德才兼备的社会主义事业建设者和接班人。德育教育是"五育"中的重要组成部分，应当发挥其对其他"四育"的引领作用，从思想层面为学生的健康发展指明正确方向。同时，立德树人思想并不是毫无差别的统一教育，其中还包含对受教育者个性发展的要求，科学地回应了新时代人才培养的新要求，即尊重受教育者的多样化发展诉求，关注他们的情感需求和个性发展需求。

其次，从育人阵地、育人途径层面看，遵循统一性与多样性相统一原则十分必要。思想政治课程依托教材体系和成形的理论框架持续不断地向学生输出政治思想、文化理念，保证学生的思想不受不良思想侵蚀。在短视频视域下，高校思想政治课堂应当不断进行创新改革，加强自我反思，提升思想政治课程教学的感染力和吸引力，从而进一步夯实自身的主体地位，与其他思想政治教学形式共同助推学生健康成长。在此基础上，高校应该紧紧围绕思想政治教育主阵地向外拓展，构建多样化、立体式的思想政治教育新格局，通过引入短视频、微信及微博等多种新媒介平台，扩大思想政治课程教学的内涵与外延，实现思想政治课程与课程思想政治的紧密结合和高质量发展,形成思想政治育人合力。

最后,实践工作中要协调与平衡好统一性和多样性之间的关系。思想政治教育的目标在于将正向的政治思想和观念传递给学生,使学生能够将这些思想观念内化于心、外化于行。基于此目标,思想政治教育必须契合大学生的特征,从大学生的情感需求和审美需求出发,创设符合大学生特点及其思想发展规律的思想政治课堂。在自媒体时代,"人人都是发言人""人人手握麦克风",出现了信息内容良莠不齐、信息传播虚实结合、信息载体丰富多样的现象,而短视频的快速发展使这一现象加剧,也使思想政治教育更为复杂。因此,高校的思想政治教育工作者需要借助网络中的一些语言表述方式和传递途径,进一步提升思想政治话语的生动性与丰富性。具体来看,思想政治教育工作者、其他一线工作者应当及时关注、分析与掌握当下短视频的传播形式和趋势,获取网络话语的最新发展信息,敢于运用新理念及新手段进行思想政治教学,在讲授相关内容的过程中引入一些正能量的个性化网络词语以增强思想政治教育的话语魅力,在面对一些"非理性""模糊性"话语表述时,思想政治教育者不能一味地逃避和忽视。统一性和多样性相统一也是主流媒介与新媒介之间的统一与发展。主流媒介与新媒介应当共同创设健康的网络环境,使更多正向信息流入互联网之中,为当代大学生的健康成长和知识获取提供更多可能性。

五、坚持灌输性和启发性相统一的原则

启发性教育原则是一切教育工作开展的普遍性指导原则,要求教育工作者摒弃思想灌输理念,通过多种手段达到教育目标,培养学生的创新思维及创新能力。大学生价值观的形成既需要教师的外部教育与引导,也需要学生内部的感悟与启发。这就决定了教师在开展思想政治教育工作时,基础性理论的灌输与讲授是开展思想政治理论知识教育的必要手段,但是在实践教学过程中,许多高校教师未能正确认识这一理论内涵,产生了一定的偏差,将讲授与"灌输"挂钩,与思想政治教育的初衷相违背。同时,思想政治课程内容本身的政治性、目的性及理论性较强,教师单纯讲授与"灌输"的教学方式会使学生对思想政治课程产生错误认知,出现部分学生对其中部分知识理解不透的问题。例如,

当前许多学生将思想政治理论教学理解为教师对国家政策的单纯"说教"和"执行"，认为教师只是在千篇一律地按照教学程序完成教学任务，从而产生消极学习态度，对思想政治理论课程的学习产生抵触心理。从上述分析可以得出，教育者在开展思想政治教学时，必须注重启发性教育原则，通过启迪学生的思维，从内部层面出发形成深层次的思想影响，从而更好地与外部教学动力相结合，共同引领学生完成学习任务，使学生达到思想层面的提升。也就是说，教师应当加强与学生的互动与交流，在保证教学内容具有科学性和思想性的基础上，进一步提升课堂的趣味性和互动性，实现"温度"与"深度"相统一。思想政治教育工作者应当以终身学习理念为指引，提高教学能力、对思想政治理论课程的阐释力、与学生交流互动中的亲和力等。

一方面，教育者的教育技能和专业素养要深厚。习近平总书记强调，思想政治课教师要"用高尚的人格感染学生、赢得学生，用真理的力量感召学生，以深厚的理论功底赢得学生"。从中可以看出，思想政治教育工作的"深度"并不是表象上的，教师要能够用高深的语言阐释相关理论内容，也要能够深入浅出地将专业术语与概念名词以学生易于接受的方式加以阐述，并与学生的实际生活和经验相联系，从而引发学生心理层面的共鸣，以便进一步实现教育目标。虽然当前思想政治教学内容较为固定，但是教育者对知识的吸收和呈现方式不受限制，教育者能够采用灵活多样的方式向受教育者呈现知识，做到真正意义上的因地制宜、因时制宜、因材施教。

另一方面，思想政治教育不仅需要教育者有扎实的理论素养，还需要教育者具有浓厚的思想感情，将理性与感性相互融合，以"温度"软化"深度"。大学生正处于确立价值观、形成对社会与世界初步认知的关键时期，思想的活跃度较高。因此，思想政治教育工作者应当将"内容深度"与"教学温度"相结合，在教学过程中以亲和的形象与学生进行沟通交流，进一步拉近与学生的距离，感知学生的内心变化和疑虑所在。教师的个人魅力、组织能力和教学技能也是影响思想政治教育工作质量的重要因素。从某种程度上来说，思想政治教育过程中的"温度"才是真正将学生导向理论学习、形成正确价值理念的内发力。内发力能够源源不断地向学生提供思想政治学习的动力，支撑学生终身学习，从而向外不断索取，最终外化为学生的实际行动。从实践层面看，教育工作者尤其是思想政治教师应当学会结合学生的兴趣点、共鸣点和触动点，将晦涩难懂的理论知识进行简化，紧紧围绕"关照学生、服务学生"的主线开展工作，将抽象内容与实际情况相结合，实现理论知识教学与现实情景的高度相融。

六、坚持理论性和实践性相统一的原则

思想政治理论课是思想政治教育工作的基础，是思想政治教育工作的重要组成部分，也是大学生学习思想政治知识的重要途径。理论性作为思想政治课程的重要特征，以理服人和理论教学是显性层面教学工作的显著体现。但是，思想政治教育的内涵却不能局限于理论教学。习近平总书记曾强调，要坚持"用科学理论培养人，重视思政课的实践性，把思政小课堂同社会大课堂结合起来，教育引导学生立鸿鹄志，做奋斗者"。在开展思想政治理论课时，不仅需要满足说服人、培养人的目标，还要能够和具体实践活动相结合。思想政治理论知识并不是凭空而来的，是革命先辈、智者在无数次的实践探索中得到的真理，马克思主义理论体系具有较强的实践性和科学性。从实践调查结果中可以看出，虽然一些思想政治教师在理论课程的讲授上具有丰富经验，能够按照课程要求完成教学任务，但是极少关注思想政治实践性课程，不能正确认识实践活动在思想政治教学工作中的重要功能，不利于学生实践能力的培养与提升，也不利于理论与实践的融合发展。基于以上教育现状，高校应做好以下两方面的工作。

一方面，发挥好思想政治小课堂的主阵地作用，与社会大环境相融合，进一步扩大思想政治教育范围。现阶段，大学生忽视思想政治课程学习的很大一部分原因在于大学生未能在短时间内看到思想政治学习的显性成果，教师无法及时给予大学生反馈和鼓励，容易使大学生的思想政治学习出现半途而废的问题。受西方功利主义、享乐主义思潮的影响，大学生往往更愿意学习一些易于出成果、感受度较高或者对自身有益的知识。大学生的心理需求和思想政治学习的长期性和隐性特征之间的矛盾致使大学生的学习动力不足，不能正确认识思想政治课程学习的理论意义和现实价值，大学生常常处于无意识的学习状态，

不能进行有意义的学习。因此，在实际教学过程中，教师应当做好实践性与理论性的统一，寻求二者在教学活动中的平衡点，将教材中的静态知识与现实情况相联系，促使其更具动态化和外显化。教师应该通过开展思想政治教育实践活动，寓教于乐，使教学内容与实践活动深度融合，加强大学生的实践性思想政治体验感，让大学生在现实活动中掌握知识、磨炼意志、规范行为。

另一方面，找到理论性与实践性的共同点，进一步将理论讲授与现实生活相联系。所谓理论与生活接轨，就是要推动马克思主义理论的生活化进程，发挥马克思主义思想体系和先进理念对生活的指导作用、规范作用和引领作用。这也是马克思主义理论学习的题中应有之义，是马克思主义理论本身独具的"本真精神"的现实回归。马克思主义理论始终将人民群众作为立足点与出发点，这也为现实层面的思想政治教育工作指明了方向，只有以学生为中心，将理论内容与现实生活相结合、与中国的发展实际相结合，在不断的发展创新和改革进步中，学生才能真正感悟到马克思主义理论体系的价值，感悟到马克思主义理论体系的强大生机与活力。从现实层面看，大学生进行思想政治理论学习的最大价值在于能够将其中抽象的理念内化为自身的思维、方法和知识，进一步以思想政治理念作为指引，应用到具体实践之中，助力大学生实现现实层面的进步。

七、坚持虚拟性与现实性相统一的原则

短视频视域下，人们的交流互动实际上是基于虚拟环境的活动。在大学生的参与下，短视频的信息传播过程被赋予了思想政治教育意味，成为思想政治教育活动的组成部分。但是，基于短视频环境的虚拟性，大学生对网络活动成瘾后很容易出现无法对接现实世界、回归正常生活的问题。人作为集体生物和社会性生物，必须在实践中才能产生真实感，感知到自身存在。因此，高校应当帮助学生辨明"现实世界"和"网络虚拟世界"，在"虚拟自我"与"现实自我"中明确自己的位置，加强线上与线下思想政治教育工作的统一。

一方面，虚拟性与现实性相统一具体表现为加强对大学生身份认证工作的引领与指导，使大学生得以正确认识网络虚拟环境下的"虚拟自我"与实践生

活中的"现实自我"之间的区别，防止大学生出现"双面"人格。在互联网所创设的虚拟环境下，大学生不再受到现实社会规则的束缚，得以以新身份出现在大众视野之中，实现公平参与和平等发言。在享受网络赋予的话语权与选择权的同时，大学生也会逐渐消解对现实社会生活中的一些约束及规则的正确认知，对其产生抵触和不理解的心理，导致一些大学生长期沉溺于网络环境中不能自拔。从实践调查中发现，当代大学生往往能够在虚拟空间中与互不相识的人顺畅交谈、陈述自身理念，但是在现实生活中往往害怕与人接触和交流。从本质上看，出现以上现象的很大一部分原因在于大学生出现了身份认同障碍，现实世界的"本我"是在规则的约束下具有理性思维的"自我"，而虚拟空间中的"我"是不受思维管理的无限欲望的延伸，二者在相互拉扯之中容易使学生做出一些不理智行为，并造成不良影响。因此，高校应当从两方面出发分别采取措施，对大学生的上述行为进行约束。从互联网环境的维护与监管看，高校及相关主管部门应当加强对互联网环境的整治工作，加强对"虚拟自我"的价值引导；从现实教育层面看，高校应当保证学生的"自我意识及自我理念"需求得到保护和满足，从而更好地将虚拟世界的文化语境和现实世界的思想理念相统一，解决大学生的认知疑虑问题。

另一方面，虚拟性与现实性相统一还需要高校建构系统、完整的"线上 + 线下"混合教学新模式。随着科学技术的飞速发展，自媒体时代的到来进一步催化了现实生活与互联网之间的融合发展，思想政治教育工作场域也发生了翻天覆地的变化。在此背景下，大学生思想政治教育工作的改革转型与创新发展必须与新媒介平台建立联系，从而以数字化的智能手段对思想政治教育形式、内容等相关教学要素产生积极影响。例如，"学习强国"与"慕课"的出现，使思想政治教学工作不再受时间与空间的束缚，得以广泛开展。教师通过网络平台和学习软件进行理论教学，能够进一步改变传统思想政治教学模式，解放思想政治教师的双手，使教师呈现更为优质的课堂，实现师生之间的交流与互动，让教师拥有更多的时间和精力，得以将注意力和精力转向大学生的个性化发展上。教师应当把握好虚拟与现实之间的界限，提升大学生辨明真伪和是非的能力，从而让大学生更好地选择正确的发展方向。

第三节　短视频视域下大学生思想政治教育的育人机制与引导路径

一、善用短视频这把"双刃剑"

（一）发挥短视频的积极影响

短视频的内容、形式会在某种程度上对新时代人才培养造成影响，出现损害思想政治教育体系的实效性和系统性的问题。因此，高校及其教育工作者在运用短视频等新媒体技术进行思想政治教育的过程中，除了要尽可能地发挥短视频的积极影响之外，还应当及时采取行动以消除短视频自身的消极影响因素和潜在性问题。短视频的虚拟空间创设是基于现实环境和实践活动而产生的创生性内容。因此，短视频网络空间与现实环境是相互补充的关系，二者共同构成了新时代大学生思想政治学习的全部场域。在思想政治教育过程中，只有从全面的空间视角进行综合考量，才能真正探寻到大学生思想层面可能出现的各种问题，从而采取针对性措施对大学生进行思想政治引领和思想政治教育。在利用短视频平台开展思想政治教育的实际案例中，兰州大学做得较为成功，也取得了较好的教育成效。高校应当以其他高校的成功经验为学习榜样，通过分析其中存在的可行经验，进一步改革自身的思想政治教育体系，完善思想政治教育模式。高等院校应当充分把握短视频这一潜在的思想政治教育平台，除了及时入驻短视频平台之外，还应当将学校的发展情况、校园文化及思想政治活动以短视频的形式发布于平台上，增强官方账号的活跃度。高校思想政治教研室及思想政治课程教师应当加入学校官方账号的创建与运营活动中，及时了解并掌握短视频的创作技巧，更好地适应新媒体环境，保持与时俱进。在此基础上，开发与利用短视频行业的最新发展成果，使其成为助推思想政治教学的重要动力，向外拓展新时代下的思想政治培育场域。具体来看，要想拓展思想政治场域，就不能被实践层面的课堂环境限制，而应拥有勇于开拓的精神，在统一中寻求多样化发展。第一，短视频的传播平台较多，各平台之间有一定差异，因此高校教师应当选择性地进行思想政治教育工作，提高网络敏感性，能够依照时代走向和短视频发展趋势选择最佳的短视频平台进行思想政治教学。第二，由于短视频种类较多，所涉及的领域较宽泛、内容多样，因此高校教师应当勤于观察，多加思考，善于收集，将短视频平台上具有育人意义和思想政治价值的优质素材进行归类与整合，使其成为思想政治教学的重要补充性材料。教师应当将其中合理的内容与思想政治教材进行结合，寻求二者之间的互通点，从而进一步丰富思想政治教学内容，帮助学生建立理论学习与实践学习的中介性桥梁，使教师与学生的关系更为和谐，使短视频的思想政治教育价值发挥到最大化。第三，高校教师应当对当下较为流行的短视频软件有基础性了解，对其中的运行原理、主要视频内容、流行主旨风格进行了解和熟悉，并主动观看学生经常观看的短视频内容，从中获取学生的思想动向，捕捉学生的网络行为及特点，从而更好地为以后的思想政治教学工作的优化提供指引。

（二）规避短视频的消极影响

由于短视频具有时长短、内容精的特征，所传输信息的碎片化特征明显。高校教师选用短视频作为教育内容载体时，应当充分考虑在最短的时间内将知识点讲解清楚，保证思想政治教育内容的完整性和高效性，尽可能地使学生在有限的时间内掌握最为关键和准确的信息。同时，教育者应当按照理论内容进行划分，形成不同的板块，将相同要素综合为大的教育板块，使每一板块具有较强的逻辑性与衔接性，从而按照板块顺序展开教学，使学生循序渐进地获取知识，形成系统性认知，从而进一步减弱短视频的碎片化对学习造成的影响，实现学生有意义的学习。从空间范围层面看，教师作为学生人生之路的领航员，以公众人物的形象出现在学生面前，对学生的影响是难以估量的。一些优秀教师能够对学生产生长期影响，这种影响可能来自教师的专业教学素养或个人品性，抑或教师的某些善举和话语。因此，高校教师无论是身处现实教学环境还是处于互联网虚拟空间中，都应当以身作则、严于律己，以慎独之要求规范自身的一言一行。

教育工作者除了在网络环境中应当不断规范自身言行之外，还应当投入更多精力于技能提升上，强化责任意识，做好日常的教学工作。第一，高校教师尤其是思想政治教师在心中应当有一把无形之尺和一架无形天平，能够区分何种知识可以讲、何种知识应当极力避免传授，从而能够按照基本要求从短视频平台中进行筛选，提升输出内容的价值，尽自身的最大努力消除短视频给学生带来的过度娱乐化影响。同时，教育工作者应该以身作则逐渐帮助学生树立正确的互联网思维、新媒体思维，使学生能够转化对短视频媒介的错误认知和偏执见解，让学生看到短视频的文学价值和思想政治学习价值，并能够利用短视频进行思想政治学习。第二，高校教师应当有意识地引导和鼓励学生通过短视频平台学习与观看一些有意义的内容，教授学生筛选和观看优质视频的重要技巧。教师可以将自己关注的学习类博主和科学类博主推介给学生，使学生得以选择正确的短视频创作主体，拓展自身视野，主动进行思想政治学习和文化学习，从而进一步降低不良短视频、低质量短视频对学生心理和思维的影响。教师通过有意识的引导工作还能够减少由于信息过多造成的学生培养针对性下降的问题等。第三，高校教师应当鼓励和指导学生拍摄、制作一些正能量的视频内容，通过规定好以红色文化、思想政治学习为主题的制作任务，帮助学生使用短视频进行正向内容的输出，使学生获得短视频时代下参与者和学习者的双重身份，增强文化素养和新媒介素养，让学生更好地适应新媒体时代的学习、生活模式。

（三）规范短视频内容的制作程序

短视频的内容制作主要包括三道基本程序：第一步为前期的主题选择和载体选择程序，第二步为中期的填充与创作程序，第三步为优化、完善与发布程序。任何一道程序都会对最后的短视频呈现效果产生影响，也会对新时代人才培养产生或深或浅的影响，因此，每个程序都是短视频助力思想政治教育工作不可忽视的环节。做好短视频制作程序的规范工作，提升短视频的质量应当从以下三个角度展开。

首先，遵循育人为本的基本原则确定短视频载体。短视频平台是承载与传播文化信息、为创作者提供创作材料、为用户与创作者的交流提供载体的一种平台。短视频内容的创作者在选择与运用载体时，应当对此载体的价值属性有基本了解，了解其对思想政治教育工作的助力效果和影响效果。创作者应当考量此类载体对大学生的吸引力，预估通过此类载体观看视频的学生人数，对其辐射力和影响力进行统计与分析，完成初期调研工作。在此基础上，分析此类载体对新时代人才培养产生的积极影响和消极影响，包括对学生的思想、行为、心理产生的可能影响，并结合分析数据进行载体选择，确保最终呈现的短视频内容能够在较大范围内对学生产生深层次影响。同时，创作者应当优先选用已经有一定思想政治教育基础、学习资源覆盖率高的平台作为间接载体。直接载体是指以短视频拍摄、制作与发布为主要功能的平台，现阶段较常见的直接载体有抖音、快手和好看视频等。间接载体是指功能属性较多、短视频制作与分享只是其中一部分的平台，如微信、"学习强国"与微博等皆属于此类。其中，间接载体的思想政治育人效果要明显高于直接载体。由于间接载体的内容与功能较为全面，多数平台中的不同栏目板块蕴藏着丰富的时代育人资源。例如，"学习强国"中开设的"学习"板块有要闻、综合、理论与党史等内容，能够为学生提供最新的理论学习成果、新思想体系；"电台"栏目主要设有听新闻报摘、听原著和强国之声等多个频道，拥有较丰富的音频资料，为用户的自由选择提供了更多可能性。

其次，构建正向的内容体系以进一步引领主流价值观念朝正确的方向发展。短视频作为现阶段用户基数最大、影响范围最广的新媒介传播平台，是推动主流价值观念向外扩散与宣扬的有力手段，有助于年轻群体接受正确价值观的洗礼，从而使其正确要求与约束自身的行为。由于部分短视频创作者存在一味模仿的问题，部分短视频创作者对视频主旨定位不明，因此，构建正向的内容体系势在必行。具体来看，应当从创作主题以及内容两个方面进行整治规范。一方面，短视频平台方应当增强引导力，增加具有教育价值和人文价值的视频的曝光度，使其能够影响更多的青年学生。同时，短视频制作者应当尽可能选择一些正能量的事件作为创作主题和具体素材，使主流价值观念得以借助不同的短视频形式呈现在大众面前，营造良好的社会氛围，为大学生的健康成长打好基础。正能量的主体框架既有宏大的国家层面的政治内容，也有一些小主题的家庭情怀与传统美德的宣扬和赞颂。另一方面，在选定主题之后，创作者应当尽可能地将爱国主义、文化知识、科学探索、理想信念等知识穿插其中，促使其具体内容可以与主题更为贴合、与主流价值观念相符合。

最后，优化短视频内容，增强育人实效。第一，为优质短视频的创作者提供充足的机会，确保他们能够持续输出对新时代人才培育有用的内容。短视频创作者应当始终保持谦逊的态度，对自身进行客观和理性的评价，正面肯定在创作过程中好的方面，及时更正其中存在的错误，以提升短视频的质量、输出正向内容为根本主旨，不断学习。第二，短视频创作是永无止境的攀登之路，短视频创作者应当持续保持与时代接轨，在内容和形式上不断创新。优秀的创作者应当以更加优秀的博主为榜样，将优质的短视频作品作为目标，查找自身与优质创作者之间的差距，并进行改良与完善。第三，加大监测与监管力度，对不良短视频进行优化与改进。关闭平台上权威性不强的信息发布渠道，对发布不良信息和不实信息的创作者予以警告，为短视频创作营造优良的环境。

二、增强主体魅力，培养思想政治教育工作领航员

教师是学生人生之路的领航员，是学生健康发展的重要保障。邓小平曾经充分肯定教师在学校教育工作中的重要价值："一个学校能不能为社会主义建设培养合格的人才，培养德智体全面发展、有社会主义觉悟的有文化的劳动者，关键在教师。"[1] 高校开展思想政治教育工作能否达成预定目标，为社会主义建设事业培养德才兼备的新时代人才，关键在于领航员，即高校的思想政治教育团队。这就需要高校的思想政治教育工作者从自身出发，不断提升主体魅力和感染力，成为学生思想政治学习的领路人。思想政治教育工作者也是新时代参与信息传播的主体人员，应当充分发挥自己的感染力和影响力，以杰出人物为核心向外扩散，形成更大范围的思想政治影响。具体来看，高校的教育工作者应当从人格魅力、话语引领能力及议程设置能力分别进行能力提升。

首先，人格魅力是一个人在日常学习、工作中形成的独具个人属性及特征的性格、气质和能力表现。在特定情景下，人格魅力所产生的价值是不可估量的。思想政治教育工作者在教学过程中，对学生的吸引力和感染力的深厚程度主要

---

① 邓小平文选（第二卷）[M]. 北京：人民出版社，1994.

由教师个人的人格魅力决定。教师只有品行端正、具有较高的文学修养和道德素质，才能为人师表，并具有外在吸引力。正所谓："亲其师，信其道。"教师的人格魅力是建立师生信任关系的重要桥梁，教师通过人格感染赢得学生的尊重与信任，并在此基础上进行思想教育、价值观等理念渗透，用真理、真知感召学生，成为学生喜爱的人，帮助学生成长。一方面，思想政治教育工作者个人魅力的提升将会带动课程改革与教学优化，增加教学内容的"温度"，促进学生对理论知识的吸收和理解，使学生在和谐、轻松的课堂氛围内快乐学习，并获得真知。人格魅力所造就的一种文化场域能够将教学场地中的学生吸引进来，使其主动进行思想政治理论学习。同时，人格魅力所具有的感性力量能够在一定程度上软化政治理论的硬性内容，将理性知识转化为感性文化内容。因为教育工作者的人格魅力，学生会受到影响，成为政治理论和道德真知的人格承担者，从而以更加开放的心态接受思想政治教育，提升思想政治教育的实效性。另一方面，在人格魅力的支撑下，教师的榜样示范作用得以进一步提升，从而对受教育者产生积极影响。正处于价值观树立阶段的大学生，在学习与生活中往往还具有一定的"模范心理"，会以周围人的行为作为参考、以教师的人格品行作为价值观建立的素材，教师的人格品行将会对大学生价值观的确立产生重要影响。因此，高校教师应当坚守职业操守，为学生提供无微不至的人文关怀，严格规范自身行为，将满腔热情投入教育工作，从而为学生树立正向高大的榜样模范。

其次，增强高校思想政治教育工作者的话语引领能力。语言是信息传播的主要介质，在人们沟通交流中生成与发展。因此，语言与思想政治教育工作具有不可分割的内在关联，是整个思想政治教育中的核心要素，思想政治教育的成效与话语的呈现方式、传播效果息息相关。以沉默的螺旋理论为例，这一理论属于大众传播理论、政治学理论，由诺埃勒－诺依曼最先提出。沉默的螺旋理论用以说明舆论产生与观点分界现象的由来和影响因素。通常情况下，人们将自身的想法与观点、态度展示在大众视野，当自身观点得到大部分人的承认与赞赏后，便会以更加积极的态度参与进来，从而进一步壮大这一观点的群众基础，使其在更大范围内向外传播。相反，当人们的某一观点很少有人理会时，那么即使有个体接受或者赞同其中的内容，观点的发布者也会闭口不言、保持沉默。当这一现象出现时，另一群体也会保持沉默状态，在循环往复的不断演变中，赞同方的声势逐渐浩大，而反对方的沉默状态则会持续发酵，进入螺旋发展。在舆论场域中，人们很难避免被这一理论影响，当人们发现自身所持观点与主流观点不同时，往往倾向于选择沉默或者跟随大部分人，成为"沉默的大多数"。这一理论在对正面思潮及正向理论起到维护和支持作用的同时，也给了恶势力与负面思想可乘之机。因此，教育工作者只有加强自身的辨别能力，提升主流媒体的话语引领能力，才能确保舆论大环境的安全与和谐。

思想政治教育工作者应当寻求多种途径提升话语感染力。教师在教学过程中应当摒弃以往的教育灌输、宣传口号及表达生硬的陈述方式，做到真正意义上的言之有物、言之有文、言之有情、言之有序、言之有理。在理论讲授过程中，思想政治教师应当主动收集与巧妙运用"网络热词"和"时代新梗"来解释一些教材中晦涩难懂的专有名词，从而激活思想政治教育的话语体系，在其中注入新鲜血液和新生能量。话语感染力在思想政治教育中的价值是经过现实考证的，是真实有效的。调查发现，受众的接受程度与言说者的语言风格和表述方式具有较大关系。当同一条通知以网络语言、官方陈述和普通说明三种形式表达时，大学生的阅读量差别明显，大部分学生更愿意阅读以网络语言方式表述的通知。这也说明高校的思想政治教育工作者要强化语言表述能力，将知识深入浅出地表述出来，使思想政治语言和思想政治表述变得通俗化、生动化和多样化。同时，思想政治教师应当敢于质疑，表述自身观点及理念，对一些模糊性思想及错误观念进行批判，屏蔽掉网络文化中的不良声音。

最后，依托议程设置理论，提升思想政治教育活动的传播能力，搭建教育者与受教育者之间高效的信息传递模式。一方面，议程并不是随心所欲地设置，而是要有导向性和现实性。导向性是指教育者应当遵循和按照思想政治教育的根本目标及基本目标进行设置，将培养民族复兴的新时代人才作为出发点和落脚点；而现实性是指思想政治教育虽然具有较为成型的理论体系，但是在实践教育过程中，应当贴合受教育者的认知特点及心理需求，以确保议程设置和相关内容契合受教育者的实际生活，促使议程真正深入人心。另一方面，教育者应当具备较强的创新意识及创新能力，能够以创新性原则作为课程设计与实施的指导思想，更新议程设置的内容与形式。在短视频成为一种风尚与文化习惯后，大学生的注意力很容易被多种信息吸引和破坏，对思想政治理论知识的好奇心不强，而对生活和学习之中的多种传播媒介应接不暇。如果想要吸引学生的注意力，就必须及时改革议程设置，并进行内容完善和形式创新。例如，高校可以借助学生喜闻乐见的短视频媒介进行议程设置，按照短视频制作要求将思想政治教育内容与新媒介进行有机融合，引起学生的关注，提升教学效率。

三、改进教育过程，提升思想政治教育资源的对称性

在传统的思想政治教学模式下，信息传播由于受到较多条件限制而存在不对称性。通常情况下，教育者先接触并获取相关教学资源，在吸收与重组后再推送与传输给学生。这种单向传播方式使教师成为教学过程中的核心与权威，学生时常处于被动接受状态。在长时间的实践教学活动中，这一现象得到固化，教师与学生形成了固有的关系模式。在短视频文化的冲击下，学生能够在互联网平台与教育者共享信息资源，有时受教育者对信息技术的熟练度和掌握度还要高于教育者，在信息接收方面拥有更多优势。在此发展背景下，教育者与受教育者之间的双向交流与信息互动具有更高的可行性。随着互联网技术的逐渐成熟，教育者必须及时转变教育思维、革新教学模式、优化教育方法。

（一）转变教育思维，更新教育理念

思维是人类区别于其他动物的根本属性，是一种高级意识活动，能够协调与指导人们的行为方式与实践活动。某种思维固化产生定式后，往往很难被改变。在大学生思想政治教育工作中，教育者对思想政治教育的认知与态度、思维方式和构造方式都将对思想政治教育工作的最终结果产生影响。在短视频视域下，"信息茧房"现象较为普遍，教师的思维固化也成为阻碍思想政治教育工作顺利转型与创新发展的重要原因。新时代下，转变教师的思维方式和工作模式势在必行。

一方面，引导和鼓励高校教师树立大数据思维，也就是高校教师应当具备应用大数据解决学生思想政治问题的意识及能力。在传统的教育模式下，高校教师往往通过观察和分析学生的言行举止和日常表现来寻求因果关系，从而把

握学生的思想变化趋势。虽然这一分析模式具有一定的可行性，符合事物发展逻辑，但是在因果关系思维的主导下，教师对学生的思想动态掌握具有延后性和隐蔽性，教师掌握的往往是学生思维发展和情绪变化后的最终表现结果，很难在其初显时期和发展时期进行正向引导。由于学生思想动态的隐蔽性较强，导致教师往往很难把握学生的真实想法和实际情绪。而在大数据的助力下，教师得以更为精确地把握学生的思想动态，从互联网数据和记录中预测学生的思想走向，把握学生思想活动的变化规律，从而降低人为观察导致的片面性问题。另一方面，教育者具有差异化思维，能够以辩证思维看待问题。在传统的教育模式下，教师数量与学生数量的不对等使教师不能关注到每位学生的需要，难以将目光公平地投射到每位学生上。教师往往将学生作为统一整体进行无差别教育，无法做到真正的因材施教，教育思维较为粗放。在新媒介视域下，教育者能够借助大数据技术进行精准化把控，获取每位学生的心理诉求和学习特点，从而保证思想政治教育做到个性化定制，帮助学生进行个性化学习。

（二）革新教学模式，形成专业化教育机制

技术发展为教育模式的更新提供了有力的载体支撑。教育模式是教育理念、教育思维的显性呈现与物化呈现。在短视频视域下，传统教学模式下的"你听我讲"已经不能较好地与学生需求接轨，且与学生的认知思维方式不相符。因此，不断调整教学模式，根据技术发展趋势做出更新与完善是当前高校思想政治工作优化发展的必然趋势。美国学者阿尔文曾于20世纪70年代提出"分众传播"理念。"分众传播"理念是指以互联网用户为导向的针对性营销。相较于同质化传播方式和群体化传播方式，"分众传播"具有较强的精准性，能够更好地满足不同用户的多重需要，其个性化、定制化特征使这一理念成为新时代短视频机制下的工作模式和运行基础。通过大数据计算和分析之后，将主旨明确的视频推送给需要的用户，从而迅速吸引用户的目光，达到文化渗透的目的。在新媒体时代下，高校应当积极吸收与借鉴其中的运行原理和有益经验，将"分众传播"与大学生的思想政治教育工作结合起来，增强思想政治教育的实际效果。具体而言，高校应当加强思想政治教育工作的专业性和针对性，根据不同专业的课程特色和学生情况，借助智能技术及大数据手段实现对学生接收特点

与信息需求的精准定位，将"漫灌"和"滴灌"相结合，使思想政治教育内容精准传播。如高校应当立足于思想政治教学实际，充分挖掘学校现有的思想政治资源，建立一个融合 QQ、微信、微博等学生常用信息工具的供学校思想政治教育管理人员、专职教师、辅导员、班主任等使用的思想政治教育网络平台。学生与教师能够在此平台上进行顺畅无阻的沟通与交流，随时随地接收与思想政治教育相关的信息，提升信息传播的实效性。同时，高校为学生交流创设平台，确保学生的主观情绪和观点能够真实呈现于平台上，从而实现学生与学生、学生与教师之间的良性沟通，使学校能够动态把控学生的思想情况，及时采取有效措施针对性地解决出现的问题，有效提高思想政治工作的效率和质量。

（三）优化教育方法，提升学习体验

新时代下，大学生思想政治教育不应局限于课堂教育和理论讲授等单一模式。新媒体的发展使大学生思想政治教育工作的转型与发展迫在眉睫，要求思想政治教育从原有的静态化教学模式转向全方位、多角度、立体化的动态教学模式呈现。相比较而言，传统教育模式的显性特征较为明显，具有可视化的教学提纲和教学设计，是涵盖教学目标、教材内容、教学评价在内的完全闭环，主要通过课堂教学、专题教育活动及主题团日等活动展现。在新媒体时代，教育形式及教学手段不断分裂，朝着多元化方向发展，图片、网络动画及多媒体视频成为常见教学形式。新媒体环境下的思想政治教育工作应当能够根据网络技术及短视频的发展灵活变动，更好地适应技术变革与模式转变。

第一，传统的教育以理论灌输与知识教授为主要形式。教育者未能将知识进行全面整合，学生所学的知识衔接性较差，与实际情况的接轨性较低，学生往往不能很好地理解思想政治教育的原理及发展过程，其学习过程只是一种无意识的识记与背诵行为，缺乏对知识的深层理解与吸收。基于以上教育问题，高校应当主动打开教育者与短视频新媒介之间的封闭通道，利用新技术、新媒介打通传统思想政治教材资源与思想政治材料之间的资源共享渠道，构建教育者与受教育者共同参与的开放式思想政治教学模式。教育者应当主动学习多种新媒体技术，以开放的心态接受不同的意见和建议，避免出现思维阻塞的问题，主动建构开放、流动、融合短视频媒介的教育模式。

第二，借助短视频等新媒介的优势，打破原有的显性教育与隐性教育之间的壁垒，更新思想政治内容的呈现方式，加强短视频在学生思想政治教育舆情引导和思想转变方面的影响力。更新思想政治教育内容的表达方式的重点在于对现有话语表达体系进行改革与完善，转变思想政治教育内容载体，使其中的内容更好地与时代接轨，以便学生接受。大学生思想政治教育是为了加强教育者与学生思想的交流，形成彼此之间的良好互动，从而在此通道下向学生传播正确的理想信念、价值观念及精神信仰，加强学生对正确、积极思想的信赖感，自觉认同并积极加以实践。例如，在2019年的《新闻联播》中，康辉曾对国际事件进行评价：美国对中国经济实力增强表现出了"羡慕嫉妒恨"的心理，怀着这种"怨妇心态"的美方人士，往往使出各种损招、阴招扎"轮胎"。在之后的报道中，主持人也采用机智话术对国际事件进行分析与批判，这不仅没有招致观众的不满，反而引发民众的共鸣和回应。因此，高校的思想政治教师在开展相关教育工作时，应当注意方式方法和知识的呈现方式。有时候，正是教师语言风格的变动对学生产生了重要影响，使学生将视线与注意力重新转向思想政治学习上，并主动学习。高校教师在传播信息时，应当注意信息的生动性、实效性及互动效果，转换表达方式，增强思想政治教育的吸引力和感召力。高校应当与微博、短视频平台中的"大V"、知名博主建立合作机制，邀请这些人参与学校的思想政治教育工作，通过这些博主的影响力吸引更多大学生参与思想政治学习。同时，高校应该培养更多思想政治教育方面的知名博主或者网络活跃博主，为其发展提供平台支持，使其成为大学生思想政治教育的"话筒"，为思想政治教育工作发声，并提出更多有益的见解和创新观念，为思想政治教育工作注入新鲜血液和动力，孕育思想政治教育新形态。

高校的思想政治教师应当秉持辩证思维看待思想政治教育中的显性教育和隐性教育。以显性教育为例，其虽然具有作用明显的优势，但是自身也存在一定缺陷，即很难在课堂之外的场合起作用。同时，由于受到场地与时间等客观因素的限制，学生无法自由学习，容易产生抵触心理。隐性教育作为显性教育的重要补充，能够在潜移默化中对学生的思想行为产生积极影响，自然而然地实现教育目标。因此，在实践教学中，相关教育者必须整合二者的优势，凸显其教育价值，合理进行优化配置，构建显性教育、隐性教育协同发展与良好配合的思想政治教育新格局。

四、革新教育内容，提升思想政治教育内容的魅力

（一）增强思想政治教育内容的艺术性

德育与美育自古以来就是中国文化中不可分割的重要整体，以德育美、以美助德也是构建思想政治教育格局的重要体现。增强思想政治教育内容的艺术性主要从以下两方面出发：一方面，提升思想政治教育内容的形式之美。高校在开展思想政治教育工作时，应当在其中加入美育元素，并采取动之以情、晓之以理的言传方式。新媒体时代下，高校教师应当注重学生的学习体验感，借助和依托"短视频＋思想政治教育"的新教学模式，将静态文字转化为动态影像，强化大学生的情感体验，加深大学生对思想政治理论知识的印象。另一方面，展现思想政治教育内容的内涵之美。高校应当打破德育和美育之间的固有壁垒，通过举办以红色文化、思想政治学习为主题的美育活动，将德育理念与美育理念紧密结合，塑造大学生的健全人格，激发大学生生活及学习的热情。

（二）保证思想政治教育内容的渗透性

隐性教育是思想政治教育的重要途径，主要表现为教育者借助信息载体将所教内容表现出来，营造一种和谐的教学氛围，使受教育者能够潜移默化地接受思想教化。高校应当大力发挥隐性教育在思想政治教学中的重要作用，利用碎片化时间进行价值渗透，通过广播等文化活动形式引领校园风尚，形成思想政治学习风气。此外，思想政治教育应当摒弃单纯的理论说教，与大学生的生活实际相联系，构建富有生活气息的新教学体系。

参考文献

陈晔，2021. 智能时代：媒介融合视域下的短视频研究 [J]. 传媒论坛，4(24): 45–46.

冯刚，陈梦霖，2021. 高校思政课实践教学的内涵、价值及其实现 [J]. 学校党建与思想教育 (18): 4–9.

金梦玉，丁韬文，2021. "短视频 + 新闻评论" 的创作路径、发展瓶颈与未来探索 [J]. 中国编辑 (6): 64–69.

金雪，魏江洋，2019. 当前高校短视频建设之现状、问题和对策研究 [J]. 新媒体研究，5(17): 33–34, 41.

李小林，2021. 新媒体时代高校思政课混合式教育模式构建 [J]. 中学政治教学参考 (41): 86–87.

李晓彤，2017. 短视频的传播策略及效果研究 [D]. 合肥：安徽大学.

李媛，2021. 电视新闻短视频化的媒介融合传播策略研究 [J]. 传媒论坛，4(11): 48–49.

刘华栋，2017. 社交媒体 "信息茧房" 的隐忧与对策 [J]. 中国广播电视学刊 (4): 54–57.

庞娟，2019. 新媒体时代大学生思想政治教育创新研究 [D]. 太原：山西大学.

宋光海，2021. 新媒体时代高校思想政治教育创新与发展研究：评《新媒体时代高校思想政治教育十论》[J]. 人民长江，52(12): 252–253.

孙艳丽，2021. 大学生思想政治教育目标的内涵与发展 [J]. 山西财经大学学报，43(S1): 78–80.

汪思玲，陈宝华，2021. 媒介融合背景下短视频平台用户生成内容探析：以抖音短视频为例 [J]. 西部广播电视，42(20): 80–82.

王利芹，苗巧针，2018. "微时代" 移动社交媒体微视频传播问题及对策研究：以快手和抖音为例 [J]. 新闻爱好者 (8): 81–83.

王露, 2021. 以思政课推进铸牢大学生中华民族共同体意识：思政教学"N+4+3"模式探究 [J]. 民族教育研究, 32(1):57-64.

王雪君, 2022. 短视频传播策略及效果研究 [J]. 中国报业 (17): 84-85.

许爽, 2022. 新媒体时代大学生思想政治教育的创新路径研究 [D]. 长春：长春工业大学.

于淼, 2021. 媒介融合背景下《新闻联播》抖音号研究 [D]. 大连：大连理工大学.